普通高等教育"十三五"规划教

—————追寻梦想，创新未来

U0683399

大学生
创新创业（实训）教程

DAXUESHENG
CHUANGXIN CHUANGYE （SHIXUN） JIAOCHENG

主　编 ◎ 杭勇敏　潘中锋

副主编 ◎ 冯　娟　王　浩　潘津津

吉林出版集团股份有限公司

图书在版编目(CIP)数据

　　大学生创新创业教程/杭勇敏，潘中锋主编．—长春：
吉林出版集团股份有限公司，2020.5

　　ISBN 978-7-5534-9621-4

　　Ⅰ．①大…　　Ⅱ．①杭…　②潘…　　Ⅲ．①大学生—创业—
高等学校—教材　　Ⅳ．①G647.38

　　中国版本图书馆 CIP 数据核字(2020)第 094418 号

DAXUESHENG CHUANGXIN CHUANGYE (SHIXUN) JIAOCHENG

大学生创新创业(实训)教程

主　　编	杭勇敏　潘中锋		责任编辑	金佳音
出版策划	孙　　昶		封面设计	黄宜宾

出　　版	吉林出版集团股份有限公司	
	(长春市福祉大路 5788 号，邮政编码：130118)	
发　　行	吉林出版集团译文图书经营有限公司	
电　　话	总编办 0431-81629909　　营销部 0431-81629880/81629881	

印　　刷	武汉市洪林印务有限公司	开　　本	787mm×1092mm 1/16
印　　张	15	字　　数	360 千字
版　　次	2019 年 8 月第 1 版	印　　次	2021 年 7 月第 3 次
书　　号	ISBN 978-7-5534-9621-4	定　　价	45.00 元

印张错误请与承印厂联系

编　委

前　言

党的十九大报告指出："创新是引领发展的第一动力，是建设现代化经济体系的战略支撑"。国务院《关于深化高等学校创新创业教育改革的实施意见》（国办发〔2015〕36 号）、《关于推动创新创业高质量发展打造"双创"升级版的意见》（国发〔2018〕32）、《国家职业教育改革实施方案》（国发〔2019〕4 号）等文件对创新创业教育提出了明确的要求。实现"大众创业、万众创新"的国家发展战略，需要在大学生中深入开展创新创业教育。

创新创业教育在国外最早出现于 20 世纪 40 年代末，始于 1947 年的哈佛大学，已有半个多世纪的历史；西方国家的创新创业教育经过多年的探索，形成了众多模式，有了较为完善的体系。我国创新创业教育起步较晚，经历了一个由表及里、逐渐深化的过程，开设的课程初成系列，教学方法日渐完善。整体而言，我国创新创业教育仍然处于"创业期"。如何找到更好的教育方法，实现更好的教育效果，建立更好的创新创业生态体系，建立更好的教育模式，实现高校学生创业教育的发展，更好地服务地方经济和国家发展战略，是摆在地方高校所有教育工作者面前的课题。

从国家创新发展战略和服务地方经济出发，我们编写了《大学生创新创业教程》（理论、实训）教材。本书融入"码上学创业"影像资料，结构层次分明，成为真正的理论、实训、实践、孵化指导相结合的"立体"教材。作为湖北省教育科学规划课题"高职院校'塔式'创新创业教育探究"的成果，该书介绍了武汉城市职业学院创业学院的"塔式"创新创业教育模式；阐述了武汉城市职业学院和英国国家创新创业教育中心（中国）、杭州贝腾科技有限公司的合作进展；展示了武汉城市职业学院专业教育和创新创业教育融合的基本做法和学生创业案例；在编写思想和内容上体现出建立"政、校、行、企"紧密结合开展创新创业教育的尝试，体现出创新创业教育教学改革的方向。

本册教材是《大学生创新创业教程》实训部分，由七大部分构成：第一部分介绍《创业总动员》软件；第二部分为创业能力评估、创新能力评估、职业性格评估、职业兴趣评估实训环节；第三、四部分主要为创业团队构建、成员角色定位、识别创业机会、商业模式探索等的实训操作；第五部分模拟商业计划书的撰写步骤；第六部分模拟企业日常经营活动，使学生了解企业的实际运作流程；第七部分模拟企业的综合运营管理，制定各项决策，并最终推动企业成长壮大；其中，各部分模块具有独立性，相互之间又具有必然联系。本册教材借助杭州贝腾科技有限公司模拟软件，以图文并茂的方式，围绕企业初创和成长过程进行编写，旨在帮助大学生通过角色扮演、导师指引、案例分享、角色互换、交流互动等，全面提高创新创业综合素质，快速掌握企业经营管理的相关技能和策略。相信这本实用性好、针对性强、系统完整的实务型教材，能够被广大读者所接受和喜爱。

在编写过程中，我们得到了杭州贝腾科技有限公司黄林先生、姚碧锋先生、肖竟成先生等的大力支持和帮助，在此表示由衷的感谢。由于编者本身水平有限和时间仓促，书中遗漏和不足之处难以避免，敬请广大读者批评指正，并提出宝贵意见，以便我们在今后更好的修订和完善。

编　者

2019 年 8 月

CONTENTS　目　录

第一章　创业运营模拟平台简介

本实训课程选择了杭州贝腾科技有限公司的《创业总动员》软件作为实训平台。

第一节　《创业总动员》软件介绍

《创业总动员》创新创业实践教育平台创业课程训练体系包括创业认知实践、创业基础实践、初创企业管理、创业综合管理四个部分。创业认知实践主要包括创新能力评估、创新讲堂应用、政策达人应用、案例达人应用、创业讲堂应用、职业性格评估、职业兴趣评估、创业能力评估、创业计划应用和企业开办应用等。创业基础实践主要包括认知创业应用、创业能力评估、创业团队管理、商机筛选应用、商业模式应用、资源整合管理、人资基础模拟、营销基础模拟等。初创企业管理主要包括创业计划应用、企业开办应用、经营基础应用、财务基础模拟、税务基础模拟、电商基础模拟、连锁经营模拟、物流基础模拟等。创业综合管理主要包括消费群体模拟、市场机会模拟、设计研发管理、生产制造管理、财务控制管理、市场营销管理、人力资源管理、竞争对抗模拟等。

软件平台基础模块是整个平台的核心基础，解决了所有应用共性的基础功能问题，使得用户可以对创新创业实训工作相关的基础数据进行高度集中统一的管理维护和分析，为教师下一步相关工作的延伸及扩展深化打下一个有力的技术基础。本模块主要由系统管理应用、用户管理应用、班级管理应用、教学引导应用、积分管理应用五大部分组成。

一、系统管理应用

由 system(平台最高等级管理员)用户登录后触发使用，包含平台所有模块、应用的配置信息管理、课程引导模板、虚拟仿真硬件、平台显示风格的维护管理等大量平台核心基础数据的维护功能(如图 1-1、图 1-2 和图 1-3)。

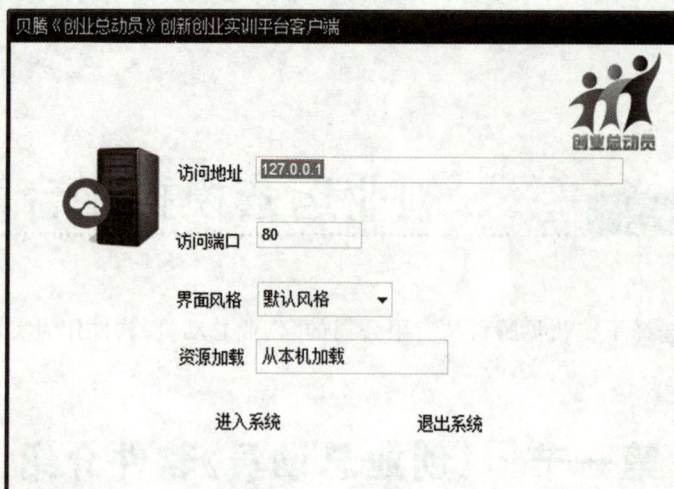

图 1-1　创业总动员客户端登录界面

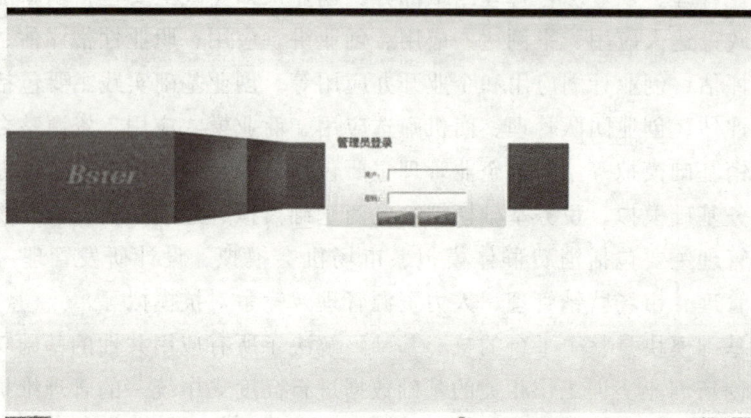

图 1-2　创业总动员系统管理员登录界面

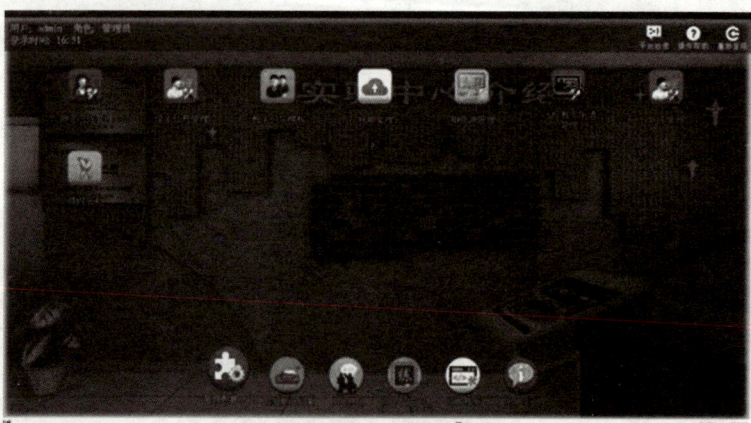

图 1-3　创业总动员系统管理员管理界面

二、用户管理应用

由平台教务管理员或信息管理员（Admin）用户登录后触发使用，提供了对整个平台内的所有老师与学生信息、教学在线资源内容的维护管理、应用属性配置维护功能，是一个高度灵活的基于 3D 技术的个性化应用开发引擎（如图 1-4 和图 1-5）。

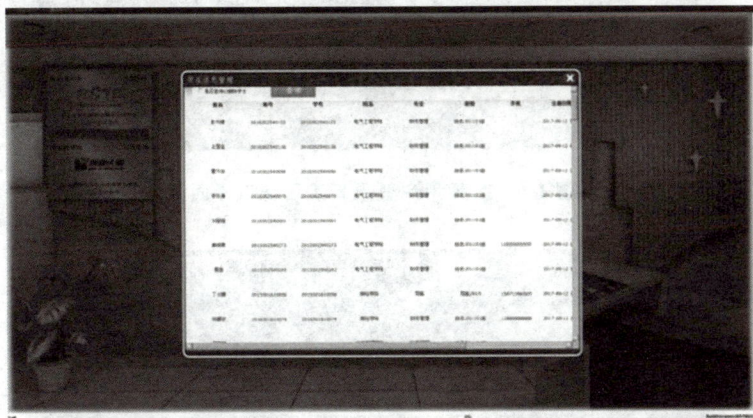

图 1-4　学生信息管理界面

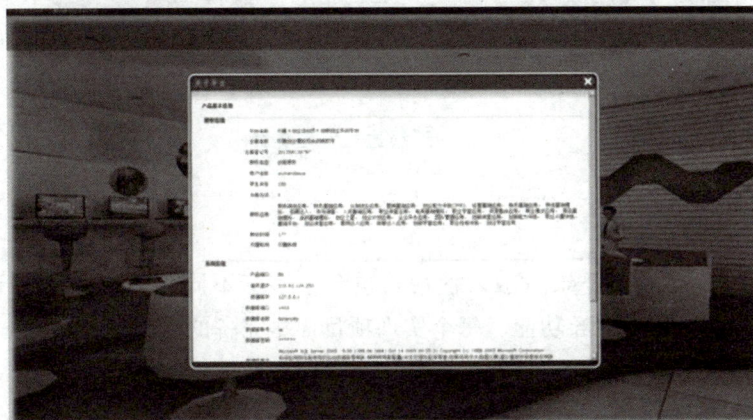

图 1-5　平台系统基本信息界面

三、班级管理应用

由教师（Teacher）用户登录后触发使用，是教师实施课程前期准备的系统，提供了班级建立管理、班级切换管理、班级学生管理、教学引导实施等功能，即教师登录建立一门具体的班级信息数据，并根据实际班级教学形式，选择相应的课程教学引导模板，再实际开始当前实训课程（如图 1-6 和图 1-7）。

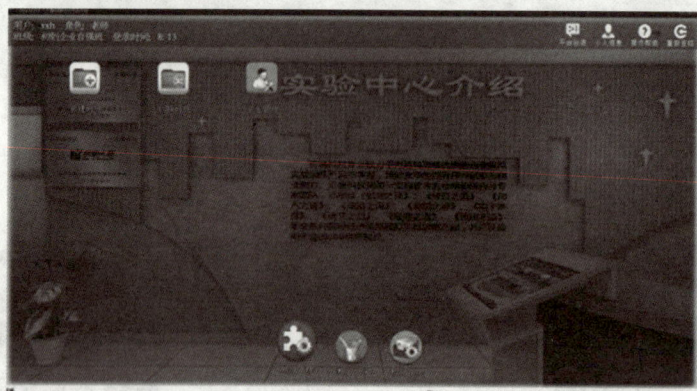

图 1-6　教师用户登录系统后管理界面

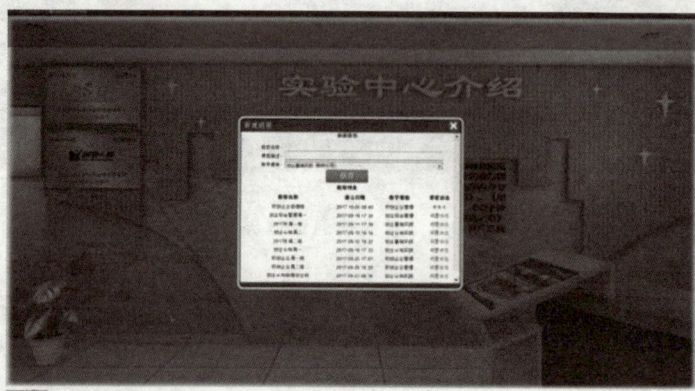

图 1-7　班级建立管理界面

四、教学引导应用

由教师（Teacher）用户登录后触发使用，包含了多套不同内容形式的实训课程模板、一个便捷的实训项目进度引导功能、每个实训项目详尽完备的项目描述说明、实训项目结果自动化记录管理功能、实训项目教学解析知识点配套功能等（如图 1-8 和图 1-9）。

图 1-8　教学引导界面

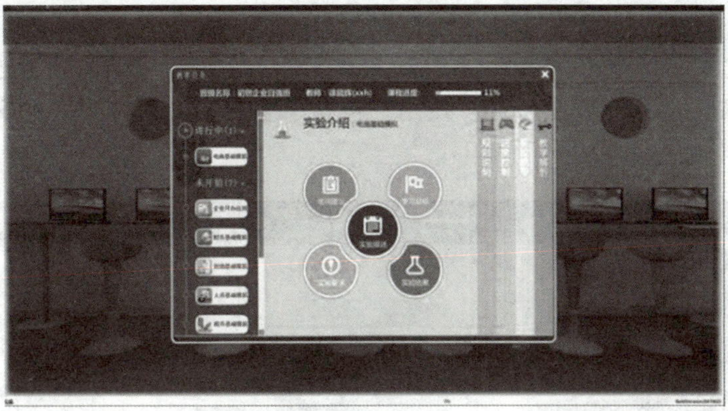

图 1-9　实训课程界面

五、积分管理应用

由教师(Teacher)用户登录后触发使用，包含针对实训中的每个应用的积分生成与采样管理、积分目标设置管理、积分查询导出管理、积分报表图表呈现、积分数据挖掘分析管理等核心功能(如图 1-10 和图 1-11)。

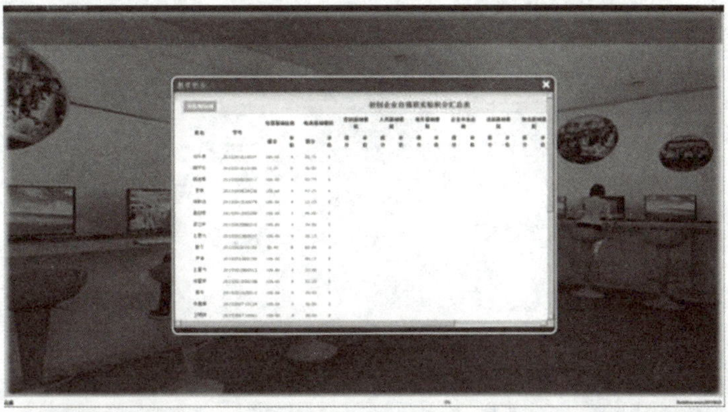

图 1-10　积分汇总表

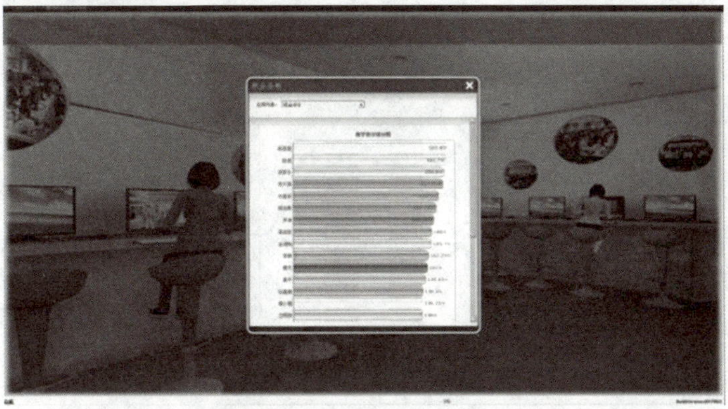

图 1-11　积分分析界面

六、学生登录界面

由学生（Student）用户登录后触发使用，包含了多套不同内容形式的实训课程用于学生实际实训使用（如图 1-12）。

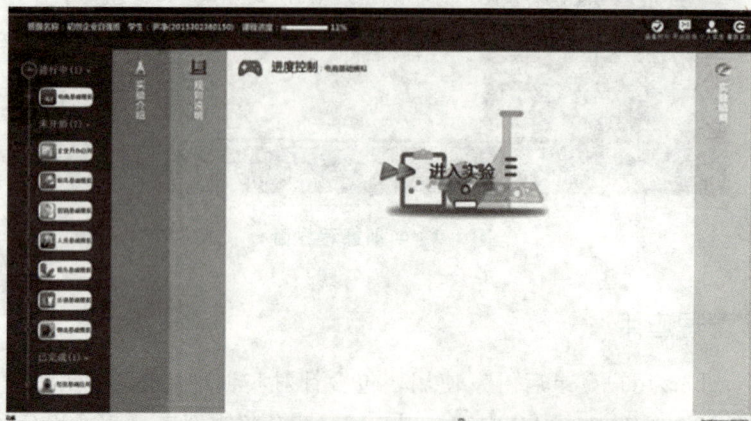

图 1-12　学生实训登录界面

第二章　创业认知

创业认知实践主要包括《创新能力评估》《创新讲堂应用》《政策达人应用》《案例达人应用》《创业讲堂应用》《职业性格评估》《职业兴趣评估》《创业计划应用》和《企业开办应用》等实验课程。学生通过本章的自主学习、自主测评、流程体验，了解和熟悉国家及地方在创业方面的优惠政策。学生创业时可以申请获得政策扶持，而且学生通过学习大量成功和失败的创业案例，可以了解创业经营中可能遇到的各种困难和风险，做好创业前的各项准备工作。学生经过本章实训内容的学习和练习，包括创业能力评估、创新能力评估、职业性格评估、职业兴趣评估等一系列测评，可以充分了解自己是否适合创业、自己的创业能力的大小，树立起自己的创业信心，提升学生创业的成功率；通过一系列的流程体验，学生可以熟悉创业前期及创业中所涉及的各个相关环节，了解企业设立与工商行政管理部门、税务部门、银行及相关行业主管部门之间究竟存在怎样的关系，各部门实际操作的程序以及需要提交的相关材料等，培养学生的创业兴趣，提高学生的实际办事能力。

第一节　创新能力评估

一、实训目的

1. 通过多维度创新评估，每位学生完成对自我创新综合素质能力的更全面及系统的认识。

2. 找到自己创新方面的强项与薄弱项，为进一步查漏补缺做好准备。

3. 通过自我评估了解创新领域所涵盖的学习范围，为下一步学习明确目标。

4. 培养起对创新的兴趣与爱好。

二、实训要求

1. 确保教师有一台可联网的计算机，并可正常登录当前实训应用，且能正常连接投影仪进行必要内容的展示。

2. 确保每位学生有一台可联网的计算机，并可正常登录当前实训应用。

三、实训内容

《创新能力评估》是一个通过多维度量表形式系统评估一个人的创新素质能力的应用，

应用通过地图导引式的 3D 场景，结合一套维度丰富的评估量表，由学习者自主全程完成整个评估过程，评估完成后，系统将给出一份完整的评估报告，其中包含评估模型介绍、评估标准、评估结果及评估建议等详尽内容，可为学习者在创新素质能力培养方面的下一步计划给出良好的指导与建议。该应用的评估量表模型从创新意识、创新思维、创造能力、创新方法、职场创新、创新实务等维度展开，涵盖创造、创新组织能力的各个方面，量表模型中，每个维度都包含数十个细致的评估项目，评估项目大都以主观测试为主，受测者通过短时间本能回答，评估结果将能很好地体现出每位受测者的综合创新素质能力情况。

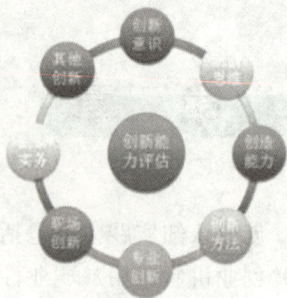

图 2-1 创新能力评估维度分布

1. 启动应用

该应用可以通过教学引导的授课方式和学生引导的自学方式进行开启。

在教学引导模式下，学生端默认是等待状态，需要教师端"实验控制"内开始应用。学生在等待过程中，可以查看相关的测评规则。

在学生引导模式下，可以直接点"开始实验"，然后点"进入实验"进行创新能力评估，无须等待（如图 2-2）。

图 2-2 创新能力评估开始界面

2. 答题方式

学生端测评开启后，即进入答题界面。创新能力评估分为 8 个维度，可以随意选择任意一个维度进行测评，学生根据真实情况本能地回答所有题目。每完成 10 个测评题，提交一次答案（如图 2-3）。

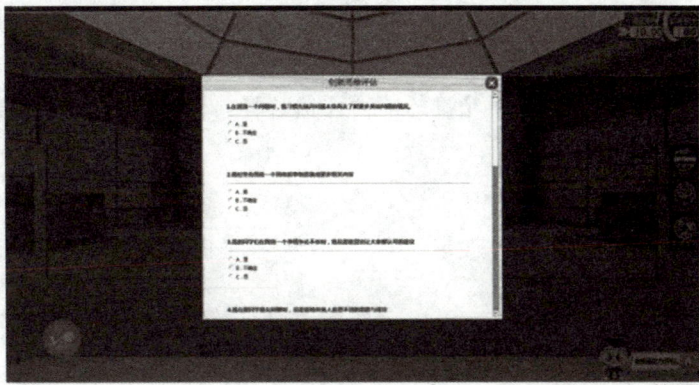

图 2-3　创新能力评估答题界面

3. 报告生成

8 个维度作答完毕，即可查看学生自己的创新能力评估报告(如图 2-4)。

图 2-4　创新能力评估完成测试界面

4. 评估报告读

评估报告为一次性生成(如图 2-5)。要求学生认真如实本能作答。评估报告一旦生成，则不会被删除或修改。学生只要按照自己的账号登录，可以随时查看并下载。

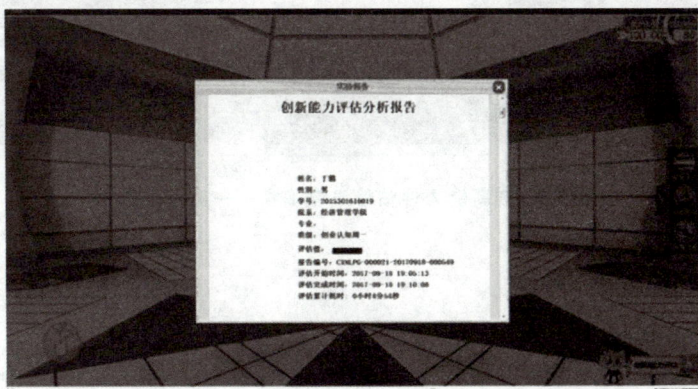

图 2-5　创新能力评估查看评估报告

通过创新能力综合评价图，学生能够直观地对自己的创新能力做出定性判断，进而使自己的后续学习更有针对性（如图2-6）。

学生可以从评估结论表中获得精确的能力评估解释，同时能够得到合理建议并指导后续创业知识的学习（如图2-7）。

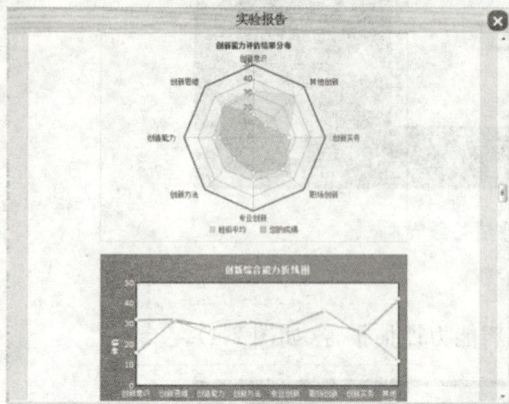

图 2-6　创新能力评估综合评价图　　　　图 2-7　创新能力评估评估结论

5. 其他功能说明信息查询栏

实验规则：单击可以查看相关的实验规则（如图2-8）。

实验积分：单击可以查看自己答题获取的积分详情（如图2-9）。

实验分析：单击可以查看全班同学答题的积分情况。

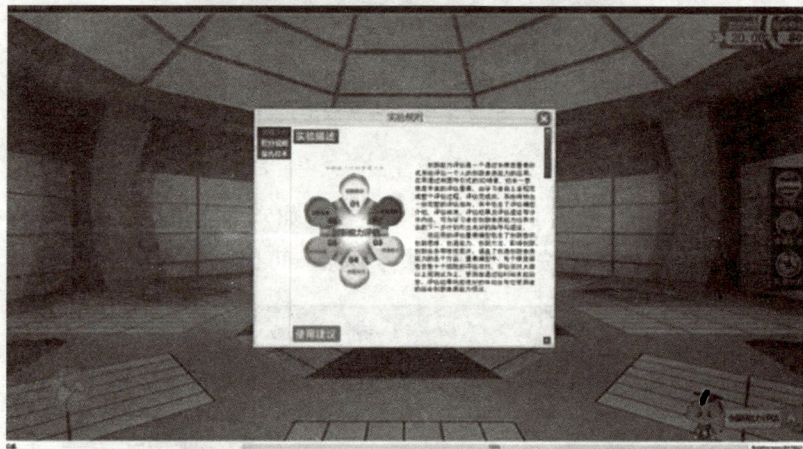

图 2-8　创新能力评估信息查询栏——实验规则

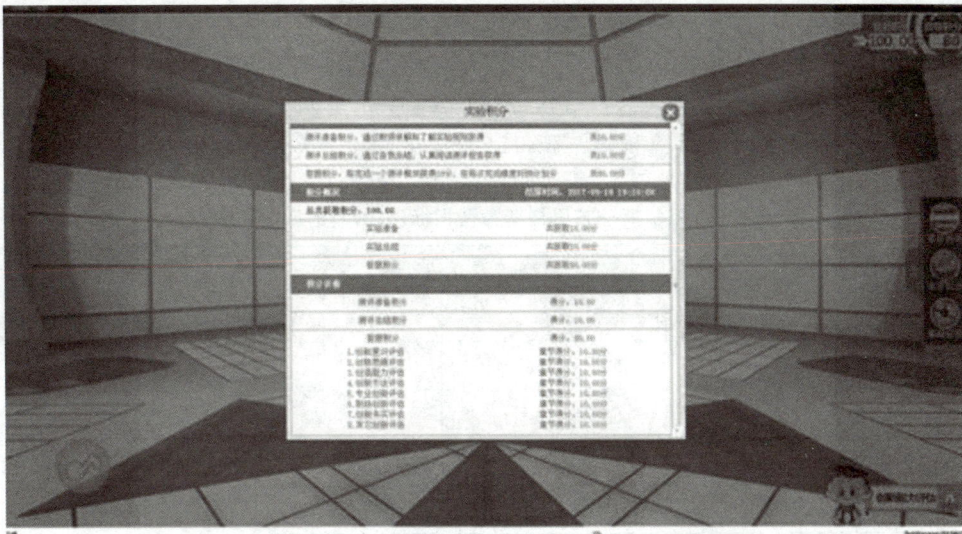

图 2-9 创新能力评估信息查询栏——实验积分

四、实训总结

本实训模块通过创新能力的八个维度对创业者进行评估，让创业者获知自身的创新能力水平。

第二节 职业性格评估

一、实训目的

1. 通过多维度职业性格评估，每位学生完成对自我职业性格的系统认识。

2. 根据评估报告给予的结论及建议，结合自身情况，树立更加明确的职业生涯规划目标。

3. 为下一步的专业学习及倾向性职业相关知识的学习明确学习目标。

4. 加深对职业的理解与认识，为就业做好更多准备。

二、实训要求

1. 确保教师有一台可联网的计算机，并可正常登录当前实训应用，且能正常连接投影仪进行必要内容的展示。

2. 确保每位学生有一台可联网的计算机，并可正常登录当前实训应用。

三、实训内容

《职业性格评估应用》是基于迈尔斯—布里格斯类型指标（MBTI）表征人的性格评估模

型开发的一个计算机评估系统软件，该评估模型是由美国心理学家凯瑟琳·布里格斯和女儿伊莎贝尔·布里格斯·迈尔斯制定的。该指标在瑞士心理学家荣格划分的 8 种类型的基础上加以扩展，形成四个维度（如表 2-1），这四个维度就是四把标尺，每个人的性格都会落在标尺的某个点上，这个点靠近哪个端点，就意味着这个人就有哪方面的偏好。

表 2-1　迈尔斯—布里格斯类型指标（MBTI）的四个维度

类型指标介绍					
维度	类型	相对应类型英文缩写	类型	相对应类型英文缩写	
1	外倾	E	内倾	I	
2	感觉	S	直觉	N	
3	思维	T	情感	F	
4	判断	J	理解	P	

四个维度如同四把标尺，每个人的性格都会落在标尺的某个点上，这个点靠近哪个端点，就意味着个体就有哪方面的偏好，如在第一维度上，个体的性格靠近外倾这一段就外倾，而且越接近端点，偏好越强。

启动应用

该应用可以通过教学引导的授课方式和学生引导的自学方式进行开启。

在教学引导模式下，学生端默认是等待状态，需要教师端"实验控制"内开始应用。学生在等待过程中，可以查看相关的测评规则。

在学生引导模式下，可以直接点"开始实验"，然后点"进入实验"进行职业性格评估，无须等待（如图 2-10）。

图 2-10　职业性格评估进入界面

2. 实验规则

MBTI 性格类型测试问卷答题规则：

（1）请在心态平和及时间充足的情况下才开始答题。

（2）每道题目均有两个答案：A 和 B。请仔细阅读题目，按照与你性格相符的程度分别给 A 和 B 赋予一个分数，并使一组中的两个分数之和为 5。

（3）请注意，题目的答案无对错之分，你不需要考虑哪个答案"应该"更好，而且不要在任何问题上思考太久，而是应该凭你心里的第一反应做出选择。

（4）如果你觉得在不同的情境里，两个答案或许都能反映你的倾向，请选择一个对于你的行为方式来说最自然、最顺畅和最从容的答案。

例如：

12、哪一句较能表达你的看法？

A.犹豫不决必失败。（　）　　　　　　　　　A项评分：1　▼

B.三思而后行。（　）　　　　　　　　　　　B项评分：4　▼

很明显，你参与社交聚会时有时能认识新朋友，有时又会只跟几个亲密挚友待在一起，在以上的例子中，我们给总是能认识新朋友打了 4 分，而给只跟几个亲密挚友待在一起打了 1 分。当然，在你看来，也可能是 3＋2 或者 5＋0，也可以是其他的组合。

请在以下范围内一一对应地选择你对以下项目的赋值

最小────────────────────────────最大

0　　　　1　　　　2　　　　3　　　　4　　　　5

3. 答题方式

学生端测评开启后，即进入答题界面。创新能力评估分为 4 个维度，可以随意选择任意一个维度进行测评，学生根据真实情况本能回答所有题目（如图 2-11 和如图 2-12）。

图 2-11　职业性格评估答题开始界面

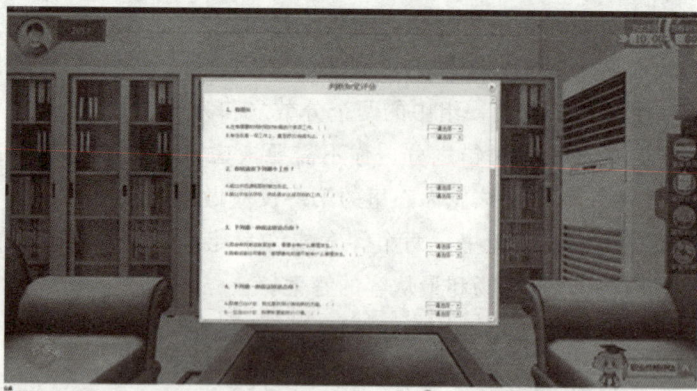

图 2-12　职业性格评估——判断知觉评估答题界面

4. 报告生成

学生将四个维度答题完毕，即可查看学生自己的职业性格评估报告（如图 2-13）。

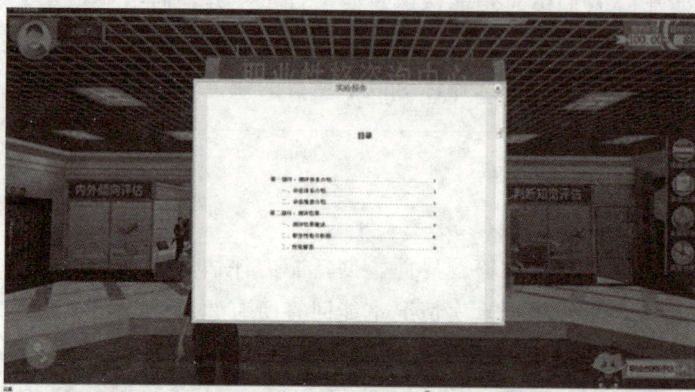

图 2-13　职业性格评估测评报告

5. 评估报告解读

评估报告为一次性生成（如图 2-14）。要求学生认真如实本能作答。评估报告一旦生成，则不会被删除或修改。学生只要按照自己的账号登录，可以随时查看并下载。

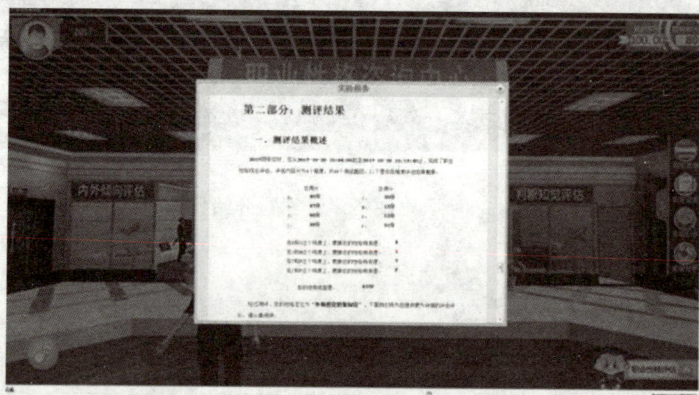

图 2-14　职业性格评估测评报告测评结果

通过职业性格综合评估，学生能够直观地对自己的性格特点有精确的了解（如图 2-15 和图 2-16），从而使自己能够更好地规划自己的职业生涯。

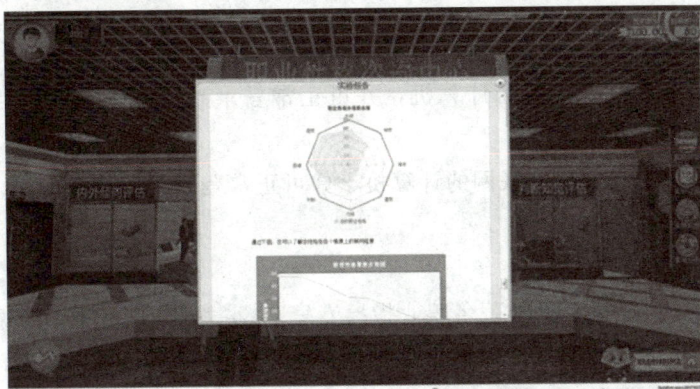

图 2-15　职业性格评估——职业性格分析图

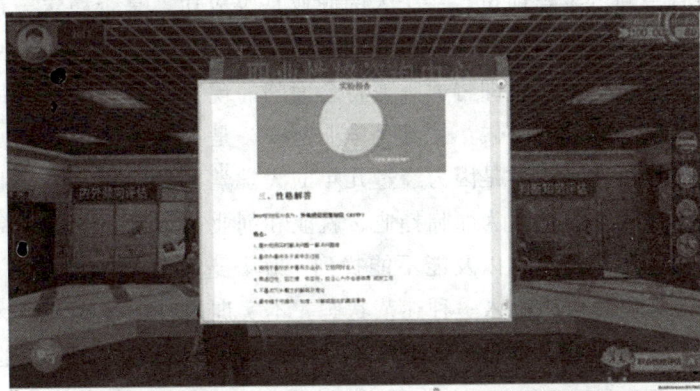

图 2-16　职业性格评估——性格解答

四、实训总结

本实训模块通过职业性格四个维度对创业者进行评估，让创业者获知自身的性格特点，从而能够更好地规划自己未来的发展方向。

第三节　职业兴趣评估

一、实训目的

1. 通过多维度职业兴趣评估，每位学生完成对自身兴趣的寻找与了解。
2. 根据评估报告给予的结论及建议，结合自身情况，树立更加明确的职业目标。

3. 为下一步的专业学习及倾向性职业相关知识的学习明确学习目标。

4. 加深对职业的理解与认识，为就业做好更多准备。

二、实训要求

1. 确保教师有一台可联网的计算机，并可正常登录当前实训应用，且能正常连接投影仪进行必要内容的展示。

2. 确保每位学生有一台可联网的计算机，并可正常登录当前实训应用。

三、实训内容

《职业兴趣评估》是基于美国著名职业指导专家 J. 霍兰德（J. Holland）编制的评估模型开发的计算机系统评估软件。该理论模型把职业分为六种不同类型，即现实型、研究型、艺术型、社会型、企业型、常规型。霍兰德认为每个人都是这六种类型的不同组合，只是占主导地位的类型不同；霍兰德还认为，每一种职业的工作环境也是由六种不同的工作条件所组成，其中有一种占主导地位，一个人的职业是否成功，是否稳定，是否如意，在很大程度上取决于其个性类型和工作条件之间的适应情况。

职业的选择问题是每个学生即将面临或将会面临的现实问题，关系到每个学生的切身利益，而真正涉及求职择业的时候，尤其是毕业前夕，是大学生心理变化剧烈的时期，可以说是兴奋和忧虑共存。兴奋的是因为经过几年的大学学习，即将完成学业，终于可以到社会上一展身手了；忧虑的是因为面临择业、就业和创业这个事关今后生活和发展的大问题，是毕业后去创业还是就业，以及能不能找到工作、选择什么职业才是最适合自己的，心中并没有十足的把握，由此陷入一种迷茫状态。本实训内容就是为帮助大学生认清自身条件和职业倾向，恰当地认识自己的优势与不足，给自己准确定位而开发的。

1. 启动应用

该应用可以通过教学引导的授课方式和学生引导的自学方式进行开启。

在教学引导模式下，学生端默认是等待状态，需要教师端"实验控制"内开始应用。学生在等待过程中，可以查看相关的测评规则。

在学生引导模式下，可以直接点"开始实验"，然后点"进入实验"进行职业性格评估，无须等待（如图 2-17）。

2. 答题方式

学生端测评开启后，即进入答题阶段。职业兴趣评估分为十个评估区，可以随意选择任意一个区进行测评，学生根据真实情况本能回答所有题目（如图 2-18）。

3. 报告生成

学生将 8 个评估区答题完毕，即可查看学生自己的职业兴趣评估报告（如图 2-19）。

图 2-17　职业兴趣评估答题开始界面

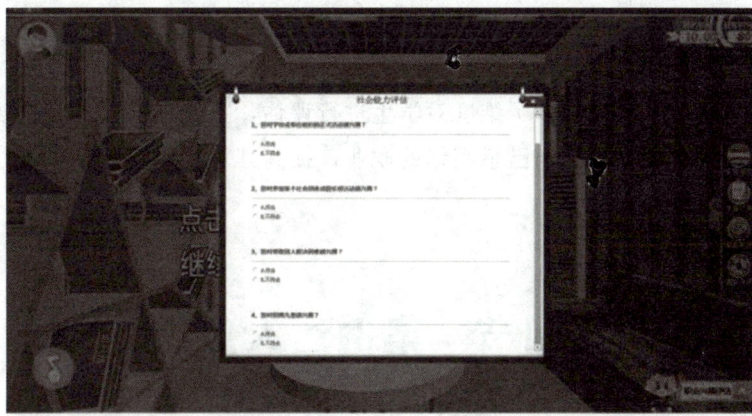

图 2-18　职业兴趣评估答题界面

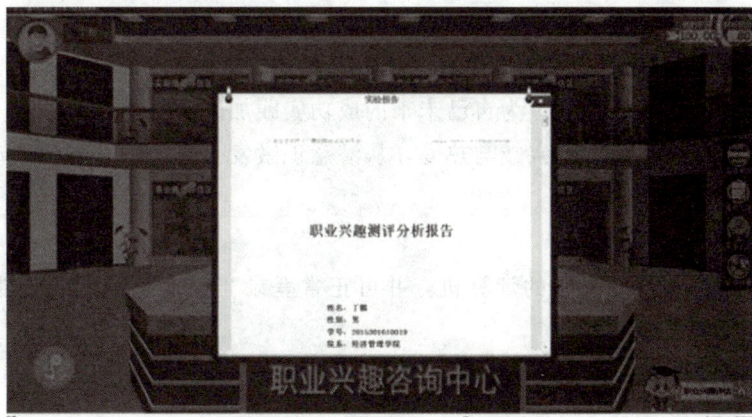

图 2-19　职业兴趣评估测评报告

4. 评估报告解读

评估报告为一次性生成（如图 2-20），要求学生认真如实本能作答。评估报告一旦生成，则不会被删除或修改。学生只要按照自己的账号登录，可以随时查看并下载。

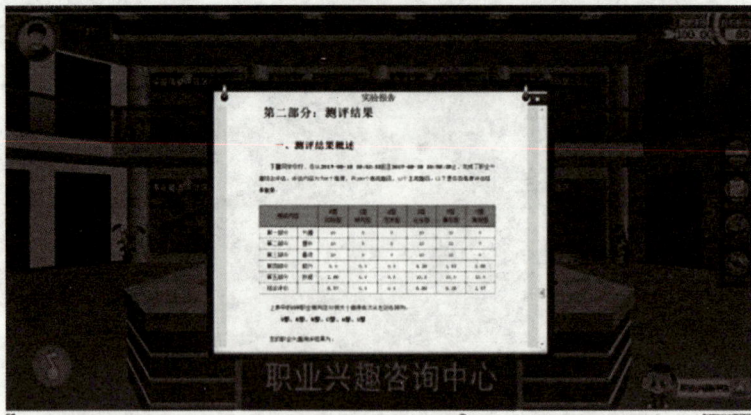

图 2-20　职业兴趣评估测评报告测评结果

四、实训总结

本实训模块通过职业兴趣多个维度对学生进行评估，主要从兴趣的角度出发来探索职业指导的问题，帮助学生找到自己感兴趣的职业，提高其对从事该职业的积极性，助其在该职业上取得成功。

第四节　案例达人应用

一、实训目的

1. 通过在线形式了解学习更多创新创业、就业相关的各类案例内容。
2. 转化课堂理论知识到具体实践中，加强对理论的理解与认知。
3. 从失败案例中汲取经验，为自己未来的成功实践加码。
4. 树立自己对这些内容的兴趣与热爱，从潜意识激发自身进一步学习的动力。

二、实训要求

1. 确保教师有一台可联网的计算机，并可正常登录当前实训应用，且能正常连接投影仪进行必要内容的展示。
2. 确保每位学生有一台可联网的计算机，并可正常登录当前实训应用。

三、实训内容

《案例达人应用》是一个汇集了国内外大量创新创业及就业相关的各类案例的专业数据库支持系统，该应用设计目的是解决国内该类内容资源相对分散凌乱，体系化缺失，查询学习不便的现状。该数据库根据案例所在区域、行业、群体等角度进行了归类整理，每一篇案例都被内置了相应题量的知识互动学习内容。

1. 启动应用

该应用可以通过教学引导的授课方式和学生引导的自学方式进行开启。

在教学引导模式下，学生端默认是等待状态，需要教师端"实验控制"内开始应用。学生在等待过程中，可以查看相关的测评规则。

在学生引导模式下，可以直接点"开始实验"，然后点"进入实验"进行职业性格评估，无须等待（如图2-21）。

图 2-21　案例达人应用进入界面

2. 互动学习

系统同时内置了相关的知识互动功能，学生可以通过与系统的知识互动获得相应积分以体现学习过程与进程。学生端测评开启后，即进入互动学习界面，系统内置了14个领域的案列，包括农林牧渔业、住宿和餐饮业、信息软件服务业、文化体育与娱乐业、租赁和商务服务业、科学研究与技术服务业等14个领域。学生可以在这个基于3D虚拟仿真场景的虚拟案例中学习，找寻自己感兴趣的学习内容，并对学习内容进行互动交流。

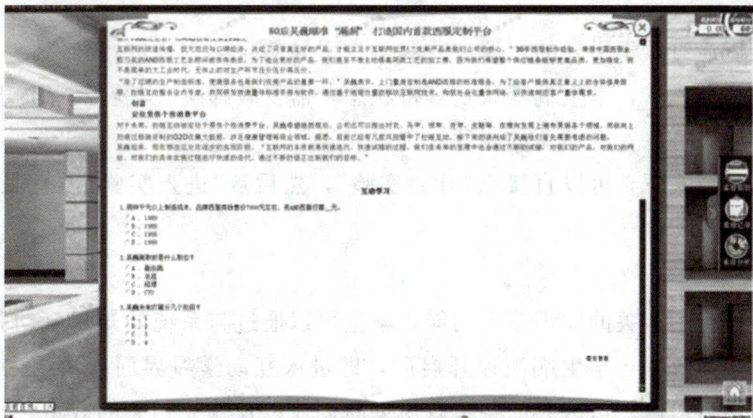

图 2-22　案例达人应用互动学习界面

四、实训总结

本实训模块通过对相关创业案例的学习，帮助学生们从前人的成功或者失败案例中积累经验，为自己未来的成功找出捷径，少走弯路，更快更好地创业成功。

第五节　政策达人应用

一、实训目的

1. 通过在线形式了解学习更多创新创业、就业相关的各类政策内容。
2. 培养起对宏观环境及社会环境规则的敏感度与认知的全面性。
3. 结合自身目标，为下一步利用这些政策内容打好基础。

二、实训要求

1. 确保教师有一台可联网的计算机，并可正常登录当前实训应用，且能正常连接投影仪进行必要内容的展示。
2. 确保每位学生有一台可联网的计算机，并可正常登录当前实训应用。

三、实训内容

《政策达人应用》是一个汇集了国内最新创新创业及就业相关政策的专业数据库支持系统，该应用设计目的是解决国内该类内容资源相对分散凌乱，体系化缺失，查阅学习不便的现状。系统内整合了从国务院、各部委、各省市自治区、市区县的各级政府创新创业以及就业相关的政策配套内容，同时整合了各地产业园、孵化园、创新园区等组织机构的优惠支持政策，也包含了各大院校、企事业单位对创新创业及就业的支持政策。

1. 启动应用

该应用可以通过教学引导的授课方式和学生引导的自学方式进行开启。

在教学引导模式下，学生端默认是等待状态，需要教师端"实验控制"内开始应用。学生在等待过程中，可以查看相关的测评规则。

在学生引导模式下，可以直接点"开始实验"，然后点"进入实验"进行职业性格评估，无须等待（如图 2-23）。

2. 互动学习

系统同时内置了相关的知识互动功能，学生可以通过与系统的知识互动获得相应积分以体现学习过程与进程。学生端测评开启后，即进入互动学习界面，系统内置了国务院、各部委、各省市自治区、市区县的各级政府创新创业以及就业相关的政策。学生可以在这个基于 3D 虚拟仿真场景的虚拟政策学习，找寻自己感兴趣的学习内容，并与学习内容互动交流。

图 2-23　政策达人应用进入界面

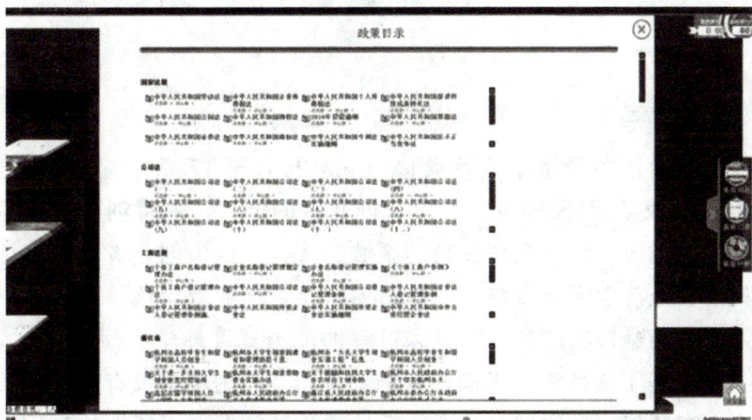

图 2-24　政策达人应用互动学习界面

四、实训总结

本实训模块通过对相关创业政策的学习，帮助学生培养对宏观环境及社会环境规则的敏感度与认知度，方便学生结合自身目标，为下一步按照相关政策法规创业打好基础。

第三章　　创业能力与团队组建

创业是一项极具挑战性的社会活动，是对创业者自身素质和能力的全方位考验。一个创业团队只有处在角色平衡、人数适当的状态时，才能充分发挥高效运转的协作优势。因此本章主要介绍了创业团队的定义、构成要素、类型，结合《创业之星》和《创业总动员》软件介绍成员角色定位、团队的构建与管理、处置团队冲突的策略。

第一节　创业者与创业团队

一、创业者的概念

创业者的概念是由法国经济学家坎蒂隆(Cantillon)于 1755 年首次引入经济学领域。1880 年，法国经济学家萨伊(Say)首次给出了创业者的定义，他将创业者描述为将经济资源从生产率较低的区域转移到生成率较高的区域的人，并认为创业者是经济活动过程中的代理人。美籍奥地利经济学家熊彼特(Schumpeter)认为创业者应该是创新者，具有发现和引入新的、更好的、能赚钱的产品、服务和过程的能力。管理学大师彼得·德鲁克(Peter F. Drucker)进一步发展了熊彼特关于创业者的定义。他认为不是只有从事经济活动才能成为创业者，一个人在任何一个领域进行了创新性的活动，提高了资源的利用效率，都可以称之为创业者。

二、创业者综合能力评估

1. 实训目标

(1)通过严谨的量表评估方法，精确量化评估每位学生的创业素质能力分布情况。

(2)通过多维度创业素质能力评估，拓宽学生对创业素质能力所涵盖内容范围的了解。

(3)结合系统给予的结论及建议，客观审视自身创业相关素质能力的优势与不足，做到查漏补缺。

(4)根据评估报告给予的结论及建议，结合自身情况，树立更加明确的创业学习与实践目标。

(5)培养起对自身进行创业实践的信心与兴趣。

2. 实训要求

(1)确保教师有一台可联网的计算机，可正常登录当前实训应用，且能正常连接投影仪进行必要内容的展示。

(2)确保每位学生有一台可联网的计算机,并可正常登录当前实训应用。

(3)本测评均为精心设计的内容,本身并无绝对意义的标准答案,学生需要根据自己的第一直觉确定自己的选择,本能的选择更能准确反映出每位学生的真实创业综合素质和能力。

3. 实验描述

作为一个普通人,如何全面评估自己在创业方面的能力素质情况,了解当下的自己,同时为未来的自己树立更加明确的学习目标与方向,目前这方面完整体系化的评估工具在国内相对缺乏,这也是本实验应用设计的目的。本实验精选了与创业素质能力最紧密相关的四个维度,通过量表评估的方法,提供给学习者围绕创业素质能力的一次全面的"体检"。

本应用是一个基于网络的交互式创业者测评系统,每名学生都可以根据系统给出的创业者多维度胜任力评测模型进行测试,整个评测由 10 个不同侧重的部分组成。一旦评测开始,学生需要在规定的时间内完成所有部分的评测内容。

4. 实训内容

(1)启动应用

该应用可以通过教学引导的授课方式和学生引导的自学方式进行开启。

在教学引导模式下,学生端默认是等待状态,需要教师端"实验控制"内点击"开始"按钮开启应用。学生在等待过程中,可以查看相关的测评规则。

在学生引导模式下,可以直接点"开始实验",然后点"进入实验"进行创业能力评估,无须等待(如图 3-1)。

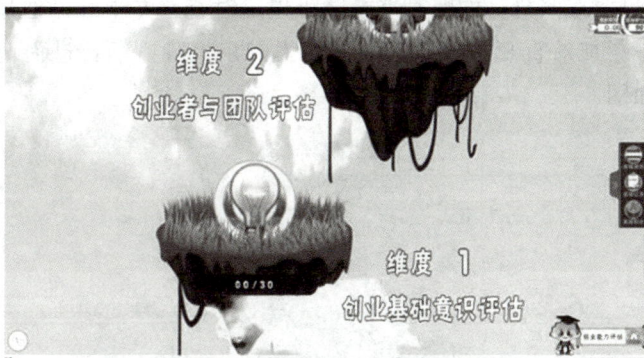

图 3-1 创业能力评估应用——学生端答题开始界面

(2)答题方式

学生端测评开启后,即进入答题界面。创业能力评估分为 10 个维度,必须按照维度顺序依次进入进行测评(如图 3-2),学生根据真实情况本能回答所有题目。每完成 10 个测评题,提交一次答案(如图 3-3),完成 10 个维度所有测评题目,系统会自动生成创业能力评估报告,学生可以自行查看报告。

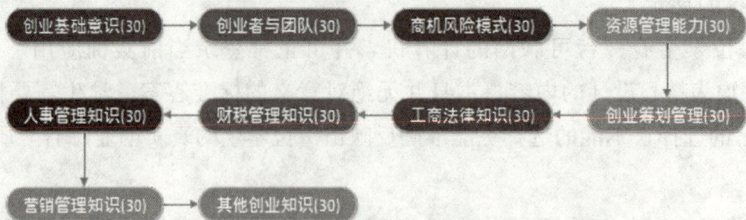

創業基础意识(30) → 創業者与团队(30) → 商机风险模式(30) → 资源管理能力(30)

人事管理知识(30) ← 财税管理知识(30) ← 工商法律知识(30) ← 創業筹划管理(30)

营销管理知识(30) → 其他創業知识(30)

图 3-2　创业能力评估应用——学生端答题流程图

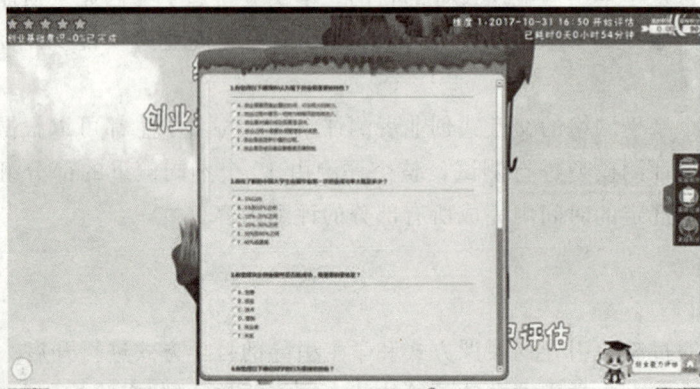

图 3-3　创业能力评估应用——学生端答题界面

（2）评估报告解读

评估报告为一次性生成。要求学生认真如实本能作答。评估报告一旦生成，则不会被删除或修改。学生只要按照自己的账号登录，可以随时查看并下载。通过创业能力综合评价图（如图 3-4），学生能够直观的队自己创业能力做出定性判断，进而使自己的后续创业学习更有针对性（如图 3-5、3-6 和图 3-7）。

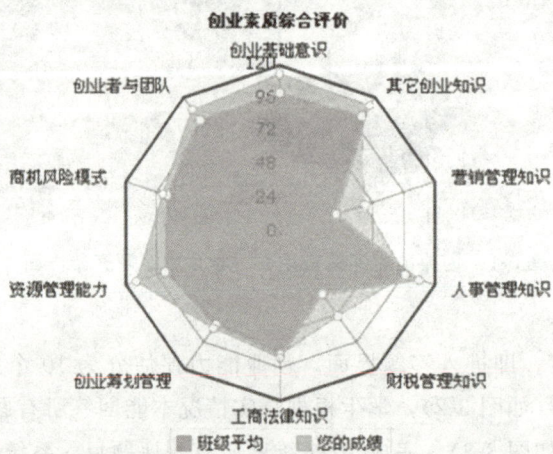

创业素质综合评价

图 3-4　创业能力评估应用——评估报告创业素质综合评价图

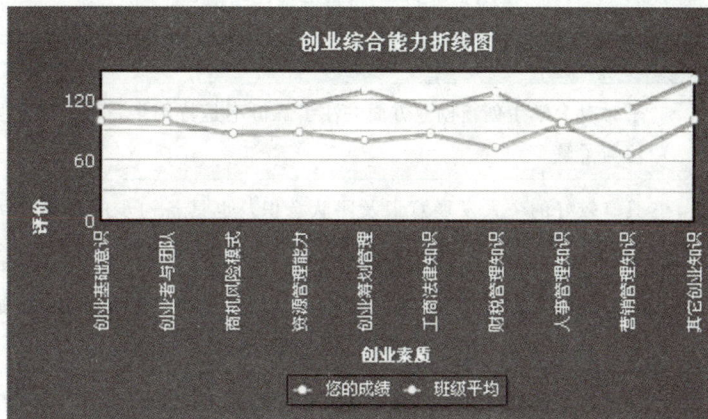

图 3-5 创业能力评估应用—评估报告创业综合能力折线图

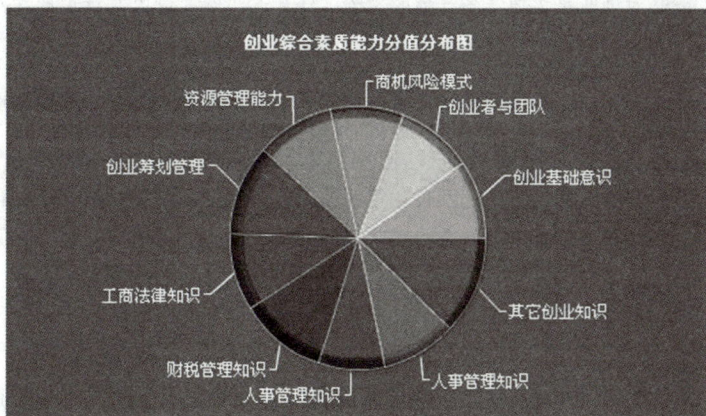

图 3-6 创业能力评估应用——评估报告创业综合素质能力分值分布图

评估维度	评估等级
创业基础意识	★★★★☆
创业者与团队	★★★★☆
机会风险模式	★★★☆☆
资源管理能力	★★★★☆
创业筹划管理	★★★☆☆
工商法律知识	★★★☆☆
财税管理知识	★★☆☆☆
人事管理知识	★★★★☆
营销管理知识	★★☆☆☆
其他创业知识	★★★★☆

图 3-7 创业能力评估应用——评估报告维度评分等级图

　　学生可以从评估结论表中获得精确的能力评估解释，同时能够得到合理建议并指导后续创业相关知识的学习（见表 3-1）。

表 3-1 学生评价报告评估结论

评估维度	结　　论
创业基础意识	平时对大学生创新创业方面关注了解得不是特别多，可以继续加强这方面的关注与了解
创业者与团队	具有较好的个人发展意识及团队意识，也具备初步的领导能力，但还需继续努力
商机风险模式	有较好的商机与风险识别的意识，但还需要进一步强化实践，通过不断训练加强这方面的敏感性，这种能力将会对未来的创业大有裨益
资源管理能力	在这方面的能力并不出众，应该在平时多关注了解创业资源相关的信息或留意身边这方面的资源，强化自己这方面的能力与准备
创业筹划管理	对创业是需要筹备计划的这个事情有点茫然，可以有意识地在平时多关注了解创业相关的新闻、资料或活动，逐步掌握这方面的知识
工商法律知识	对工商法律方面的知识了解得较少，不管是否去创业，其实这也是每个公民需要具备的基本素质之一
财税管理知识	对企业的财务管理及税务相关知识有点缺乏了解，如果真要去创业，这方面的知识必须要补充起来
人事管理知识	具备一定的人事管理基本知识，不过还需要进一步学习与实践
营销管理知识	对营销方面的知识了解较少，平时可多关注学习这方面的内容
其它创业知识	在平时多学习关注市场营销领域的知识与基本技能，可以从了解基本概念开始，弄明白什么是市场，什么是销售，以及每块工作需要具备的基本的知识基础与工作方法，如市场调查、宣传推广、价格制定、渠道建设、产品促销、产品组合等细节知识在实际创业公司中的灵活应用

（4）其他功能说明

实验系统右侧有三个按钮，分别是"实验规则""实验记录"和"实验积分"。

实验规则：单击可以查看相关的实验规则及说明。

实验记录：查看自己答题的答案。

实验积分：查看自己获取积分的详情。

4. 实训总结

本实验通过创业能力的十大维度对创业者进行评估测试，让创业者获知自身的创业能力水平，清晰地看出创业者在某些方面存在的优势和劣势，从而能够在后续的创业过程中发挥自身优势，积极弥补劣势，为更好地实施创业活动奠定坚实的基础。

创业是一个持续挑战创业者个人脑力、体力的综合实践活动，需要每个创业者具备完备且多方面平衡的综合能力与素质，平时有意识地塑造自身各方面的素质与能力，将对创业者自己的个人素质和能力的提高起到至关重要的作用。

三、创业团队构建

(一)创业团队

1. 创业团队的定义

创业团队，顾名思义，就是由少数几个能力、资源互补的创业者聚在一起，组成一个团队。乔恩·凯兹恩巴赫(Jon Katzenbach)与道格拉斯·史密斯(Douglas Smith)在他们的著作《团队的智慧》(The Wisdom of Teams)一书中对团队进行了定义：

- 共同的奋斗目标
- 团队成员的个人成功要依靠团队其他成员
- 一致认可的行动策略
- 团队成员的知识和技能互为补充
- 人数较少，通常少于 20 人

路易斯(Lewis)也为团队进行了界定，认为团队是由一群认同并致力去达成共同目标的人所组成的，这一群人相处愉快并乐于在一起工作，共同为达到高品质的结果而努力。结合以上学者的定义，团队的含义包括以下四个方面：目标一致、团队协作、技能互补、成果丰硕。

2. 创业团队的构成要素

前面我们总结了团队含义的四个方面，接下来我们将详细列出创业团队的构成要素，帮助读者判断一个创业团队设置是否合理、如何提升团队效率。

(1)建立共同的愿景和目标

团队成员有着共同的目标，为实现同一目标而相互团结协作，这是创业团队构成的第一要素。团队的目标有大有小，同时也分为短期目标和长期目标。为了实现企业总体的目标，个人成员又有自己的个人目标。团队对未来共同的愿景为成员提供了认同感，这种认同感为如何解决个人利益和团队利益相矛盾时提供了有意义的标准。有了共同的目标，团队成员即使在有争端时最后也能对最优处理方式妥协。

(2)成员之间感情上相互依靠，知识和技能上互补

人是构成团队核心的要素，团队的目标是由成员共同努力实现的，所以在团队协作中，需要有人确定计划，有人高效地执行计划，有人监督并评价计划进展。不同的工作任务要求成员间知识和技能互补，团队中每个成员都能把自己的专长在岗位上发挥出来。

(3)团队定位

团队定位是指团队在整个企业中所处的位置，由谁来领导团队、选择成员，团队采取何种方式激励员工。根据团队存在的目标以及拥有自主权的大小，斯蒂芬·罗宾斯(Stephen P. Robbins)提出可以将团队分为三种类型：问题解决型团队、自我管理型团队和多功能型团队。

问题解决型团队成员之间往往就如何改进工作程序、方法等问题交换不同看法，并以

提高产品质量、生产效率和改善工作环境为核心。在这种类型的团队中，团队主要职责是通过调查研究、集思广益，解决现有问题、寻找机会、执行计划。

自我管理型团队相对于问题解决型团队而言，成员的决策权限更大，在参与决策时的积极性也更高。自我管理型团队是一种真正独立自主的团队，他们不仅探讨问题如何解决，还亲自执行解决方案，并对执行结果负责。他们有权自己确定工作目标、决定工作任务的分配、控制工作节奏、安排工间休息。

多功能型团队由来自同一个等级、由不同工作领域的员工组成，他们来到一起的目的是完成一项任务。通过组织内员工之间交换信息，激发出创新点，解决面临的问题，协调完成复杂的工作。

（4）团队成员权限设置

团队成员的工作权限应该在合作初期就确定好，避免后期分工不均，或者是大家的权限重叠，出现多重领导问题。团队当中领导人的权力大小跟团队的发展阶段相关，一般来说，团队越成熟领导者所拥有的权力相应越小，在团队发展的初期阶段权力相对比较集中。

✦ 拓展阅读

合伙人必须同时满足如下条件：

a. 愿意不拿工资或拿远低于其市场价值的工资，为创业积累资金

创业初期，企业的资金匮乏，合伙人如果愿意不拿工资或只拿远低于其市场价值的工资，说明其在创业过程中具有主人翁意识，愿意为企业的发展牺牲个人小利。这样的贡献也将加强其与企业的未来发展的黏合度。

b. 愿意无偿劳动及加班

愿意无偿劳动及加班的要求是为了与单纯为了打好一份工的职员相互区别，创业者要有为公司长期奋斗的积极意识，也能够抵抗住创业初期巨大的失败风险。

c. 全职

创业是需要付出巨大的心血的，其所花费的时间和精力应该是可能工作的两倍，这就要求创业者能够全身心地投入创业活动中。如果创业者无法全职工作，那么创业活动也将是断断续续的，这对于任何企业的高层管理和运营都是破坏性的打击。

d. 任何人督促，主动完成任务

创业活动要注意的事项方方面面，需要创业者思维始终缜密，积极主动地去完善创业活动的细节，不需要他任何人督促。

e. 自律性高、执行力高

这一点，读者们应该能够明白，创业活动是一个连续、高效的过程，创业者无论身处何种环境，都应该具有高度自律性，将负责的工作做好。

f. 某些方面具备不可替代性

创业团队应该是小而精的，每个人在其中都应该具有自身的特性，能够为企业创造价值。创业者不同于普通职员，普通职员可以按照其能力的大小和付出的多少进行计价付工资，并不一定苛求其具有不可替代性。但是创业团队应该是一个高效率团队，每个人都能够独当一面，且又是别人无法做到的。

g. 信任同伴，能接受频繁地试错，密切地交流

创业团队关系不融洽，不再彼此信任等，这样的事情时有发生。团队不融洽时，会出现很多危险信号。如果团队成员只是彼此不喜欢对方，不是什么大问题；但如果事后彼此指责，不再信任对方的决策能力，问题就严重了。另外，创业初期是一个不断试错的过程，创业者必须能够接受四处碰壁的挫败感，并通过与团队成员密切的沟通，及时修正整个团队的工作方向，提高合作效率。

h. 能够承受破产风险

中国创业企业的失败率为80%左右，企业平均寿命不足3年，而大学生创业失败率更高达95%。创业者在创业之前就应该有明确的意识，创业资金可能打水漂。但是有了失败的意识并不代表一定会失败，失败的危机感应该是促进创业者投入更多的心血进行创业的动力。

i. 对未来信念十足

一个巨大的未来收益（金钱、社会成就感、名誉）将彼此有力地捆绑在一起，创业者的动力应该是单纯的，应该持这样的态度："我要从根本上改变这个主要市场。"如果创业者只想追逐名利，就不会有正确的动机。创业者必须致力于在目标行业中打造出一家成功的公司，在这个行业中，他们应该坚持自己的目标。

四、创业团队的类型

学术界早期针对团队类型的研究并不多，即使凯兹恩巴赫和史密斯对于团队研究的杰出工作也没有对团队类型做出区分。近年来学者才开始关注团队的类型问题，他们划分了四种团队类型：工作团队（work team）、并行团队（parallel team）、项目团队（project team）和管理团队（management team）。四种不同团队类型的特征及其优势、劣势见下表所示。

表 3-1　不同团队类型的特征及优劣势

团队类型	团队特征	团队优势	团队劣势
工作团队	以生产服务型的团队为例，稳定的长期组织单元，垂直管理多	因为工作团队一般较为稳定，员工相处时间长，对彼此的工作风格和方式更为熟悉，能够形成较为规范的管理机制	因为工作团队成员长期处于一个职位，工作激情容易消磨，团队便会停滞不前。同时，各职能团队间的协作不紧密

团队类型	团队特征	团队优势	团队劣势
并行团队	以提高产品质量为目的或者员工参与决策型团队为例，跨职能型团队，非正常组织单元	并行团队内部各环节资源连接紧密，加强了决策的效率，也打破了相互之间的成本壁垒。并行团队也能够使各职能人员较为深入地接触公司业务	由于是由各职能部门的成员组成，就容易出现层级不清，领导关系混乱。而且在内部容易形成同一职能部门小团体，不利于整个团队的团结
项目团队	以研究工作安全程序的团队为例，为完成某一工作而短期组建的组织单元	项目团队一般工作效率高，因为项目成立之初的目标和工作安排一般都较为清晰，团队成员的工作热情也较高	项目团队成员组成不稳定，项目期限较短，需要成员具有很强的适应能力。同时工作环境的频繁调动，可能影响成员的专注度
管理团队	以高层管理团队为例，通过协调指导公司层次的事务，以提高公司业绩	由管理团队进行统一的领导协调，能够使整个公司的努力方向不偏离目标。同时，能够对各部门的资源及时进行整合	管理团队无法脱离其他团队类型独立创建。且管理团队的决策权限过于集中

第二节　成员角色定位

一、创业团队成员个性能力与角色定位

（一）创业团队成员个性能力

创业团队是小而精悍，每个人在其中应该有其不可替代的作用。不同的工作任务要求成员间知识和技能互补，因此，将合适的成员安排在恰当的岗位是十分必要的。一个人的个性和能力，决定了其在团队中的角色定位。对于创业团队成员的个性能力与角色定位的匹配，本节将借鉴谢科范等（2010）提出的七维度因素分析方法。

团队成员的个性能力分为意识、性情和自我效能三个方面，将从以下七个维度进行分析：创新意识、风险意识、守则意识、道德心、责任心、表达力及决断力，简单概括起来就是"三意识＋两心＋两力"。

意识因素包括创新意识、风险意识和守则意识。创新意识意味着接受新事物的能力很强，拥有较高的创造力，思路开阔、富有想象力、敢于挑战创新。富有创新意识的创业者在团队中会根据市场需求的变化，爱出主意，积极推进业务变革。风险意识指在考虑活动实施细节中，能够注意到可能产生的风险点，不断批判、完善原有想法。富有风险意识的创业者在团队成员都将注意力放在如何实施新计划时，能够将范围很广的因素都考虑进去，挑剔行动中可能出现的纰漏及不可行的地方，逻辑性非常强。守则意识是指认可、接

受已经制定好的规则，遵照规则、制度办事、务实保守。富有守则意识的创业者能够认真踏实地将公司做好的决策实行下去，有很好的自控性和纪律性，对团队的忠诚度很高。

性情因素包括道德心和责任心。道德心是指具有正面的社会价值取向，能够判断行为正当与否。具有很强的道德心的创业者能够约束创业活动，使其合乎社会公共的价值取向，避免不合规操作。责任心是指对事情有敢于负责、主动负责的态度。每一个创业者都应该具有责任心，能够积极担起团队工作的责任，能够为企业的发展壮大积极发挥自己的能力。

自我效能因素包括表达力和决断力。表达力是指能够将自己的想法和见解采用合适的方式表达出来，让别人了解、接受。创业团队中主导者一定要具有优秀的表达力，能够将自己的思想传达给其他团队成员，统一行动目标。其次，团队中具有创新意识的成员往往需要强大的表达力，能够将新颖复杂的新事物和变革计划通过生动的语言和逻辑缜密的辩论传达给团队成员，说服别人接受。决断力是指决策和判断是非的能力，表现为在决策中能够快速反应、快速判断、做出决策、执行决策的综合能力。每一个创业成员都应该对自己擅长的领域具有较强的判断力，而团队的主导者应该能够对各类事情快速反应，做出决策。

(二)创业团队成员角色定位

创业团队成员的角色分为组织角色、变革角色、监督角色、执行角色及设计角色五种类型。这五种角色能够涵盖一个完整的创业团队成员角色定位。其中，组织角色需要具有动员、协调、指挥能力。在团队建设中，组织角色负责号召团队成员参与各项活动，协调成员间因意见不同而导致的分歧，防止团队成员产生冲突。统一团队目标，通过个人的魅力去影响团队，加强团队凝聚力，提高团队士气。变革角色需要具有很强的创新意识和逆向思维，能够不断批判现有体系的不足，提出创新建议。变革角色需要打破固有格局，可能会损害固有格局中的利益相关者，因此，为了推动变革、说服团队成员，变革角色需要具有很强的逻辑思辨能力和表达能力。监督角色一般是决策保守者，具有很高的风险意识，并能理性地综合考虑创业活动面临的机遇与风险，通过监督成员的行为，降低因道德风险造成的损失。执行角色是团队中踏实肯干、执行力强的成员，负责执行团队决策，解决执行中遇到的问题。设计角色是指能够将变革角色提出的创新性建议落实到具体的产品创新、活动方式创新。可以这么说，变革角色是理念创新，设计角色是实质创新。

(三)创业团队成员个性能力与角色定位的匹配关系

那么如何将创业团队成员的个性、能力与其适合的团队角色进行匹配呢？我们将七维度因素分别用数字1—5表示其强度。数字1代表弱，数字2代表中偏弱，数字3代表中，数字4代表中偏强，数字5代表强。下图3-8至3-12是对五类角色进行七维度因素分析。

图 3-8　组织角色的七维度因素分析

图 3-9　变革角色的七维度因素分析

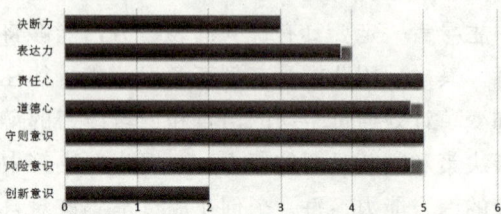

图 3-10　监督角色的七维度因素分析

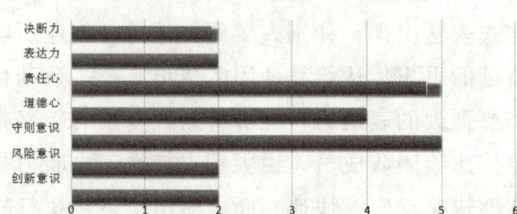

图 3-11　执行角色的七维度因素分析

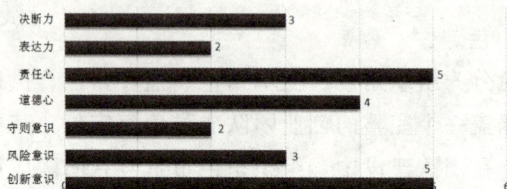

图 3-12　设计角色的七维度因素分析

表 3-2　不同团队角色的七维度评分表

	组织角色	变革角色	监督角色	执行角色	设计角色
创新意识	5	5	2	2	5
风险意识	5	3	5	2	3
守则意识	5	1	5	5	2
道德心	5	4	5	4	4
责任心	5	3	5	5	5
表达力	5	3	4	2	5
决断力	5	3	5	2	3

奇 思 妙 想

　　西游记中唐僧、孙悟空、沙和尚、猪八戒去西天取经是大家耳熟能详的故事，许多人会被这个团队中四位性格各异的成员所感染。人们不禁会诧异：这么四个在各方面差异如此之大的人物竟然能共同在一个群体中，而且相处得很融洽，甚至能做出去西天取经这样的大事情来。难道这是神灵、菩萨的旨意，而绝非凡人力所能及的吗？

分析：

不是的，这是因为他们分别扮演了不同的角色。唐僧起着凝聚和完善的作用，孙悟空起着创新和推进的作用，猪八戒起着收集信息和监督的作用，沙和尚起着协调和实干的作用。

［协调者］：对事物具有判断是非曲直的能力；对自己把握事态发展的能力有充分的自信；处理问题时能控制自己的情绪和态度，具有较强的控制力。

［推进者］：他们常常表现得思维敏捷，对事物具有举一反三的能力。看问题思路比较开阔，对一件事情能从多方面考虑解决问题的方法。这种人往往性格比较开朗，容易与人接触，能很快适应新的环境；能利用各种资源，善于克服困难和改进工作流程。

［创新者］：他们具有鲜明的个性，思维比较深刻，对许多问题的看法与众不同，对一些问题有自己独到的见解，考虑问题不拘一格，思维比较活跃。

［信息者］：他们性格比较外向，对人、对事总是充满热情，表现出很强的好奇心，与外界联系比较广泛，各方面的消息都很灵通。

［监督者］：他们头脑比较清醒，处理问题比较理智，对人、对事表现得言行谨慎、公平客观。他们喜欢比较团队成员的行为，喜欢观察团队的各种活动过程。

［凝聚者］：他们比较擅长日常生活中的人际交往，能与人保持和善友好的关系，为人处世比较温和，对人、对事都表现得比较敏感。

［完善者］：他们做事情很勤奋努力，并且很有秩序；为人处世都很认真，对待事物力求完美。

［实干者］：他们对社会上出现的新生事物从来不感兴趣，甚至对新生事物存在着一种本能的抗拒心理。他们对喜欢接受新生事物的人很是看不惯，常常是水火不相容。他们对自己的生活环境很满足，并不主动去寻求什么改变，给人一种逆来顺受的感觉。当上司交给他们工作任务时，他们会按上司的意图兢兢业业踏踏实实地把事情做好。他们给别人，特别是领导留下一种务实可靠的印象。

（来自 http：//www.studentboss.com/html/news/2011-07-04/80175.htm）

二、《创业之星》团队角色定位

前面介绍了创业团队成员的个性、能力以及创业团队的角色定位，那么不同工作岗位与团队成员角色又是如何匹配的呢？本节将结合《创业之星》详细地回答以上问题。

《创业之星》模拟的公司类型为制造业，在运营场景中，公司的组织架构为职能型，总经理领导整个公司的运营，管辖下属六个部门，分别为财务部、市场部、销售部、制造部、研发部和人力资源部。总经理及各部门负责人的主要职责如下：

1. 总经理(CEO)主要职责

- 负责组建团队，落实各人职责与分工
- 制订公司发展战略及各阶段经营目标
- 组织团队开展讨论，并制订与落实各项决策
- 对公司业绩总体负责

2. 财务总监(CFO)主要职责

- 负责公司的财务管理方面的工作
- 编写现金预算，制订资金筹措计划
- 解读财务报表，分析财务指标
- 做好成本分析，分析盈利预测
- 透过财务数据发现管理问题，提出改进建议

3. 市场总监(CMO)主要职责

- 负责公司的市场营销推广工作
- 运营市场背景与竞争形势分析
- 市场定位与产品定位分析
- 制订各阶段广告宣传计划
- 制订各阶段市场开发计划

4. 销售总监(CSO)主要职责

- 负责公司产品的销售工作
- 消费者需求分析，竞争对手分析
- 各阶段各市场的产品定价策略
- 销售网点规划与建设
- 获取订单情况分析

5. 生产总监(CPO)主要职责

- 负责公司所有产品的生产制造工作
- 根据销售计划落实产品生产计划
- 制订厂房与设备的采购计划
- 制订各阶段原料采购计划
- 安排各阶段生产任务、控制生产成本

6. 技术总监(CTO)主要职责

- 负责公司新产品的研发计划
- 消费者需求与产品发展潜力分析
- 新产品特性的设计、研发投入规划
- 资质认证投入规划
- 产品投资回报分析

7. 人力资源总监（CHO）主要职责

- 根据公司用人需要招募人员
- 与公司招募的人员签订劳动合同，办理保险
- 制订员工培训计划，提升员工技能

根据前面对于团队成员的角色定位，结合《创业之星》的岗位设置，我们可以将不同工作岗位与团队成员角色进行匹配（见表3-2）。

表 3-2　工作岗位与团队成员角色相匹配

团队角色	岗位匹配	岗位工作要点
组织角色	CEO	团队，分工，沟通，战略，执行
变革角色	CMO	销售预测，SWOT 分析，竞争分析，定位，4P 组合
监督角色	CFO、CHO	现金流，筹资策略，财务分析，人力成本控制
执行角色	CPO	与销售的配合，成本控制，库存控制
设计角色	CTO	产品研发，资质认证，投资回报分析

在实际组建《创业之星》比赛团队时，团队成员一般为3人，将上述7个管理人员的职责重新分配给3个成员。一般而言，在模拟运营中，一人担任总经理的角色，因为总经理需要在比赛之前先确定好公司生产制造的计划，在比赛中根据财务人员计算的现金预算以及市场情报收集员的市场反馈，动态调整每个季度的生产量、广告计划；另一个人担任财务人员，负责严密监控公司的现金流，预估公司现金流所能支撑的生产规模，并为企业设计合理的银行信贷规模；最后一个人负责市场情报收集，观察市场上竞争对手的实力，为总经理决策提供市场数据，同时兼任公司操作监督员，防止操作风险。

第三节　创业团队的管理及处置团队冲突的策略

一、创业团队的管理

（一）建立有效沟通机制

在创业团队管理过程中，为了保证沟通目标的实现，前提是沟通双方都能准确地了解沟通的内容。为了保证沟通的有效性，就必须设计有效沟通的方式。群体成员之间相互沟通有三种基本方法：口头沟通、书面沟通和非语言沟通。但是在日常工作实践中，尽管采用了适当的沟通方式，运用了有效的沟通技巧，也并不一定就能得到准确、有效的回应。因此，管理者还应当对信息反馈引起特别的重视，除了要在建立起的沟通渠道中尽量使用

双向沟通的方式，还要注意重大问题的沟通或者多人间的沟通与确认信息。沟通管理是加强创业团队建设的一条重要渠道，为了使项目内各部门项目成员明确各自的职责，就必须在项目部门内、项目与外界部门以及部门之间建立沟通通道，实现快速、准确地传递和沟通信息，以便了解创业团队成员的工作对实现整个项目目标所做的贡献。同时还需要通过大量的信息沟通，找出项目管理中存在的问题以及解决问题的大量信息。另外必须定期检查项目沟通情况，不断加以调整，确保有效沟通的顺畅。

（二）成为魅力型领导

魅力型领导有三个特点：提供愿景、鼓励和注重行动。提供愿景就是向创业团队成员展示创造未来的前景，描绘人们所认同和能激发人们热情的未来状况。创造愿景的作用就是加强创业团队成员责任感，提供共同目标，并为创业团队成员设定成功的途径。鼓励就是直接为组织的员工提供动力，激励他们行动。注重行动就是创业团队领导主要从心理层面帮助成员行动、面对挑战。这主要由于创业团队成员有了愿景并受到激励，在完成任务时需要精神上的支持，因此创业团队领导必须能够分享组织成员的情感。

（三）建立合理的团队激励制度

激励分为内在激励和外在激励。外在激励包括合理的薪资水平，薪资水平既要与个人业绩挂钩，也要与团队完成任务的情况挂钩，以此鼓励和引导建设性冲突，提升团队的战斗力，减少恶性竞争；内在激励包括未来愿景激励、对员工成绩的及时反馈和赞赏。共同愿景是组织成员真心向往和期待的，是在企业和员工的价值和使命一致基础上建立起来的，它存在于每个人的心中，因此起着内在的激励作用，能激励起大家对共同愿景承诺的奉献精神。共同愿景可以激励组织成员为实现愿景而百倍努力，发挥创造性的劳动，使组织的创新活动达到从单项创新到系列创新、从一次创新到持续创新、从能人创新到群体创新的境地，使组织的知识资产不断积累、增值。

（四）建设团结向上的团队文化

创业团队文化是组织文化的一个重要组成部分，是创业团队在建设、发展过程中形成的，为创业团队成员所共有的工作态度、价值观念和行为规范，它是一种具有创业团队个性的信念和行为方式。一个创业团队文化的状况，对创业团队工作的效能有着重大的影响。

但是团队文化的建设并非一日之功，这个过程需要领导者不断地强调并以身作则。团队文化的建设是立足于企业日常活动，在魅力型领导的带领下，通过有效的沟通机制和团队激励机制，慢慢在创业团队成员行动中养成。

二、处置团队冲突的策略

本文借鉴谢霍坚（Tjosvold）对冲突管理的维度划分方式，将冲突管理划分为合作性、竞争性和回避性三种方式。

（一）合作性冲突管理

合作性理论认为，如果团队成员在解决冲突时采取合作性的方式，他们会协商寻求有利于各方的解决方式。合作性冲突管理强调双方的共同利益，双方会最大限度坦诚自己的观点，这不仅会增进团队成员间的工作关系、减少情绪冲突的产生，而且会使团队成员充分考虑双方意见，从而增强团队反思水平，可见合作性冲突管理能促进高水平团队反思的发生。合作性冲突管理有利于增进各方的相互理解并培育合作性的团队氛围。谢霍坚（1990）认为，管理者应该在组织中倡导合作性冲突管理，这有利于团队成员做出高质量的行为与调整。

（二）竞争性冲突管理

竞争理论认为，如果团队成员在解决冲突时采取竞争性的方式，则他们往往会将冲突视为"你输我赢"的较量。在这种情境下，冲突双方没有信任，他们的目标是彼此竞争的。竞争性冲突管理是一种侵略性行为，冲突双方经常利用权威干涉的方式试图以牺牲对方的利益来满足自己的利益，因此，在团队内易产生彼此敌对的情境，不利于团队成员间的互动和沟通，阻碍信息的流通。本文认为竞争性冲突会给团队反思带来负向影响。

（三）回避性冲突管理

回避性冲突管理意在强调避免或离开冲突，逃避沟通行为，从而使冲突双方从冲突的情境中逃离出来。回避理论认为，回避性冲突管理容易导致忽略某些重要的意见和看法，降低团队成员的积极性，对问题的讨论也缺乏响应，导致团队成员过分追求一致性，从而产生"群体思维"。可见回避性冲突管理意在尽可能地减少冲突的产生。然而冲突的交互作用理论认为，团队内没有冲突或者冲突很少，则容易导致团队停滞不前、团队互动效率和决策效率低下、缺乏创新性。不同冲突管理方式的特征、管理效果及适用情形，见表3-3所示。

表3-3 不同冲突管理方式的特征、管理效果及适用情形

冲突管理方式	特征	管理效果	适用情形
合作性冲突管理	成员相互协商寻求有利于各方的解决方式、强调双方的共同利益、最大限度坦陈自己的观点	增进成员间的合作关系、减少反感情绪的产生、工作氛围更融洽、成员易做出高质量的调整和行为	合作性冲突管理适用于所有的团队冲突管理，效果最优
竞争性冲突管理	成员之间相互较量，相互不服、无法听取别人的意见、试图牺牲对方的利益来满足自己的利益	团队氛围压抑、成员间敌对情绪重、缺乏互动和沟通、阻碍团队内意见和信息的流通	尽量避免竞争性冲突管理。如果不可避免，领导者一定要从中协调，活跃氛围，加深成员间的亲密度

冲突管理方式	特征	管理效果	适用情形
竞争性冲突管理	成员之间相互较量，相互不服输、无法听取别人的意见、试图牺牲对方的利益来满足自己的利益	团队氛围压抑、成员间敌对情绪重、缺乏互动和沟通、阻碍团队内意见和信息的流通	尽量避免竞争性冲突管理。如果不可避免，领导者一定要从中协调，活跃氛围，加深成员间的亲密度
回避性冲突管理	通过回避沟通、漠视问题，避免正面冲突	回避冲突不代表冲突消失，回避会降低成员积极性、导致团队停滞不前、决策效率低	回避性冲突管理可以在冲突各方尚不冷静时取用，但是一定要将这种方式尽早转变为合作性冲突管理

(四)建立合作性冲突管理的技巧

1. 建立良好的沟通机制

作为团队管理者，要站在不同成员的位置思考问题，不能忽略处于执行位置员工的处境。美国著名未来学家约翰·奈斯比特(John Naisbitt)曾经指出："未来竞争是管理的竞争，竞争的焦点在于每个社会组织内部成员之间以及外部组织的有效沟通上。"管理者与被管理者之间有效沟通是任何管理艺术的精髓。具体制定良好的沟通机制：第一，就是通过正式的沟通渠道，如周会、月会和座谈会。第二，就是通过非正式的沟通渠道，如电子邮件、周末聚餐、短途出游等。旨在建立融洽的关系和稳固的友谊，即通过情感交流以达到良好沟通的目的。

2. 随时协调关系提高效率

如果团队运行机制不灵活，就无法达到继续激活团队成员斗志的作用。当其发展到一定阶段，效率问题就会凸显。团队成员的主观能动性降低，没有了创业的激情，始终无法实现创业的宏图大志。因此我们要注意个人价值与团队价值的最大化，关注个人与团队的关系，使其形成一致的方向，相互促进发展。

三、创业团队训练

1. 实训目标

(1)通过实训让学生深刻理解创业团队对成员的个人能力、团队意识和团队精神的要求。

(2)通过实训帮助学生培养起与他人合作、分享、多赢的做事原则和方法技巧。

(3)通过实训让学生体验创业团队成员的物色、沟通、组建的全过程。

(4)通过实训让学生深刻理解创业团队与个人发展的共损共赢关系。

(5)通过实训帮助学生深刻理解创业团队内部的组织分工与实际工作的协调。

(6)通过实训让学生深刻理解不同创业团队之间的竞争与合作共存的实际现状。

(7)通过模拟团队实训，让学生适应创业过程中时刻存在的高度不确定性和模拟的状况。

2. 实训要求

(1)确保教师有一台可联网的计算机，并可正常登录当前实训应用，且能正常连接投影仪进行必要内容的展示。

(2)确保每位学生有一台可联网的计算机，并可正常登录当前实训应用。

3. 实训描述

(1)实验介绍

创业团队模拟实训室是一个围绕创业团队中成员个人能力、团队意识、组织分工、优势互补、合作意识、竞争意识等诸多角度设计的一个综合性实践互动情景实验。

创业团队由于有多名创业者组成，从组织形式上虽然看似简单，但由于创业活动本身的艰难与高风险特性，在大部分创业团队的实际创业过程中，往往存在着团队成员之间无处不在的协同合作与意见分歧，大量的现实失败创业案例启示并非项目本身或其他外部原因引起，往往是创业团队内部成员之间形成了无法中和的意见与矛盾后才导致的。

本实验共分为个人闯关、组建团队和团队闯关三个阶段。在本实验过程中，每位同学在初期都将作为独立个体参与实践环节，每位学生在实验中都被置身于一个人烟稀少的荒岛上，在荒岛的深处有一个传说已久的失落王国的宝藏，里面深藏着各种奇珍异宝，在寻找到宝藏之前，教师将通过系统为每位学生随机分配若干种寻宝过程中可能用到的资源，学生之间可以在寻宝过程中自由交换资源，以解决自身需求或协助他人解决问题，用最短时间到达宝藏地的学生将获得更多的奖励。

在完成第一阶段实验后，每位学生都可以自由寻找其他学生组建自己的团队，完成团队组建的小组需要为自己的团队设定团队名称、组织分工、团队愿景等实验内容，并在教师引导下上台进行团队展示与路演，台下其他学生可以为路演团队点赞。如果学生在规定的时间内未加入任何团队，系统将会为该学生自动创建一个一人组成的团队。

在第二阶段寻宝过程中，教师将再次通过系统随机为每一位团队成员发放寻宝过程中所需要用到的各种资源，每个团队都需要合理协调组内资源，以最快速度到达第二个宝藏，在寻找宝藏过程中，团队成员及团队之间均可以随时自由交换自己手中的资源来获取所需资源，以解决自身需求或协助其他成员解决问题。在本阶段中，每位学生除了要尽自己最大努力以最短时间完成自己的寻宝任务外，还需要确保自己所在团队的其他成员都能以最快速度完成各自任务，每位学生的个人奖励数量都将与团队整体获得的奖励数量形成紧密的关系。

系统将自动记录每位学生在寻宝过程中的所有决策行为，并自动形成各个角度丰富多彩的分析图表与报表，教师将基于实验中的实际数据为学生进行点评分析授课，同时将邀请部分学生及团队上台分享交流。

(2)发布任务

正式开启本实验后，教师除了需要在教学引导系统内使当前实验处于"进行"中，还需进入实验控制系统进行进一步配置及确认。首先确保创业团队训练处于进行中，然后点击

"实验控制"按钮，打开创业团队训练应用控制界面（如图 3-13），点击"个人闯关"即开始本实验，学生点击"进入实验"就正式开始实验（如图 3-14）。

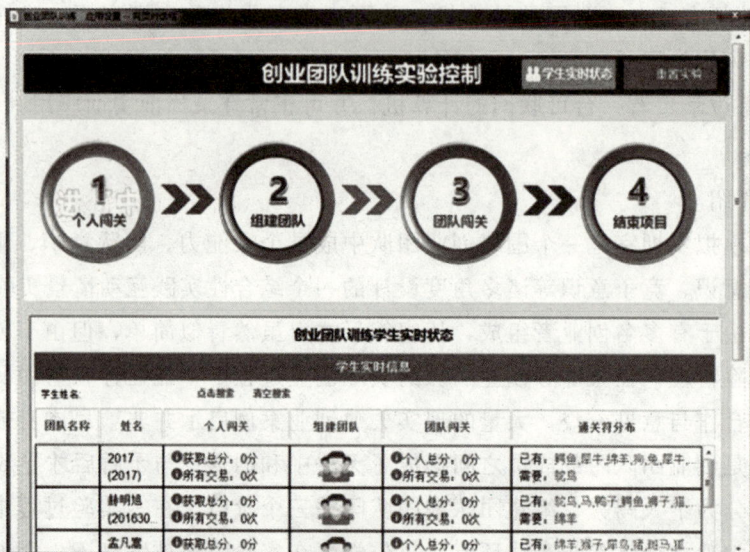

图 3-13　创业团队训练——实验控制

图 3-14　创业团队训练——开始实验主界面

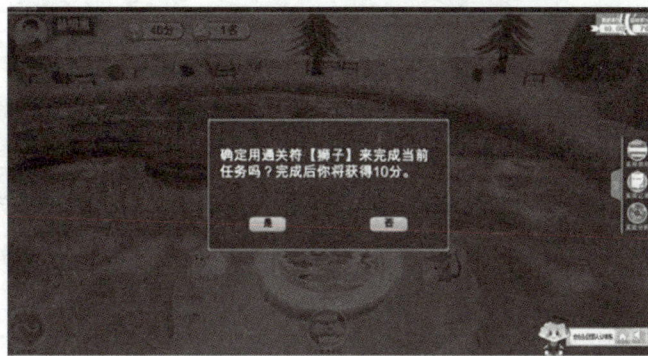

图 3-15　创业团队训练——独立完成指定任务

教师在控制端点击"组建团队"即开始这一阶段实验。学生界面将弹出见图 3-16 界面，开始组建团队实验。

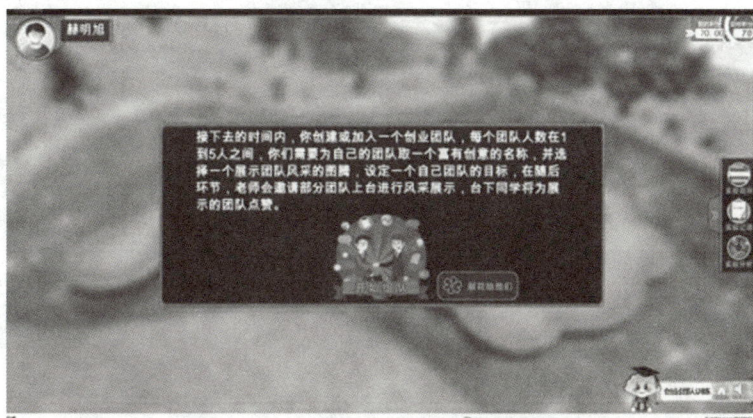

图 3-16　创业团队训练——团队组建任务

教师在控制端点击"团队闯关"即开始这一阶段实验。学生界面将弹出，如图 3-17 界面开始团队闯关实验。

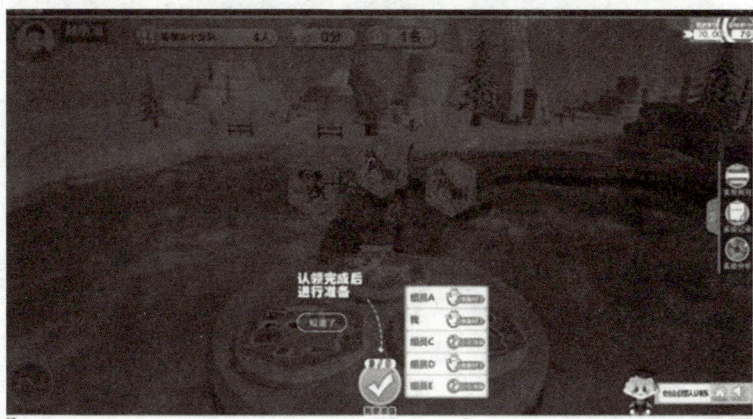

图 3-17　创业团队训练—团队任务认领

4. 实训总结

本实验项目设计意图并不是要向学生介绍浅显易懂的基本团队知识，而是希望通过不同环节的精巧实验环境的搭建，使每位学生都可以阶段性沉浸于具体环境任务之中，在不知不觉间按自身日常常规性格、思维模式、价值判断等做出自己认可的合情合理的选择与决策，学生在参与本实验的过程中将享有完全开放自由且充分的分析判断裁量权。学生通过在实验里表现自我的过程，深刻地理解创业团队的组建与管理过程中应注意的方面。

第四章　创业机会与商业模式

创业过程是围绕着创业机会进行识别、开发的过程，创业机会的识别是创业成功的前提和必要条件，是创业者应当具备的最重要的能力之一。本章前半部分将主要介绍创业机会的定义、特征、识别思路、识别方法、评估标准；后半部分主要分析商业模式创新中机会识别对企业绩效的影响，了解商业模式的本质，掌握商业模式创新的逻辑与方法。

第一节　创业机会识别

对于创业者而言，寻找创业商机是启动创业活动的第一步。因为创业是个机会发现的活动，创业之初，新颖有市场价值的创业机会所带来的资源与利润往往比创业者个人智慧、组织管理能力更为重要。但创业机会并非那么容易寻找到，这需要创业者保持较高的警觉性，时刻观察、了解市场动态，并突破常规思维。这些都充分说明创业机会对创业活动、初创企业的重要性。

创业机会的识别是创业成功的前提条件和必要条件，是创业者应当具备的最重要的能力之一。本章将主要介绍创业机会的定义、特征、识别思路、识别方法。同时分析商业模式创新中机会识别对企业绩效的影响，了解商业模式的本质，掌握商业模式创新的逻辑与方法。

一、创业机会的相关概念

创业机会是如此重要，那么，创业机会去哪里寻找呢？在当今日益复杂的经济社会中，情况瞬息万变，技术更新换代速度快，如何寻找别具一格、具有市场潜力、能够创造价值与使用价值兼具的商业创新，是具有创业想法的人最想了解的。

（一）创业机会的定义与特征

创业机会不同于商业机会，但属于商业机会的一种。商业机会是指能实现某种商业盈利目的的机遇，凡是有利于促进企业生产，有利于企业产品开发和市场开拓，能促进企业经济效益的提高，有利于企业摆脱困境等方面的信息、条件、事件等，都可称为商业机会。商业机会通常体现为市场上尚未满足消费需要的有可能盈利的机会，也称为市场机会。按照商业机会存在的期限可以分为两类：一类是短暂的商机，需要有一定的资本基础和市场经验的公司才能抓住，进行财富创造，这是一般性的商业机会；另一类商业机会是持续时间较长、初期不需要大量资本投入的新颖商机，这是创新性商机，适合创业者抓住的创业机会。

因此，创业机会是指能够持续创造市场价值、为创业者带来经济流入的商业机会。因此适用于创业的商业机会有四个主要特点：价值性、营利性、时效性和资源的可得性。

1. 价值性

价值性是创业机会最基础、最重要的特征。创业机会只有具有价值性，才能逐步实现营利性。价值性决定一个创业活动的意义，为市场创造有价值的产品或服务，能够满足市场上尚未满足的有购买力的消费需要。

2. 营利性

营利性是创业者创造的动力所在，也是市场评价和淘汰创业活动的标杆。开发创业机会能获得盈利，创业者的创业活动才会有意义，创业者才会投资创业资源去开发创业机会，才能支撑创业者进行持续的创业活动。

3. 时效性

时效性是指商业机会能够创造价值，还没有失去市场效率的期限长短。创业者只有在商业机会仍具有时效性，市场还没有饱和时进行价值创造，才能获得盈利。越早发现创业机会，并将之付诸实践，市场的主动权越大，成功的可能性也就越大。

4. 资源的可得性

资源的可得性是创业活动能够开展的物质基础，创业者只有获得足够的资源和能力，才能利用创业机会创造价值，实现盈利。正如马克思所说，资本必须合理地分为三个部分：货币资本、生产资本和商品资本。只有保证三部分资本充足，才能搞好产供销，顺利经过购买、生产、售卖三个阶段，使之在空间上并存和时间上继起。创业初期，只有充足的资本才能使创业活动得以持续，不会在初期还未盈利时因为现金流短缺而被迫中止创业活动。创业资本的充足性始终是困扰创业者的问题。

(二)创业机会识别的定义

创业机会识别的定义分为两层：一是信息处理论，即创业者有意识地将市场上潜在的商业信息收集整合，经过卓越的信息过滤、识别，将外界现有资源进行充分整合；二是信息创造论，即创业者通过保持高度的警觉性，寻找和识别市场忽略的有用商业信息，并对商业信息不断进行外在化表现，从而创造新的价值载体。

创业机会识别本质上是挖掘现有市场未被满足的需求，或是发现未被开发但是潜在的需求，或是发掘因多样化、个性化或技术变革带来的衍生市场需求。挖掘现有市场未被满足的需求相比于挖掘另外两种市场需求存在更多的困难与进入壁垒。现有市场的创业机会一般存在于差异化竞争市场或企业集群市场中，现有市场的竞争者一般较多，对资本和经验的要求高于技术创新，对于创业者的要求更高。

二、创业机会识别思路研究

(一)存在思路

存在思路的前提是假设市场并非一直处于均衡状态，但市场偏离均衡状态时，资源也偏离了最优配置状态，这为创业机会提供了土壤。追求资源最优配置的创业者在市场非均衡状态下凭借其敏锐的商业直觉发现创业机会。创业机会的发掘和利用使得市场资源配置更优化，市场逐渐步入均衡状态。

市场创业机会被发掘存在两种情况：一种是市场参与者无意中发现并用于获取利益；另一种是通过创业者不断地探索查找市场中隐含的创业机会，将普通参与者无法发现的信息通过创业活动外在化。非均衡市场所传递的创业信号，普通者在无意中会过滤掉，无法与活力活动联系起来，具有独特警觉性的创业者因为过人的胆识和异质性知识，通过扩大生产或是套利活动，促使市场回归均衡。

存在思路强调个体与客观创业机会间匹配，如果匹配，个体就能发现和利用创业机会而成为创业者。

(二)结构思路

了解结构思路之前，本文先介绍其理论基础——博尔特(R. S. Burt)的结构空洞理论。一个网络中存在着一个个关联紧密地带，在关联紧密地带之间是关联稀疏地带。博尔特认为处于稀疏地带的组织赢得竞争优势的可能性最大，他称这种关联紧密地带之间的稀疏地带为结构空洞。关联紧密地带之间由于稀疏地带的存在，使得资源和信息的直接流通不顺畅，因此需要借助稀疏地带中的组织进行沟通和交流。稀疏地带通过发挥联结机制，优化网络中资源配置，为自身创造更多的资源，最终产生较强的竞争优势。

结构思路认为社会网络结构并不是完全缜密的，个体或者组织之间也存在关联紧密状态和关联稀疏状态，创业者或者创业团队处于结构空洞中，拥有信息和控制优势，通过资源和信息的传递，从而产生创业机会。

形象地说，假设有一个个体 A，他与另外两个人或者党派 B 和 C 存在工作关系，如果 B 和 C 不联结比 B 和 C 联结对 A 更有利。B 和 C 不联结意味着在 B 和 C 之间存在着一个结构空洞，这个结构空洞能增强 A 的职位权力或谈判力。这种结构优势有这样几个基础：第一，对介于其间的 A 而言，有更多的信息可利用，而信息蕴含着价值和权力，继而形成了 A 的优势。第二，对介于其间的 A 而言，存在控制机会。在存在结构空洞的情况下，中间人 A 通过谈判可以使 B 和 C 处在竞争地位，从而加强自己的强势地位。第三，对于介于其间的 A 而言，存在将信息优势和控制优势结合起来的潜在优势。由于 A 是中间人，信息充分，这样，A 就可以通过中间人的身份在 B 与 C 之间提供彼此需要的资源，并从中获取利润或社会资本。在结构空洞下，A 与 B 和 C 的关系越强，A 就拥有越多可能的创业机会。

可以发现，结构思路强调创业机会的产生源于个人或组织间的关系结构特征，结构空洞造就创业机会，但是中间人的意愿、谈判能力、运作能力、信息获取能力成为寻求这种创业机会的重要条件。

(三)构造思路

构造思路的提出是建立在对存在思路的质疑上。存在思路认为市场一般是非均衡状态，资源还未达到最优配置状态，因此市场中还存在创业机会。创业者通过其高度的创业警觉性和丰富的先验知识发现创业机会的存在并加以利用，一方面自身获利，另一方面优化社会资源配置。反推存在思路，当市场均衡时，并不存在创业机会。但随着创业机会的不断发掘，市场逐渐趋于均衡状态，仍存在着大量的创业机会。这一推论前后矛盾，因此，学者认为创业机会不是已经存在、等待被创业者发现利用的，而是可以创造和建构的。

构造理论认为人类与社会结构是互动发展的，人类既推动着结构的发展，也受到结构的制约。结构是动态发展的，现有结构的形成是人类先前行为的作用，也在现有行为中改变。构造理论在创业机会识别思路的研究中运用，是对实践经验的总结。创业者既创造和建构了新的创业机会，也被创业机会塑造成一个精神和能力更加强大的个体。创业过程就是创业者和创业机会共同演化的过程。

三、创业机会识别的影响因素研究

为了说明如何识别创业机会，先说明什么影响着创业者识别创业机会。目前学术界认可的三个主要影响因素为：创业警觉性、先验知识和社会资本理论。下面对三者与创业机会识别的关系进行研究。

（一）创业警觉性与创业机会识别研究

创业警觉性概念首次由柯兹纳（Kerzner）于 1973 年提出，他对创业警觉性下了定义，认为创业警觉性是一种对没有被发觉的创业机会的持续关注能力，并对各种物体、行为和事件的信息保持敏感性。但是他认为这种敏感性仍存在于观察中，还未做出具体的搜寻活动。1985 年，柯兹纳对自己的定义进行修正，认为在因为变革或者知识结构不完备而导致的市场不均衡下，创业者运用其特有的创业特性，可以率先发现市场变化的导向，并快速察觉人们消费需求的改变，进而根据新的需求，推出创新性产品或服务。根据图 4-1 柯兹纳创业警觉性的机会确认模型，一个没有警觉性的人能做到的最优决策是在现存方法的框架下通过理性分配实现个人的最优化。而一个有警觉性的人能够通过理性评价，克服思维惯性，打破现存方法框架，进行机会识别或创造。

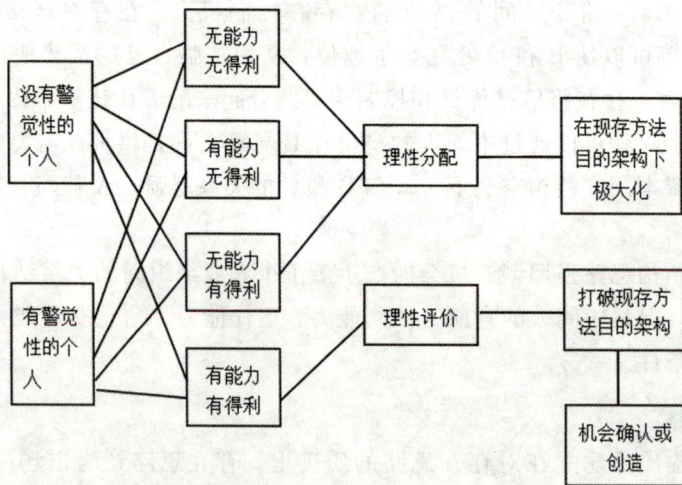

图 4-1　柯兹纳创业警觉性的机会确认模型

在柯兹纳提出创业警觉性之后，学界对于创业警觉性做出了更多的研究。主流观点认为创业警觉性有助于创业者进行技术创新，但由于创业者的创业警觉性多是创业者个体观察和主观判断，缺乏客观、科学的评价。同时只有当创业者对某一行业足够熟悉之后，才能发挥创业警觉性的市场发现功能和信息甄别能力。柯兹纳在1997年再一次阐述了创业警觉性与创业机会之间的关系，认为具有警觉性的创业者通过时刻关注市场动态，发现市场先行者由于认知等方面存在偏差而遗漏的一些创业机会。也就是说，正是创业者对创业机会的警觉发现使得原本非均衡的市场过程逐渐趋向于均衡。

(二)先验知识与创业机会识别研究

1. 先验知识的定义

拥有创业警觉性可以在繁杂的商业信息中发现创业机会，然而创业者想拥有创业警觉性是需要有一定的经验基础的。正如前面所言，在创业者熟悉的领域创业警觉性才能发挥出机会发现功能。从创业角度来看，先验知识是指创业者曾经学习、工作等经历中所积累的内在的知识、技能与经验，在创业过程中的作用比较突出。先验知识分为行业经验、创业经验和职能经验。尚恩(Shane)在2000年曾提出在多数时候创业者并没有比非创业者从市场中得到更多的信息，只是创业者能够通过先验知识较为迅速地从众多信息中获取符合市场时机的机会。信息发现的时机、场合以及领域对创业者的意义比信息量更重要。

2. 先验知识与创业机会识别的关系

研究发现，具有个体先验知识的创业者在获取创业信息时，其机会识别的能力越高，搜寻质量越好。对创业信息时刻保持较高关注和敏感度的创业者，在工作经历和创业知识储备上也出类拔萃。先验知识匮乏的创业者，在创业之前或者创业之初就应该不断增加自身知识储备，完善知识体系结构。

对于有意向进行创业的大学生，在校期间参加社会实践和职场实习有助于提前熟悉商业情景和相关职场环境。丰富的实践经历有助于创业大学生从纷纭复杂的商业信息中判断市场发展方法，亲身见证技术革命、资源组合的可能，才能逐渐培养起社会资源灵活运用的能力，形成较为清晰、结构缜密的创业先验知识框架。

(三)社会资本理论与创业机会识别研究

1. 社会资本定义

社会资本是指镶嵌在个人或社会个体占有的关系网络中、通过关系网络可获得的、来自关系网络的实际或潜在资源的总和。社会资本具有三个基本维度，即结构维度、关系维度和认知维度。结构维度主要反映社会资本网络的结构特征，结构反映的是行为者之间关系的整体模式。成员在网络结构中的位置，不同的结构位置决定行为者获取信息的能力；关系维度指网络成员之间的亲情关系，以及通过这些关系获得的资产，一般根据关系密切程度分为强关系与弱关系；认知维度反映网络成员之间的共同价值观和愿景。对不同的创业机会类型来说，社会资本的作用机理也不同。

2. 社会资本与创业机会识别的关系

结构思路下创业机会的发现来自社会资本中结构空洞的大小和个人与组织间的关系网

络的规模，结构空洞提供了可能的创业机会，结构空洞越多，可能的创业机会就越多。也就是说，社会资本结构维度本身即可产生创业机会。当然，要使可能的创业机会转化为现实的创业机会，还必须外加如下条件：一是处在结构优势中的个体或者组织要具有充分发挥这种信息和控制优势的意愿；二是这个个体或者组织还必须具有相应的谈判能力、运作能力、信息获取能力。

存在思路下创业机会的发掘过程体现为创业机会的识别过程，也就是说创业机会是被发现的。客观存在于市场的创业机会需要企业家个体来识别，而如前所述，个体的警觉性是影响创业机会发现与否的前提条件。个体对于创业机会的警觉性取决于两个条件：一是个体拥有的识别创业机会的先前信息。人们拥有的先前信息创造了人们的智力图式，进而影响了人们对新信息的认知，先前信息如果与新信息互补，那么可能诱发创业猜想。二是个体具备创业猜想转化为机会的资源支持。如果没有资源的支持，个体不会认为商机对其而言是创业机会。社会网络的重要性在于创业者资源的获得及信息的获得两个方面：

（1）信息的获得与社会资本

机会的发现是一个理性搜寻过程的结果，在识别机会的过程中，创业者必须以某种方式认知、收集、理解和运用与特定的行业、技术、市场、政策等相关的信息。而信息的获取与创业者的社会网络紧密相关。信息会通过个人的社会网络来传播、转移，从而被网络成员分享。首先，个人网络使创业者能够增加与外部环境的联系，进而更容易地获得更多的资源和信息。一个较好的个人网络能够给创业者提供商业情报和在不明确环境下交易的能力。另外一些研究认为，由关系形成的网络成为创业的一个社会资本的来源。由于网络内成员从事的是相近的活动，在这样的活动中成员易于相互学习，提供开拓不同市场的信息，以及与企业有关的技术咨询、融资和物质资源等信息，且获得与此相关的机会。关系网络的强弱同样影响了信息资源的获取。强联系往往存在于亲戚、朋友或者亲密的合作者之间，他们之间能够经常见面、频繁地交流，而且人与人之间存在着强烈的动机互相支持。弱联系往往是分布范围比较广，甚至常常跨越小集群之间，人与人之间的关系更多是由工作、学习或者相互合作而产生的，虽然节点与节点之间的关系没有强联系那样紧密，却可以提供更宽广的交流平台。

（2）社会资本与资源的获得

网络的联系提供了资源和信息的潜在性或者可获得性，从个人的社会网络所获得的资源严重影响创业启动阶段的决策行为。利用社会网络资源获悉开发创业机会的创业者将比那些单独的创业者识别更多的机会，同时对开发机会有显著的积极作用。创业者的社会关系网络是创业资源的重要来源。通过人际关系网络，创业者不仅能以较低的成本获得资源，而且能获得他人难以获得的稀缺资源。研究表明，创业资源、首份订单、核心员工等都主要来自创业者的社会关系网络。更为重要的是，创业者所动用的关系强度越高，关系资源越丰富，就越容易获得相关信息和资源支持。研究发现，生存期短于三年的新创企业所动用的网络密度与盈利水平之间存在负相关关系，而所动用的网络资源水平则与盈利水平正相关；对于生存期超过三年的新创企业，网络规模与盈利水平之间存在正相关关系，而网络密度以及网络资源与盈利水平之间则不存在显著性关系。也就是说，利用社会资本是创业者整合创业资源的主要途径，创业者所利用的社会资本水平会影响资源整合的效率和效果，从而最终决定创业初期的绩效。

四、认知创业实训

1. 实训目标

(1)通过互动体验式实训，深刻理解创业的本质，给出每位学习者自己对创业的理解和定义。

(2)直观感受创业过程中的资源、机会和价值等核心要素之间的关系。

(3)形象深刻理解在创业资源不足的情况下，如何不拘泥于现有资源，通过对现有资源的合理利用与管理，完成价值创造的过程。

(4)感受创业过程中各种机会的把握与利用的过程。

(5)感受创业过程中价值创造的本质与内涵。

(6)理解无形资源(信息、人际关系等)及谈判沟通在创业过程中的影响及作用。

(7)适应创业过程中时刻存在的高度不确定性和模糊的状况。

2. 实训要求

(1)确保教师有一台可联网的计算机，并可正常登录当前实训应用，且能正常连接投影仪进行必要内容的展示。

(2)确保每位学生有一台可联网的计算机，并可正常登录当前实训应用。

3. 实训内容

(1)实验介绍

《认知创业应用》是一个基于计算机网络的交互式体验应用，创业者身处一个初始资源不足，但可以通过谈判、交易、生产改善现状的模拟环境中，学生之间可以做资源的各种交易转换，期间考察的是不同学生识别机会与风险，寻找资源(包括信息资源)，谈判沟通，利用资源，并创造价值的能力。每名学生在刚开始将随机获取不同类型但相同价值的创业资源。每位学生在接下来的创业模拟中，可以选择将自己手中的资源售卖或出借给其他人，也可以选择从其他人手中购买或借取资源，购买或借贷的类型、价格和数量完全取决于学生们协商的结果。

教师会统一引导学生进行若干期连续模拟，每位学生在每一期都有机会进行资源交易、机会识别与确认、价值创造的过程。通过高度参与的体验式应用过程，本实验主要设计目的是为了提升学生们对创业过程主要特征及本质的理解。

(2)实验规则

在本实验中，为了提升学生的学习兴趣及实验的形象性，系统挑选了生活中常见的现金、母鸡和鸡蛋三种资源，每位学生在实验开始阶段，会随机获取唯一的一种起步资源，不同学生之间虽然获取的资源形式会有差异，但是资源评估价值是等值的，系统内置有一套同意的资源价值评估标准，最终所有的学生获取的资源价值均是相等的。

- 创业资源

现金：可以用来购买母鸡和鸡蛋，也可以出借获利。

鸡蛋：可以直接出售，也可以孵化母鸡。

母鸡：可以直接出售，也可以用于产蛋。

- 创业机会

买卖鸡蛋：出售鸡蛋给别人或用现金买入别人的鸡蛋。

买卖母鸡：出售母鸡给别人或用现金买入别人的母鸡。

借贷现金：借钱给别人或借取别人的现金。

孵化母鸡：鸡蛋加一定的金钱可以孵化出母鸡。

产出鸡蛋：鸡加一定的金钱可以生产出鸡蛋。

在实验中，每位同学都可以进行多种模拟决策，可以选择将自己手中的鸡蛋或母鸡挂牌到"市场"进行交易或指定班内某一个学生进行定向交易，也可以选择将自己手中的现金出借给其他同学，出售的价格或出借资金的回报率完全取决于交易双方协商确认。

- 创业价值

表 4-1 实验交易规则表

	X 现金	J 鸡蛋	M 母鸡
X 现金	XX 出借现金获得收益	XJ 现金购买获得鸡蛋	XM 现金购买获得母鸡
J 鸡蛋	JX 出售鸡蛋换取现金	无	JM 孵化鸡蛋获得母鸡
M 母鸡	MX 出售母鸡换取现金	MX 母鸡产蛋获取鸡蛋	无

在实验的全过程中，每位学生都可以结合自己手中的资源情况，并结合自己的发展目标，参与到上述表格的各种交易或生产活动中去。每一笔交易或每一次生产活动都将对最终的创业价值产生影响，实验并不保证每位学生最后都能产生正收益的价值，这完全取决于每位学生在实验期间的谋划和经营策略。

- 交易规则

出借现金：按学生自主协商确定回报率，但是回报率不允许超过系统内规定的上限，回报率不得超过 20%，学生之间自主协商确定本金归还时间，到期后借入方一次性将本金归还给借出方。学生每轮只能借出/借入现金各 5 次，每次金额不限。交易成功后，出借方当期即可获得贷入方应付利息作为收益。

现金买卖鸡蛋：按学生自主协商确定交易价格，但是交易价格不允许超过评估价值的 100%。学生每轮只能现金买卖鸡蛋 5 次，每次买卖鸡蛋个数不限。

现金买卖母鸡：按学生自主协商确定交易价格，但是交易价格不允许超过评估价值的 20%。学生每轮只能现金买卖母鸡 5 次，每次出售母鸡 1 只。

鸡蛋孵化母鸡：1 个鸡蛋＋孵化费 10 元＝1 只母鸡，每轮只能操作孵化器 1 次，每次最多孵化 2 个。孵化费开始孵化的时候一次性支付。

母鸡产出鸡蛋：1只母鸡＋产蛋费1元＝1个鸡蛋，每期每只母鸡最多产3个蛋，产蛋时立即支付产蛋费。

● 价值评估

市场评估价2元一个鸡蛋，50元一只母鸡。

从实验开始到结束该评估标准不会发生变化，评估主要用于阶段性统一衡量每位学生最终手中的所有资源的价值，但并不约束买卖双方每笔交易的价格。最终价值将以学生手中的鸡、鸡蛋和现金以及未收回的贷款金额总和为准。

（3）资源分配

教师在控制端，点击认知创业应用实验控制的"分配资源"按钮，将会给全班学生分配起步资源。系统默认给出的分配比例经过多次实践教学的检验，具有相对合理性，教师也可以根据实际授课情况调整该默认比例，但一般建议现金比例不要过低，过低的现金资源将导致在进行资源交易及创造价值过程中遇到现金不足的情况，影响实验效果。

（4）突破资源瓶颈

教师在控制端点击"开始实验"按钮即可开启实验。学生进入系统以后，可以看到自己得到的资源（如图4-2）。每位学生都将随机得到唯一一样创业资源，价值100元，接下来每位学生要做的第一件事就是如何打破手中创业资源的局限性和单一性僵局，即不拘泥于手中的现有资源。

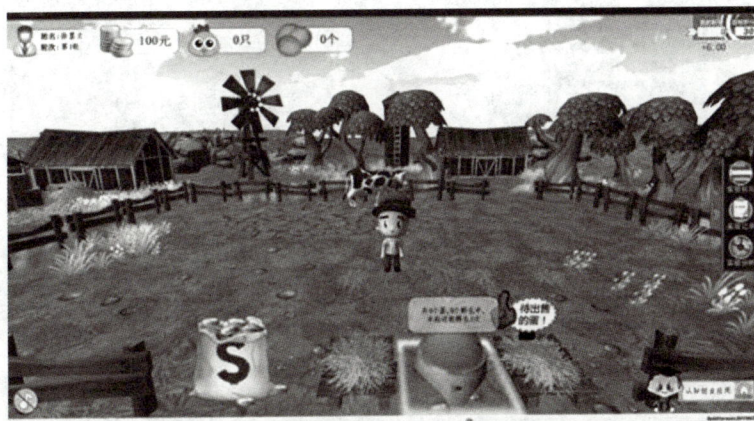

图4-2　认知创业应用——学生实验初始界面

资源的获取无论出现什么情况，都属于正常现象，可以反映出创业学生的充分努力和创业意图，在这样的获取其他资源的过程中，并不是所有的学生都会获得其他方面的资源，因为有一部分学生可能选择不做任何操作，可能还是会有一部分学生处于单一资源状态，这样也完全符合现实市场中的环境和现实世界中创业的真实情况。

教师在控制端点击"教学解析"即可进入认知创业应用教学解析模块。学生在做实验的过程中，系统将会记录大量的交易实验数据，并形成过个维度的各类分析报表，帮助我们分析学生的实验行为，也可以帮助我们提出更多围绕创业的发散性主题让学生积极参与，教师也可以分享一些对创业的深入理解与思考的知识点。

认知创业应用教学解析的分析报表一共分为五大类，分别是学生资源分布、创业资源分析、创业机会分析、创业价值分析和创业综合分析。

学生资源分布下的学生实时资源分布报表主要用于认知创业实验进行过程的实时监控与教学效果动态估计，教师可以结合财务知识来分析该报表，可以通过排序来实时评价每个学生当前的资源状况，同时可以选出典型学生来进行提问。

创业资源分析部分有六个报表，分别是全班创业资源种类分布图、全班创业资源种类变化趋势图、全班创业资源种类分段对比排行图、全班创业资源种类分段对比排行表、个人创业资源种类分布图和个人创业资源种类变化对比图。通过这些报表可以看到当前整个班级当前一轮资源的详细分布情况（如图 4-3），让创业学生了解经过多轮的实验后，整个班级的资源整体分布情况，方便学生从这里了解班内资源分布情况。通过不同轮之间的资源分布图的对比分析，可以让学生看到通过大家多轮的努力，整个班级的初始分配资源僵局正在逐渐被打破，并不断在发生变化。

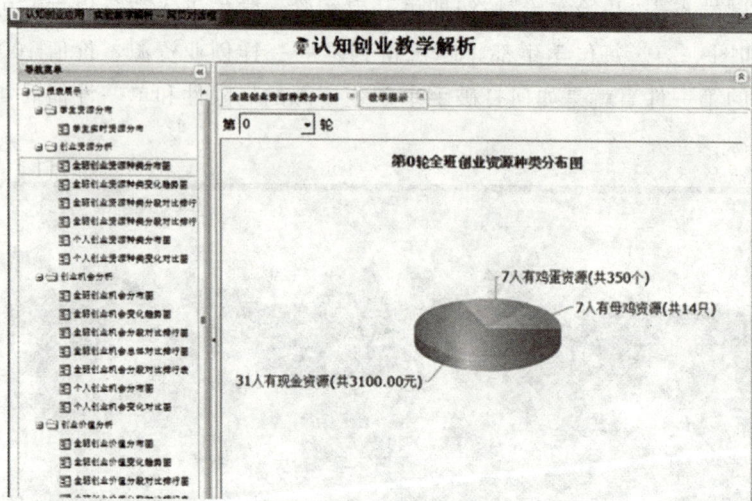

图 4-3　认知创业应用——全班创业资源分布图

通过给学生查看一定区间内的所有学生某种资源的排行图，让大家了解即使在同样的环境规则之下，通过不同人的努力最后某种资源的获取结果会有显著差异性。教师可以就这个结果邀请表现良好的学生为大家分享具体的打破资源僵局的方法，也可以邀请部分表现较差的学生让他阐述自己下一步的打算和计划。

通过查看全班所有学生资源排行情况，让大家了解在同样环境和规则下，不同的人通过不同的努力，最后每个人的资源数量和种类都会有显著差异。可以通过查看第一轮就拥有三种资源的学生、两种资源的学生和仅有一种资源的学生的数量，就他们的总资源排名（最多和最少的学生）和交易次数来进行进一步的分析，让表现好的学生分享他们的经验，让他们就资源的状况、交易的对手和交易价格等方面进行分析他们是如何突破资源瓶颈却有不俗表现的，让表现不好的学生来分析导致这一状况发生的原因以及下一轮的打算与计划。

通过查看个人创业资源分布图，就某一个比较有典型意义的学生的某一轮的个人数据进行展示和分析，还可以查看个人创业资源种类变化对比图，就某一个有典型意义的学生的一个区间的个人数据，让学生谈谈未来趋势发展的想法。通过对学生这种个体资源变化分布和趋势图的分析，可以让学生了解创业者如何突破资源瓶颈的努力的全过程。

通过第一轮突破资源瓶颈的实验后，可以让学生思考和讨论如下问题：

● 本实验项目中，有哪些资源可以利用？请大家一起罗列。除了系统中的现金、鸡蛋和鸡的资源以外，可以让学生从广义角度延伸罗列更多资源，比如学生的人脉资源，学生谈判沟通能力的资源、学生获取信息资源的能力的资源等等。

● 本实验项目中，请大家讨论获得哪一种初始资源更具有优势？本话题可以启发学生进行发散性思考，让学生认同自己手中现有资源的价值，进而利用这个资源获取到其他更多资源，只有资源突破了单一性和局限性，越来越多的资源就有希望被整合协调到一起发挥自己多资源的真正优势。

● 大家觉得创业如果是需要资源的，那么这些资源主要有哪些？本话题可以让学生进行发散性思考真实创业过程中的创业资源的内涵。

● 如果让大家去真实创业，你们觉得最欠缺的资源是哪些？

● 如果大家遇到资金不足的情况下去创业，会怎么去解决这个问题？

通过这一轮次的实验可以给学生带来很多的启示，可以让我们的学生了解到创业活动是不拘泥于现有资源的行动，创业资源是可以按创业者自身发展意图而发生可喜变化的，在资源匮乏或不足的环境下，创业者更需要付诸行动而不是坐以待毙。

最后教师也可以根据离开座位开展交易的学生、站起来左右环顾寻找交易的学生和无任何举动的学生情况挑选1－2个典型的例子就他们的具体数据进行教学解析。

（5）积极寻找机会

在经过第一轮的突破资源瓶颈的实验后，大部分学生获取了多种类型的资源，已经可以充分利用手中的多种资源根据游戏规则进行相应的生产活动了，同时学生之间也因为资源种类及数量的增多会发生更多的交易行为（包括生产的机会和交易的机会），每位学生都可以按照自己的创业规划和设想积极主动的与其他学生进行大量的沟通和交易。当然也会有部分同学因为受阻于第一轮实验未能获取多种资源的限制而无法进行交易行为，这时候教师应该积极引导此类学生积极主动的去寻找机会，扩大交易，让自己的资源种类和数量逐渐丰富起来，教师可以根据实验的实时数据让此类学生中做的较好的学生就他们在这种困难阻碍下如何面对及解决好这个问题来分享他们的经验和看法。

在本轮实验中，有可能部分学生形成一个团队联合体，达成大量定向交易，进而获得了某方面的巨大优势，则可能会引起其他学生的异议，这个时候教师应该积极引导，只要他们遵守本实验的游戏规则，所有的实验行为都应该是允许的，如果从创业资源整合管理的层面来进行分析，这种不同人或团体之间的分工协作以及友好合作在我们现实社会的经济生活中是普遍存在的，在符合国家法律法规的情况下，这本身都是一种非常正常的普遍现象。

在本轮实验中，教师也要注意一些在首轮做的好的学生可能由于过于激进的策略导致自己资金链断裂或在随后的实验中遇到了无法轻易解决的困境情况，这样的案例可以引发学生们的进一步深入思考，教师这时可以邀请这样的典型学生来分享他们的心得体会，同时启发其他学生如果他们在今后的实际创业活动中也遇到这样的大起大落的情况，该如何去面对以及采取什么样的策略去努力避免。

本轮实验结束后，教师可以根据系统给出的教学解析引导学生们围绕创业过程中的机会挖掘、机会创造和机会把握等方面进行教学活动。本轮教师可以着重就系统中的创业机会分析报表展开相关教学解析活动。创业机会分析有七个报表，分别是全班创业机会分布图、全班创业机会变化趋势图、全班创业机会分段对比排行图、全班创业机会总体对比排行图、全班创业机会分段对比排行表、个人创业机会分布图和个人创业机会变化对比图。教师可以通过给所有学生查看一定时间区间内的全班各类交易机会的分布情况，来说明整个班级的整体交易活跃程度及各类交易占比，分布的情况也会显示班内有大量的学生在积极寻找各种机会。通过给所有学生查看一定区间内的各轮交易次数变化趋势情况，来说明整个班级随着时间推进，机会从较少状态不断趋向于机会越来越多发展，在大量学生个体突破自身资源瓶颈后，催生出了整个市场的更多发展机会，反过来又成就了大量个体进一步获得新的发展机会。通过全班所有学生对所有机会或者某一类机会的把握及达成次数的排行对比图，可以说明即使在相同起点及规则情况下，不同人对机会的把握及判断是有差异的，也可以通过更细节的具体数据排行表来分析整个班级所有学生对机会的把握情况。教师这时候可以邀请总资源和交易次数排在前面的学生分享他们在实验中的做法以及思路，也可以邀请部分排在最后做的较差的学生来分享他们做法以及将来的打算。最后教师可以通过对个别学生的机会把握及达成情况来进行分析，进而形成个人案例分析较多的教学点评，也可以通过对个别学生在不同时间段对机会的把握及达成趋势进行分析，了解不同学生的更细层面的差异及不同特点。

通过第二轮积极寻找机会的实验后，可以让学生思考和讨论如下问题：

● 在本轮实验中，同学们有没有发现这个市场出现了什么变化（例如，资源状况、交易价格、交易对手等）？

● 本实验项目中有哪些机会，请大家一起罗列出来？

● 本实验项目中哪些机会最容易获得，哪些机会最难获得？

● 大家觉得创业如果是需要机会的，那么这些机会主要有哪些？

● 如果让大家去真实创业，你们觉得最欠缺的机会是哪些？

● 如果大家感觉自己没有合适的创业机遇，接下去应该怎么解决这个问题？

通过这一轮次的实验可以给学生带来很多的启示，可以让我们的学生了解到创业机会每天都存在于我们身边，需要每位创业者用心思考，用心发现；好的创业机会永远只给予有准备的人；机会往往与风险相伴而来，渴望机会的同时还需尽力避开风险；机会需要我们积极主动挖掘甚至创造，守株待兔并不能等来机会。

(6)积极创造价值

经过前两轮的发展，绝大多数同学的资源种类和数量都较游戏开始时的初始资源有了极大的增长，这个时候教师就要在本轮实验中给于学生们更多的时间进行实验操作，以确保班上绝大部分学生能够在本轮实验中完整体验不拘泥于现有资源、突破资源瓶颈、积极寻找机会并积极创造价值的全过程。

本轮实验结束后，教师可以根据系统给出的教学解析引导学生们围绕创业价值的主体展开讨论与分享。本轮教师可以着重就系统中的创业价值分析报表展开相关教学解析活动。创业价值分析有五个报表，分别是全班创业价值分布图、全班创业价值变化趋势图、全班创业价值分段对比排行图、全班创业价值分段对比排行表、个人创业价值分布图和个人创业价值对比图。教师通过给学生查看整个班级当前轮价值的分布情况，让学生了解经过一轮的实验后，整个班级的价值整体分布情况，方便学生从整体上了解班内价值分布情况。通过给所有学生分享经过若干轮的实验后，全班所有学生创造的总价值趋势图，通过该图可以清晰的看出，整个班级的总价值在不断的往上发展，通过这个趋势图可以直观的看出创业的整个过程就是在突破资源瓶颈后，通过不断寻求机会，最终创造出价值。通过全班所有学生的创造的价值的排行图，可以看到及时在相同起点及规则环境下，不同学生最终创造的价值是有显著差异性的，借此说明不同的创业者在实际操作中总会体现出个体的差异性，这种差异性也导致了不同创业者即使去做一个一模一样的项目在一模一样起点环境的情况下，不同人之间结果(甚至成败)是有不确定性的。现实中的创业者可能会面对更多机会的选择与判断，不同创业者对不同机会的判断与选择最终将会导致最终创业结果的巨大差异性。

教师也可以就整个实验过程中参与者状态和交易者状态进行教学分析点评。

● 参与者状态：

提问————交流————观望————突破————学习————分化
(规则)　　(质疑)　　(参考)　　(第一人)　　(跟随)　　(差异)

参与者主动出击，突破资源瓶颈。

参与者积极交易，寻找机会。

参与者财富增长，创造价值。

● 交易者状态：

主动出击：占取先机——主动寻找商机——被动等待机会。

果断交易：不计较价格——犹豫间的机会丧失。

活跃交易：次数频繁——不断地发现机会、创造价值。

本轮实验完成后可以根据系统给出的最终实验数据在全班学生中评选三个奖项，分别是：最佳资源突破奖、最佳机会把握奖和最佳价值创造奖。教师可以邀请相关学生分享他们对本实验的心得体会。

通过第三轮积极创造价值的实验后，可以让学生思考和讨论如下问题：

● 在本实验项目中是否每一位学生都创造出系统内认可的价值？

- 本实验项目中有哪些地方可以创造价值，请大家一起罗列出来？
- 本实验项目中哪种活动最容易创造价值？哪些活动较难获得价值创造？
- 大家觉得创业应该是一个怎么样的过程？
- 如果时间允许，请大家再重新做一遍这个实验，每个人的最终结果还会一样吗？
- 班上有正在准备创业的同学吗？请你给大家分享你的创业想法。
- 班上有已经在真实创业的同学吗？请你给大家分享你的创业经验。

通过这一轮次的实验可以给学生带来很多的启示，启发学生对创业的更为深刻的理解和感悟。通过本轮实验我们可以让学生了解到创业资源在转换过程中会发生资源价值的损益变化，创业者需要综合判断与分析这种损益情况；创业价值不仅仅是狭隘的获取利润的话题，广义的创业价值包含了给客户创造的价值、为员工带来的发展价值、为股东创造的经济价值、及为国家社会创造的社会价值等；如果要严谨的计算一个创业活动创造的利润回报，我们需要掌握基础的财务知识，学会基础的收入成本计算方法及盈亏平衡测算方法。

4. 实训总结

本实验项目通过资源的分配、突破资源瓶颈、积极寻找机会和积极创造价值四个阶段的三轮游戏过程的操作，让学生们体验创业的全过程。通过认知创业应用实验让学生了解资源的特性及对创业的影响、资源的获取途径和结果对创业的影响、机会的发现和把握对创业的影响、创业环境的变化对创业的影响等。

五、商机筛选应用实训

1. 实训目标

(1)通过对具体详尽的创业项目的量化评估，系统掌握商业机会与风险所涉及的各个要素。

(2)通过对系统内置机会风险筛选器的使用，通过实训掌握一种有效的机会风险筛选识别方法与工具。

(3)通过对筛选器原理的了解，培养为自己的创业项目设计筛选器的能力及筛选器在自己未来创业过程中的实践应用的可能。

(4)通过对商机策略画布的应用，掌握一种降低创业项目总潜在风险，提升机会的方法。

(5)培养一种严谨做事与量化分析管理决策的思维与习惯。

2. 实训要求

(1)确保教师有一台可联网的计算机，并可正常登录当前实训应用，且能正常连接投影仪进行必要内容的展示。

(2)确保每位学生有一台可联网的计算机，并可正常登录当前实训应用。

3. 实训内容

(1)实验介绍

很多人日常工作、学习、生活中时常会有好的创意或创业点子产生，但这样的点子如果实际去创业实施，其中所蕴含的机会与风险到底会如何呢？创业者如何用一种实际有效的通用工具或方法去相对精确地识别一个创业项目的机会与风险？《商机筛选应用》就是为了解决这个问题而设计的实训项目。

　　商机筛选应用是一个基于网络的商业机会与风险识别实训系统，系统内设计了一个创业项目展示数据库，内置了数十套内容详尽、各个角度和不同类型的创业项目，这些项目大部分还未在现实生活中成熟运营，普遍处于项目筹划期或初创期，即使是创业者本人也很难准确预估多年后项目会以什么结果呈现。本应用为每位学生设计了一套可供实践动手的机会筛选器工具，每名学生根据自己接受的创业项目本身的详尽描述，使用筛选器对该项目做数十个维度的详尽商业机会与风险识别甄选，通过该过程让学生掌握一种严谨、可实践使用的商机与风险识别方法与技巧。

　　(2)实验规则

　　学生打开软件进入商机筛选实验室后，在接下去的一定时间内，创业者将成为一个特定创业项目的负责人，该项目已经完成了产品(服务)部分的详细设计与开发。我们的创业者作为项目负责人将需要为该项目取一个合适的个性化名称，结合当前自身实际情况，并使用商机筛选器，对该项目进行商业机会与风险的识别，并对识别出的结果，使用商机策略画布工具制定完整的提升商业机会与降低商业风险的应对策略方案。然后创业者还有可能需要在众多的投资者(其他同学)面前阐述你的商机识别结果及应对策略，以及获得一定数量的投资者的认可与投资。创业者在当前环节所做的这一切工作，都将为他的项目进一步商业化推广与运营打下扎实的创业基础。

　　(3)实验任务流程

　　学生将接收到来自教师的确定创业项目背景，在收到项目后，需要先了解项目，并为项目设定一个自己富有创意或个性的名称，并通过系统内置的商机筛选器结合自身实际情况，对项目做仔细的商业机会与风险筛选评估，对于最终的筛选评估结果，作为创业者还需要围绕其中的机会部分的把握与风险部分的应对做出进一步的应对策略。最后结合筛选评估结果与所制定的应对策略，创业者可以要求上台为其他同学做项目路演，并争取大家对你的投资认可。

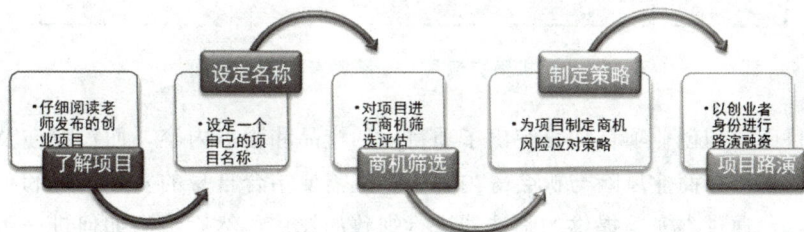

图 4-4　商机筛选应用——任务流程

　　(4)实验任务提示

　　老师提供的创业项目背景更多涉及的是产品或服务本身的内容，每一位同学需要结合自身的现有情况，如资金、技术和经验等各方面因素，通过筛选工具做出每一项的机会与风险的判断识别。

对于不同创业者来说，即使大家面对的是同一个创业项目，也会由于创业者之间的个体差异，而导致得出不同的机会与风险的结论，这是一个非常常见的现象，即使是同一个项目在同一个创业者的持续创业过程中，其中的机会与风险的也时时刻刻在发生着动态变化。作为创业者，更多的是需要思考如何进一步巩固并提升机会部分的把握，并通过具体的应对策略，有效降低项目的中风险部分。在本实践项目中，可以通过商机策略画布来进一步细化与指导创业者的实际创业行动。

当然，最后在路演过程中，众多投资者的认可是最好的试金石，创业者应尽可能让自己的项目在路演中获得满堂喝彩并获得大量资金的支持。

（5）发布项目

教师在控制端点击"发布项目"，然后在系统提供的项目库里任意选择一个项目进行发布即开启本实验（如图4-5）。教师上课时可以根据所授课班级同学的意愿以及对相关项目了解熟悉程度挑选系统内的创业项目或者其他项目作为背景下发学生，作为随后开展的实验的主要背景资料。

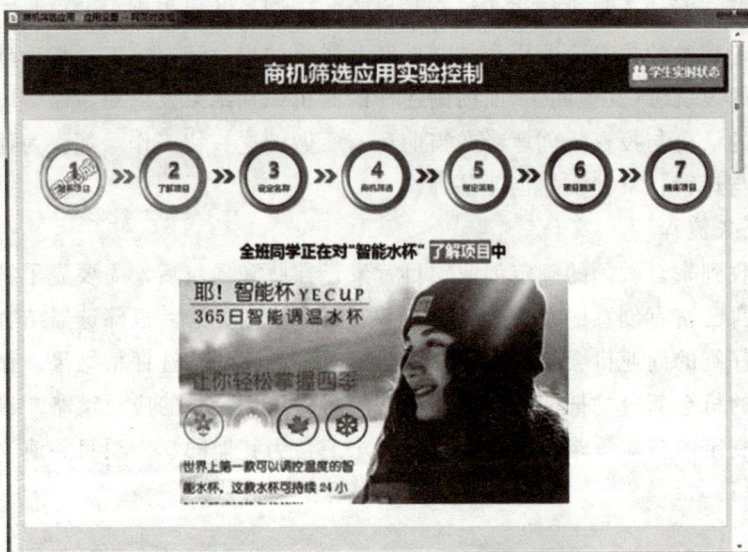

图4-5　商机筛选应用——教师开启实验界面

系统项目库中的创业项目均只突出了项目内的产品和服务内容，而没有涉及到项目存在的商业模式、潜在商业风险与机会等内容。学生需要结合自身的实际情况和项目本身进行仔细的思考，通过本实验提供的筛选器进行细致的评估，然后给出如何进一步提升项目成功率，降低风险的策略。

（6）了解项目

所有学生登录系统以后将接收到教师发布的项目背景资料（如图4-6），学生将在教师规定的时间内对项目背景资料进行仔细研读，通过对相关资料的认真阅读对项目有一个基本的了解。

图 4-6 商机筛选应用——了解项目界面

本实验是一个体验式的情景角色扮演游戏，每一位学生在实验中都是一个围绕具体项目背景开展创业的创业者。学生可以通过点击"项目背景"按钮查看具体项目的背景资料（如图4-7）。学生除了在当前阶段可以查看项目背景资料外，在随后的实验中可以随时进入项目背景资料进行及时查阅。

图 4-7 商机筛选应用——查看项目背景资料

（7）设定名称

学生了解完项目背景之后，教师可以在控制端点击"设定名称"按钮开启本环节。每位学生在本环节可以为自己的创业项目取一个个性化的项目名称。教师可以通过单击"学生实时状态"查看每位学生给自己项目取得的名称（如图4-8），也可以随时查看每位学生的实时学习情况，包括项目名称和应对策略等。

图 4-8　商机筛选应用——查看学生实时状态

　　学生根据自己对当前创业项目的了解情况并结合自己下一步商业运作的思考，取一个贴合项目的名称。名称要与公司的名称和定位、产品的名称定位等方面来综合考虑。好的名称能够体现创业者和团队的奇思妙想以及创新性。学生可以单击"设定名称"按钮为自己的项目命名（如图 4-9）。

图 4-9　商机筛选应用——学生设定名称

　　（8）商机筛选

　　学生设定名称完成之后，教师在控制端点击"商机筛选"按钮开启本环节。

　　所有学生都将进入系统内置的商机筛选器，围绕当前项目的商业机会与风险分布，进行量化评估。系统内置的商机筛选器采用蒂蒙斯创业机会评价模型，该模型最早是由美国百森商学院创业学教授杰弗里·蒂蒙斯在 1977 年首次提出的用于评价创业机会的，该方法借鉴了数量经济学中的量化模型建立及评估原理，希望通过对大部分创业项目都具有的共性部分的多个维度与众多指标模型建立，由创业者或更多人对创业机会做出量化的评估分析，为相对较为精确判断商业机会与风险做出参考帮助。它是首个较为全面系统的创业机会量化评估模型，评估角度及指标较为全面和平衡，它为创业者或创业教育工作者提出了一个较好的解决思路，模目前型经过几十年众多教授的教学实践和改进广泛用于欧美高校的创业实践课程中。基于蒂蒙斯创业机会评价模型的思路，并受美国百森商学院创业学安德鲁·扎卡拉基斯教授的指导与启发，贝腾创业研究院研发与设计了创业机会识别与风险改善实践学习项目。真实创业中，并非所有的创业项目都有极高价值的商业机会，学生如何考查哪些创业项目更具潜力正是通过这种本实验内置的机会筛选器来评估不同项目，机会筛选器提供了一组涵盖各种类型的指标，潜力大的机会要比潜力小的机会在更多指标上有吸引力，通过这种机会筛选器工具进行创业过程中的项目机会与风险评估是一种切实有效的方法。

学生进入系统后点击"商机筛选"按钮，即进入该环节实验（如图4-10），然后点击"开始识别"即可进入实验。学生在本环节需要围绕当前的创业项目，结合项目产品（服务）内容及自身现实情况，展开商业机会与风险的量化评估，同样的项目会由于创业者或者团队的差异而产生完全不同的机会风险分布情况，每位创业者对同样的项目背景会由于个人知识结构和判断差异而产生不同的商业机会与风险评估结果。即使同样的项目让相同的创业者在不同的时间进行评估，也会由于创业者的努力程度、创业时间、创业环境和创业资源等实际情况的改变而引起新的商业机会与风险分布结果，作为创业者需要根据每次的评估结果，围绕如何进一步提升商业机会，降低商业风险指定严密细致的应对策略。

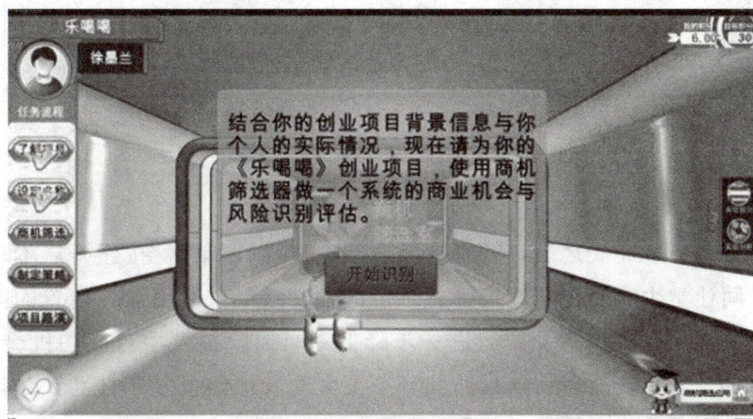

图4-10 商机筛选应用——商机筛选界面

在本实验环节，系统从10个视角50余个评估指标需要每位学生根据自己的直觉与过往经验做出判断。十个视角分别是目标客户（可识别性、心理特征、消费特征和人口统计特征）、消费特性（消费习惯、定价策略、价格和购买频率）、市场规模（数量规模、供需结构和区域范围）、市场趋势（宏观市场、市场结构和目标市场）、市场成长性（成长速度、持续性和稳定性）、市场竞争（竞争者有事、竞争格局、直接竞争者数量、间接竞争者数量、潜在新进入者和替代品）、分销渠道（分销途径、电商分销和价值链的环节）、成本结构（固定成本、管理费用、营业费用、财务费用、税收费用、成本增长速度和净利润率）、全球环境（消费者、贸易壁垒、竞争和合作）和政策环境（法律风险、支持力度和支持态度）。有些指标会存在学生在短时间类无法准确判断的情况，建议可以对该部分指标做机会风险对等的判断。对于短时间内可以做出基本判断的指标，学生无须过多纠结具体的量化数值，简单做出大概的分享机会分布判断就可以了。

学生在本实验中单击系统 10 个视角评估指标的每一个饼图就可以完成对该指标的风险机会识别判断，也可以点击饼图旁边的问号开启具体指标的帮助文档查看说明（如图 4-11）。

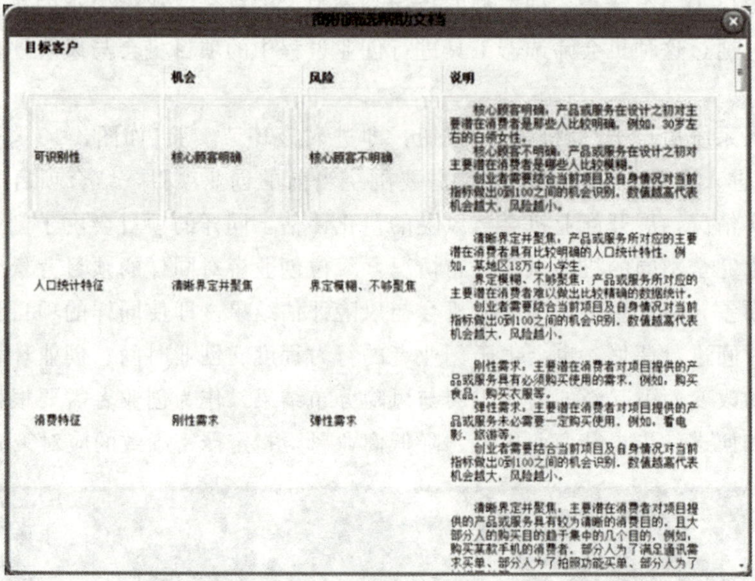

商机筛选帮助文档

目标客户

	机会	风险	说明
可识别性	核心顾客明确	核心顾客不明确	核心顾客明确，产品或服务在设计之初对主要潜在消费者是那些人比较明确。例如，30岁左右的白领女性。核心顾客不明确，产品或服务在设计之初对主要潜在消费者是哪些人比较模糊。创业者需要结合当前项目及自身情况对当前指标做出0到100之间的机会识别，数值越高代表机会越大，风险越小。
人口统计特征	清晰界定并聚焦	界定模糊、不够聚焦	清晰界定并聚焦，产品或服务所对应的主要潜在消费者具有比较明确的人口统计特性。例如，某地区18万中小学生。界定模糊、不够聚焦，产品或服务所对应的主要潜在消费者难以做出比较精确的数据统计。创业者需要结合当前项目及自身情况对当前指标做出0到100之间的机会识别，数值越高代表机会越大，风险越小。
消费特征	刚性需求	弹性需求	刚性需求，主要潜在消费者对项目提供的产品或服务具有必须购买使用的需求。例如，购买食品、购买衣服等。弹性需求，主要潜在消费者对项目提供的产品或服务未必需要一定购买使用。例如，看电影、旅游等。创业者需要结合当前项目及自身情况对当前指标做出0到100之间的机会识别，数值越高代表机会越大，风险越小。
			清晰界定并聚焦，主要潜在消费者对项目提供的产品或服务具有较为清晰的消费目的，且大部分人的购买目的趋于集中的几个目的。例如，购买某款手机的消费者，部分人为了满足通讯需求买单、部分人为了拍照功能买单、部分人为了

图 4-11　商机筛选应用——商机筛选环节帮助文档

（9）制定策略

学生商机筛选环节完成之后，教师在控制端点击“制定策略”按钮开启本环节。教师给学生一定的时间让学生需要根据商机筛选环节的评估结果，使用系统内置的商业机会与风险策略画布工具，制定各自围绕如何进一步降低项目风险提升项目成功机会的策略方案，教师也可以让部分学生在随后的项目路演环节上台为其他学生分享自己针对当前项目商业机会的风险评估判断及应对策略。

学生进入系统后点击“制定策略”按钮即可以开启本实验（如图 4-12）。学生在教师规定的时间内设计应对策略，可以结合当前创业项目的机会风险识别结果，针对其中风险较大的指标制定相应的应对策略来降低该部分的风险。学生也可以针对机会较大的指标制定相应的应对策略来提升项目成功的机会。学生可以使用商业机会与风险策略画布工具指定风险机会改善策略方案（如图 4-13）。

图 4-12　商机筛选应用——制定策略界面

图 4-13　商机筛选应用——商业机会与风险策略画布

（10）项目路演

学生制定策略环节完成之后，教师在控制端点击"项目路演"按钮开启本环节（如图4-14）。教师可以打开商机筛选路演控制平台（如图4-15），单击每条记录的项目路演按钮让学生逐个上台作为创业者路演应对策略（如图4-16），路演者需要围绕自己的项目解决方案进行路演，同时向台下所有其他学生阐述自己对当前创业项目的商机与风险的判断情况，以及自己围绕如何进行改进与提升的思路与方案部分进行路演。此时台下学生可以通过教室的投影以及自己的终端设备看到路演者的具体策略。教师也可以根据具体情况优先邀请主动要求上台路演的学生进行路演，主动要求上台路演的学生记录后边图标有绿色小手标记。

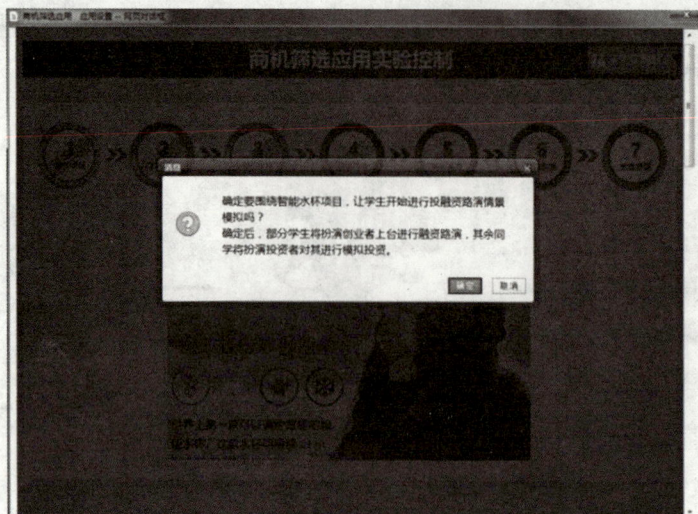

图 4-14　商机筛选应用——开启项目路演界面

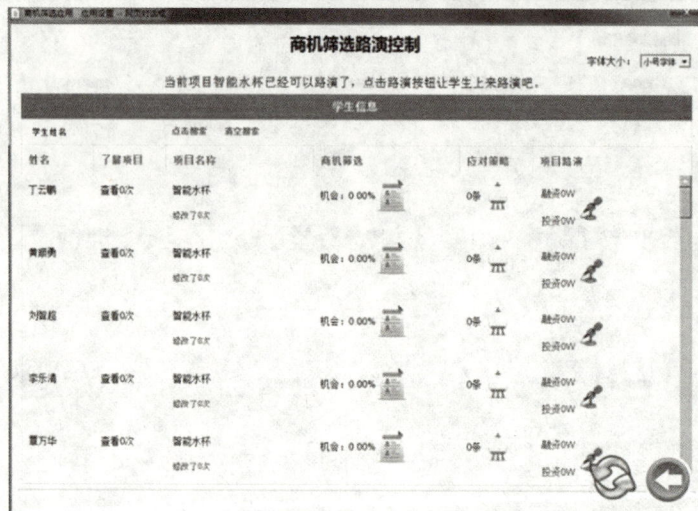

图 4-15　商机筛选应用——商机筛选路演控制台

图 4-16　商机筛选应用——项目路演界面

在当前路演学生路演结束后，教师在控制台点击"结束路演，接收投资"按钮，学生开始虚拟投融资过程（如图 4-17），此时台下同学可以扮演投资者的角色对台上创业者进行虚拟投资，作为投资者参与对路演者的一个评价过程。系统给予每位投资者 10 万元固定额度的虚拟投资资金，用于向创业者做出自己的投资决定，具体的投资金额可以根据台上创业者的路演具体情况自主判断后给出。

图 4-17 商机筛选应用——项目投融资界面

系统也会实时动态显示投资者为路沿着做出的每一笔投资决定，同时也会动态呈现投资者给路演者发送的实时文字信息。教师可以根据课堂实时情况，邀请尽可能多的学生上台进行路演，并模拟投融资过程，让更多的学生参与到创业的情景模拟实验过程中来。教师也可以根据全班创业项目路演融资排行图和全班创业项目路演投资排行图的角度进行教学解析，如果时间充足，教师也可以进行更加细致的教学解析（如图 4-18），进行进一步的课堂延伸教学。

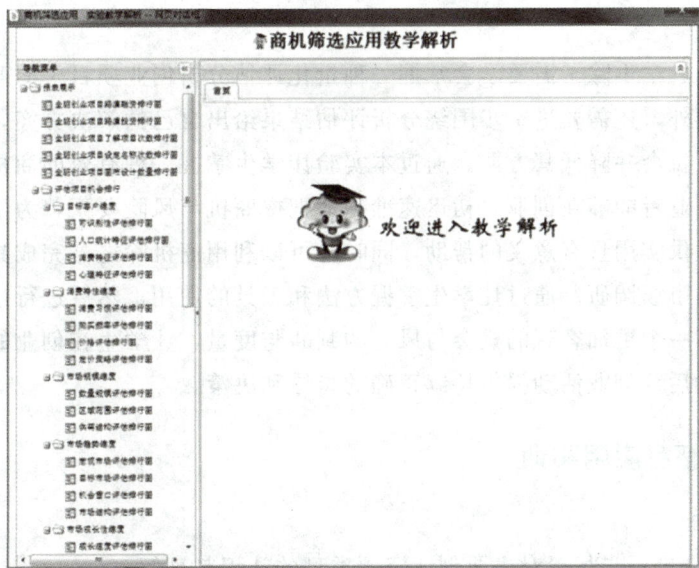

图 4-18 商机筛选应用——教学解析界面

（11）结束项目

教师在确定所有学生都已完成所有围绕当前项目的整个实验过程后，可以在控制台点击"结束项目"按钮来完全结束本次实验。此时学生端将自动回到刚开始的进入界面。

（12）实验解析

● 如何看待创业项目评估过程中模糊不确定部分？

对于评估过程中，部分暂时无法较好判断的指标，建议按风险机会各50％处理。

● 创业者对创业项目评估完成后，发现其中蕴含着致命风险部分，且短期无有效应对策略，怎么办？

建议放弃该项目，实际上，大部分创业机会最终并不能成为有效的创业机会，如果在机会早期阶段就显示出更高的风险分布，这类项目往往有着更高的最终失败概率。

● 如何看待不同创业者对同一个项目作出截然不同的评估结果？

本项目设计主要目标并非专业投融资实践，所以这部分的环节更多起到的是现场检验不同路演者在更多观察者面前的认同度。

● 基于商机筛选器的创业机会识别，在实际创业中应用的注意点？

● 商机筛选器更重要的是一种思路，实际应用中可以根据不同项目特点，调整筛选器模型维度、指标等，甚至开发自己个性化的筛选器工具。

● 除了创业者自己可以使用商机筛选器对潜在创业机会做出评估，实际上，如果能让更多非项目相关人员站在创业者角度做出评估，样本越多，评估结果将会更有效。

● 商业机会与风险本身就是一个动态平衡的过程，创业者可使用筛选器同样项目定期多次评估，以掌握机会与风险动态变化的趋势。

● 商机筛选工具除了可用于创业者评估识别自身项目机会外，还可以被专业投资者、创业研究者用于评价创业项目价值本身。

4. 实训总结

在本实验中，学生除了需要学会掌握一种量化评估分析创业项目中的商业机会与风险的工具与方法之外，还需要进一步围绕分析评估结果给出自己的解决方案，即如何进一步提升项目的商业机会并降低其方向。通过本实验让学生掌握一种有效的商机识别与筛选技术工具，使得创业者能够在创业之初迅速准确地把握商机与风险要素，为学生自己未来可能的真实创业提供实用且有意义的帮助，同时也可以利用商机筛选器完成具体创业项目的机会风险方面的市场调研。通过让学生掌握方法和工具的使用，然后进行量化分析的方法对自己的项目有一个更加客观的机会与风险的判断与度量，让学生在创业的时候选择有效的商业机会并对后续创业活动提供持续正确的指导和决策。

六、资源整合应用实训

1. 实训目标

（1）通过实训进一步加深对主要创业资源类型的认识与理解。

（2）通过实训培养对现有创业资源的管理与使用的能力。

（3）通过实训培养查找创业资源和获取资源信息的能力。

（4）通过实训培养与其他创业者进行资源谈判或交易的能力。

（5）通过实训培养与其他人合作、分享、多赢的做事原则与方法技巧。

（6）通过实训形象理解创业资源的各种内在特性。

2. 实训要求

（1）确保教师有一台可联网的计算机，并可正常登录当前实训应用，且能正常连接投影仪进行必要内容的展示。

（2）确保每位学生有一台可联网的计算机，并可正常登录当前实训应用。

3. 实训内容

创业过程中围绕创业资源的获取、整合和管理是一项非常重要的工作内容，这方面的能力的强弱很多时候决定了不同创业者最后的成败结局，如何更加深刻地理解资源本身，及时有效地提升对资源的获取管理能力，是本实验项目设计的主要目的。

《资源整合应用》是一个基于网络的多人互动实验应用，系统内设计了与创业相关的七大类核心资源要素，这些都是我们在大量实际创业中遇到的常见资源，包括财务、管理、人才、市场、政策、信息和技术等（如图4-19）。这些资源在系统中都会以形象直观的卡片形式出现，每一类资源都有一块对应颜色的七巧板色板（如图4-20）

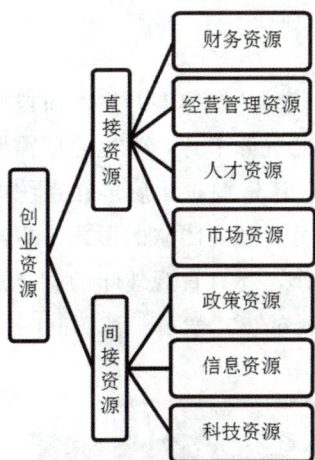

图 4-19 资源整合应用——创业资源分类

图 4-20 资源整合应用——资源分类色板图

本实验在实验开展过程中，每位参与的学生均需要经过三个阶段，分别是获取资源阶段、整合资源阶段和管理资源阶段。

实验一开始会对每位学生进行创业资源的初始化，让学生获得同类不同形的若干块七巧板。学生需要先盘点自己获取的确定性的创业资源，并根据系统指示的明确任务目标，结合线下交流谈判，在应用中用自己手中的多余七巧板与其他学生交换自己所需要的七巧板，最终拼出能够代表公司创业关键期的创业资源的资源完整图形。

本实验可以在教师的统一引导下开展各个阶段的互动体验式实验。教师在控制端点击"获取资源"按钮即开启本阶段的实验（如图 4-21）。这个阶段学生通过扔骰子的形式从系统中随机获得各种类型的创业资源卡片，所有学生的初始资源卡片数量由教师统一设定，在教师规定的时间内，最终每一位学生都将获得相同数量、种类各异的创业资源卡片，卡片类型有：科技资源、政策资源、人才资源、财务资源、信息资源、市场资源、管理资源和其他资源等。在获取资源的过程中，本实验更多体现了真实生活中，不同创业者之间的初始资源的差异性与先天特性，通过随机的形式，把课堂上所有学生快速转化成具有各不相同创业资源的创业者。

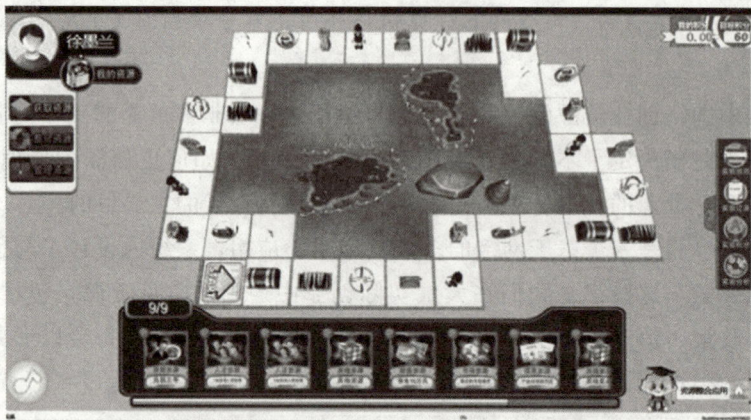

图 4-21　资源整合应用——获取资源界面

学生结束获取资源阶段后，教师可以在控制端点击"整合资源"按钮即开启本阶段的实验。在整合资源阶段，学生之间可以互相自由交换各自手中的资源卡片，学生之间需要通过线下相互沟通，相互谈判等一系列环节进行 寻找资源和确认资源，然后再在系统中完成最后的资源交换操作，系统也支持不同学生之间通过联合组建创业团队的形式来更高效的完成资源整合。所有的整合资源工作除了在线下的部分工作，还有直观趣味的整合资源线上操作平台进行相应的操作。系统中有"资源交换""打开画布"和"学员组队"三个按钮，占击相应按钮即可以进行相应操作（如图 4-22）。

图 4-22　资源整合应用——资源整合界面

在整合资源的过程中，本实验更多体现了真实生活中不同创业者之间虽然有着差异性较大的初始资源，但是通过创业者后天的积极行动，不断通过自己的努力打破这种固有状态，并使得自己的创业资源数量和种类朝着创业者的发展意图或目标而发生可喜改变，当然这需要创业团队中每一位创业者全身心的付出与创业资源整合的新手段和新方式。

学生结束整合资源阶段后，教师可以在控制端点击"管理资源"按钮开启这一阶段的实验。在管理资源阶段，创业者或创业团队需要使用系统内置的画布工具完成对手中资源的管理工作，完成对手中创业资源关系的梳理、归类等工作。学生可以用资源画布工具完整的阐述自己对这些创业资源开展创业的设想与规划。学生在完成创业资源的管理后，创业者或者创业团队需要分别上台开展自己项目的路演（见图4-23）。

图 4-23 资源整合应用——资源整合界面

创业资源整合应用实验是一个看似简单但又非常有趣的创业资源整合互动体验式实训应用。本实验在整个实训过程中都充分体现了真实创业过程中的创业资源整合期的各种困境、问题、方法和技巧等内容，让学生了解创业资源总是短缺的、分散的和难以获得的，都是需要进行整合管理的。通过本实验，学生可以在互动学习中更直观地理解围绕创业资源相关的各项主要工作内容，了解大部分创业项目早期资源匮乏和不足的特征，亲身感受在创业的过程中，通过创业者或者创业者团队的不断付诸行动的努力，创业资源在这个过程中的动态变化。

本实验教师端设计了一套完整的后台数据记录及分析功能，教师可实时查看当前课程内所有学生的资源分布和流动情况，也可以实时跟踪每位学生完成指定任务的进度情况，阶段性任务完成后，最终将有大量基于各种维度的报表和图表提供给教师进行授课讲解点评。

4. 实训总结

通过资源整合应用的学习，加深学生对创业过程中创业资源形态和类型的认识和理解，掌握认识和识别创业资源的基本方法，让学生深刻理解创业资源在创业者早期阶段的来源与特征，了解创业资源在创业过程中的不同特征和作用，培养学生对创业资源的主动发现及挖掘能力，培养学生围绕创业资源的沟通能力、谈判能力和资源整合能力，掌握基本的合作共赢的原则、方法和技巧，最终能够评价和提升学生的创业资源管理能力。

第二节　商业模式

本节主要分析商业模式创新中介机会识别对企业绩效的影响，了解商业模式的本质，掌握商业模式创新的逻辑与方法。

一、商业模式的本质

20世纪90年代，计算机技术的飞速发展以及互联网的普及，催生了一批以互联网技术为基础的新企业运营模式，其凭借着与传统企业完全不同的经营理念——为客户创造价值而迅速发展壮大。创新企业模式开始将原本运用于计算机领域的词汇"商业模式"引入企业管理。借助于创新企业的成功，商业模式研究成了学界和业界的热点，传统企业也开始寻找它们的最佳商业模式。

商业模式，顾名思义，就是指企业是如何做买卖的，它将企业整体资源进行整合，包括企业的经济本质、经营运作和战略发展。经济类定义将商业模式看作企业的经济模式，用以揭示企业获取利润的根本原因，由收益来源、定价方法、成本结构和利润等构成；运营类定义关注企业内部流程及构造问题，构成要素包括产品或服务交付方式、管理流程、资源流、知识管理等；战略类定义涉及企业的市场定位、组织边界、竞争优势及其可持续性，构成要素包括价值创造形式、差异化、愿景和网络等。

企业发展的关键是商业模式，如果说企业的硬实力是资本总量，那么商业模式就是企业的"软实力"。在当今的经济环境下，创新模式的企业是一股强劲的增长力量，创新的商业模式能够使企业在激烈的市场竞争中占据一定的市场份额，同时与其他企业具有一定的差异，能够在同质化竞争中保持住自己的市场地位。可以说，商业模式决定企业成败。因此，创业者首先确定好自身的商业模式是极其关键的。

二、商业模式的结构体系

关于商业模式的结构体系，本书介绍几种主流观点。以往学者采用的商业模式分类方法大体分为逻辑推理方法和案例归纳方法。以案例归纳方法为例，其中比较主流的分类体系是保罗·邦巴里（Paul Bambary）提出的基于传统经济和新兴互联网经济的差异化总结的互联网企业商业模式的两大类：移植于真实世界的商业模式（简称为移植模式）和互联网与生俱来的商业模式（简称为禀赋模式）。移植模式是指那些在传统经济当中存在的，被移植到互联网环境中的商业模式。禀赋模式是指那些传统经济中没有的，只在互联网中存在的商业模式。

关于商业模式的结构体系，我国学者原磊提出了一种"3-4-8"结构，这是一种描述企业如何通过对经济逻辑、运营结构和战略方向等具有内部关联性的变量进行定位和整合的概念性工具。商业模式说明了企业如何通过对核心价值、价值网络、价值维护和价值实现四个方面的因素进行设计，在创造顾客价值的基础上，为股东及伙伴等其他利益相关者创造价值。核心价值和价值维护可归为战略方面，价值网络可归为运营结构方面，价值实现可归为经济逻辑方面。商业模式从本质上讲是企业的价值创造逻辑，而价值是通过顾客、伙伴、企业的合作而被创造出来，并在它们之间进行传递和消费，因此可以从顾客价值、伙伴价值和企业价值三个角度研究企业的价值创造活动。从层次上看，顾客价值、伙伴价值和企业价值三者处于不同层次——顾客价值是基础，伙伴价值是支撑，企业价值是目标。这样可以将商业模式的结构概括为一种"3-4-8"构成体系。其中："3"代表联系界面，包括顾客价值、伙伴价值、企业价值；"4"代表构成单元，包括核心价值、价值网络、价值维护、价值实现；"8"代表组成因素，包括目标顾客、价值内容、网络形态、业务定位、伙伴关系、隔绝机制、收入模式、成本管理。这样，"3-4-8"构成体系就形成一种包含三个层次对商业模式进行全面描述的立体架构。

但商业模式在本质上是基于若干因素构成的价值链。基于价值链差异的商业模式分类方法遵循以下三步：一是波特的价值链分解，区分构成要素；二是建立交互模式原型，将价值链的构成环节上形成许多商业模式原型；三是将分解的价值链重新构造组合，得到新的商业模式。

三、商业模式将创业机会转化为企业绩效

乔治和博克（George and Bock）认为，商业模式是企业为了开发商业机会进行的组织设计。机会只有在被发现或创造时才能带来价值。阿米特和左特（Amit and Zott）认为，商业模式是开发、识别机会的价值创造机制。随后，他们进一步指出，商业模式的设计本身就是对机会的开发、利用过程。创业往往从识别商业机会开始，最终体现在为客户创造新价值或增加价值的产品或服务中。因此，很多学者都认为机会识别是企业竞争优势和绩效的重要来源。有研究表明，商业模式创新是企业将创业机会转化为企业绩效的一条有效路径，从而为企业开发创业机会提供了一种解决方案。

四、商业模式应用实训

1. 实训目标

（1）进一步理解商业模式的基本概念及核心要素，掌握商业模式设计与开发思路。

（2）掌握一种常见且有效的商业模式设计工具和方法，明确开发商业模式的关键影响因素。

（3）通过对现有创业项目的商业模式工具化提取与分析，进一步掌握商业模式设计的精髓和要点，帮助创业者了解商业模式要素、借鉴优秀商业模式并掌握商业模式创新的思路和方法。

（4）亲身体验作为一个创业者实践商业模式的设计及投融资过程。

（5）进一步学习更多常见通用商业模式，拓展知识面，并能在现实创业项目中做出正确识别。

（6）能够将应用所教的商业模式分析方法及具体使用工具应用到今后的创业过程中。

2. 实训要求

（1）确保教师有一台可联网的计算机，并可正常登录当前实训应用，且能正常连接投影仪进行必要内容的展示。

（2）建议采用小组合作模式进行实训，3人为一组，每个小组需要一位负责人领头。

（3）确保每位学生有一台可联网的计算机，并可正常登录当前实训应用。

3. 实训内容

（1）实验介绍及规则讲解

在正式开始实验前，教师将会为所有学生介绍本实验的基本情况及实验规则。

同时学生也可以通过系统中的引导查看实验的相关说明（如图4-24）。

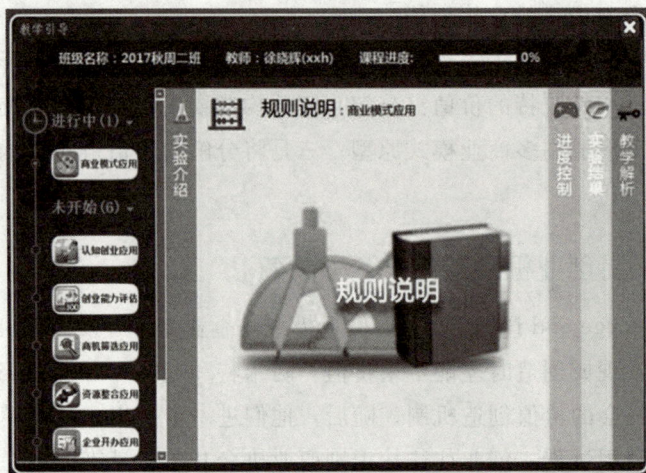

图4-24　商业模式应用——规则说明

（2）任务说明

本次实验任务主要是让学生们在接下去的一段时间内，成为一个特定创业项目的负责人，该项目已经完成了产品（服务）部分的详细设计与开发，作为负责人，接下去学生将需要为该项目取一个合适的个性化名称，并使用商业模式画布工具为其设计一个具有竞争力的商业模式，再接下去学生还有可能需要在众多的投资者（其他学生）面前阐述并推荐自己的创业项目，以期获得一定数量的投资者的投资。学生所做的这一切工作，都将为其项目进一步顺利商业化推广与运营打下扎实的创业基础。

（3）自主学习

学生进入实验后，可以自行开展先期的自主学习，了解商业模式设计中常见的工具及其各部分含义和用法，为随后的实验做好知识铺垫。自主学习区中提供了三个方面知识的学习，分别是商业模式设计初识、商业模式设计进阶、商业模式项目演练（如图4-25）。

图 4-25 商业模式应用——自主学习区

(4)发布项目

教师在教学引导系统中点击"开始实验",本实验正式开启。正式开启本实验后,教师除了需要再教学引导系统中使当前实验处于"进行中",还需要再"实验控制"界面中进行进一步的配置和确认(如图 4-26)。

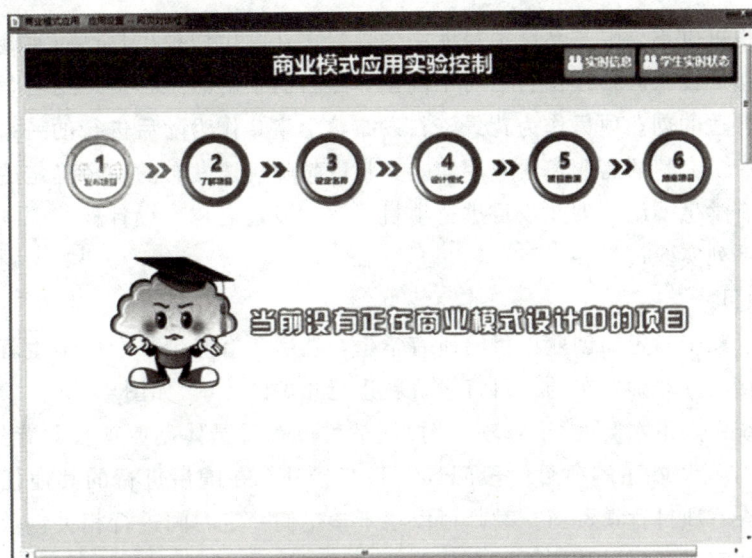

图 4-26 商业模式应用实验控制

点击"发布项目"前往项目库,然后从系统项目库任意挑选一个有趣的项目发布,作为学生们接下来开展实训的背景资料让学生进行了解(如图 4-27)。

目前系统项目库分为办公、科技、设计、生活、娱乐和其他共六类 19 项。这些项目均只突出了项目内的产品或服务内容,而没有涉及更多的如商业推广、市场运作、经营管理、持续发展、战略管理等创业公司需要面对的工作,这些工作是接下来学生作为创业者需要思考和设计的内容,将在随后的实验中由学生自主去设计出了产品或服务本身之外的其他所有工作。

图 4-27　商业模式应用项目库

授课教师也可以不局限与系统项目库中的项目，让学生们提出自己感兴趣项目进行商业模式设计，然后授课教师根据自己对不同创业项目的了解熟悉程度，结合学生们可能的兴趣点，挑选合适的创业项目作为背景资料发布给学生，作为随后进行的一系列实验的主要背景资料。一次完整的商业模式应用实验，将以教师挑选发布的一个确定的创业项目为出发点，让所有学生围绕该创业项目进行项目了解、设定名称、设计模式、项目路演、项目投融资等一系列实验过程。

（5）了解项目

教师发布了某个确定的创业项目给所有学生，然后所有登录平台的学生就可以在自己的客户端自动接收到教师发布的项目背景资料进行相关的了解（如图 4-28）。

学生在系统中点击左侧的"了解项目"按钮就可以查看具体创业项目的背景资料（如图 4-29）。学生除了可以在了解项目阶段阅读项目背景外，在随后进行的其他任意环节中学生均可以随时查看项目背景资料。教师可以给于学生们一定时间进行相关创业项目的背景资料了解，了解完以后可以开启下一个环节。

（6）设定名称

教师在教师控制端通过单击"设定名称"按钮来开启本实验环节，开启后班级里每位学生都将自动进入设定名称环节，该环节主要是提升学生们的主人翁意识和创业者角色的代入感，让每位参与实验的学生能够以创业者的身份为自己的创业项目全力以赴。通过单击"实时信息"和"学生实时状态"按钮可以实时查看每位学生为项目取得名称（如图 4-30 和图 4-31）。

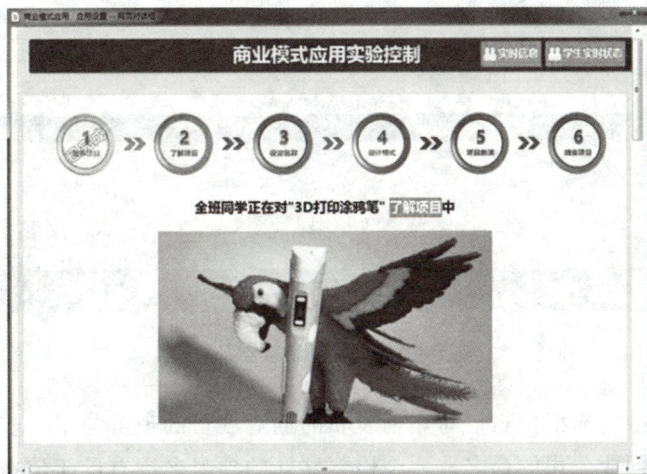

图 4-28　商业模式应用——控制端了解项目

图 4-29　商业模式应用——学生端了解项目

图 4-30　商业模式应用教师端——设定名称—实时信息界面

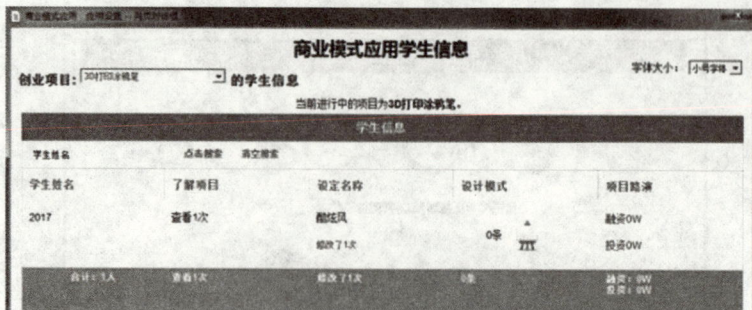

图 4-31　商业模式应用教师端——设定名称—学生实时状态界面

学生在本环节中需要根据自己对当前发布的创业项目的理解与下一步商业运作规划展开思考，根据自己创业公司的命名取一个恰到好处的项目名称有助于消费者或者潜在客户记住本公司的产品或者服务，为公司下一步的发展打下良好的基础。项目命名、营销活动的命名以及公司的命名最能体现一个创业者或者创业团队的奇思妙想。实验中每位学生为自己设定的项目名称，将在随后的几个环节中被反复用到。当教师端开启设定名称按钮后，学生通过学生端软件就可以为自己的项目设定一个个性化项目名称了（如图 4-32）。

图 4-32　商业模式应用——学生端设定名称

（7）设计模式

教师在教师控制端通过单击"设计模式"按钮来开启本实验环节，开启后班级里每位学生都将自动进入设计模式环节，此环节所有学生都可以看到当前实验项目内置的商业模式设计画布工具（如图 4-33）。这里的商业模式画布图是指一种能够帮助创业者催生创意、降低猜测、确保他们找对目标用户、合理解决问题的工具，是一种已知的比较有效的在创业过程中用于设计商业模式的辅助工具。商业模式画布图不仅能够提供更多灵活多变的计划，而且更容易满足用户的需求。更重要的是，它可以将商业模式中的元素标准化，并强调元素间的相互作用。

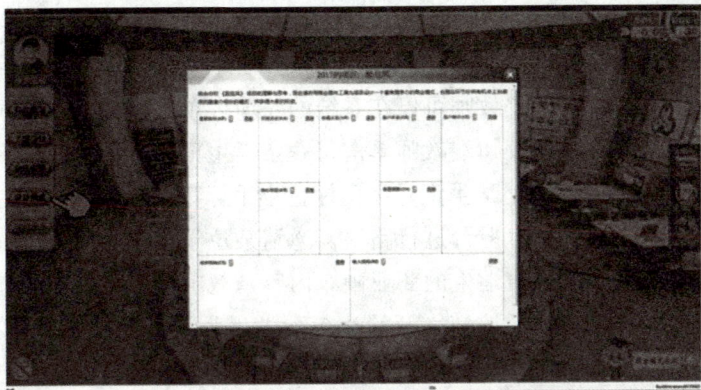

图 4-33　商业模式应用——商业画布界面

　　本环节建议教师给予每位学生比较充分的时间，由学生自由发挥自己的想象力和创造力以及创新能力，围绕手中的具体项目展开自己的商业模式设计之旅。学生在本实验环节需要围绕当前教师给出的创业项目背景中的产品或服务内容，开展自己的商业模式设计与描述。因为商业模式在初创企业运作管理中有着至关重要的作用和地位，围绕商业模式的创新也是每位创业者需要重点考虑和投入大量精力去思考的问题。在本实验的商业模式的设计过程中，建议学生更多以核心主题词的提炼为主，并时刻保持整个模式的完整性与内在逻辑性，如果能用更多引申资料或数据来证明当前模式的合理性与可行性，那就更佳了。

　　学生通过学生端软件点击"设计模式"就可以打开商业画布工具，单击"添加"按钮可以分别为画布的九个部分（重要伙伴、关键活动、价值主张、客户关系、客户细分、核心资源、渠道通路、成本结构、收入结构）添加相关主题词（如图 4-34），主题词用于简明扼要的描述自己在这方面的商业模式运作思路。学生也可以点击每个主题词旁边的"问号"查看相关的帮助提醒内容，加强对该部分的理解与运用。

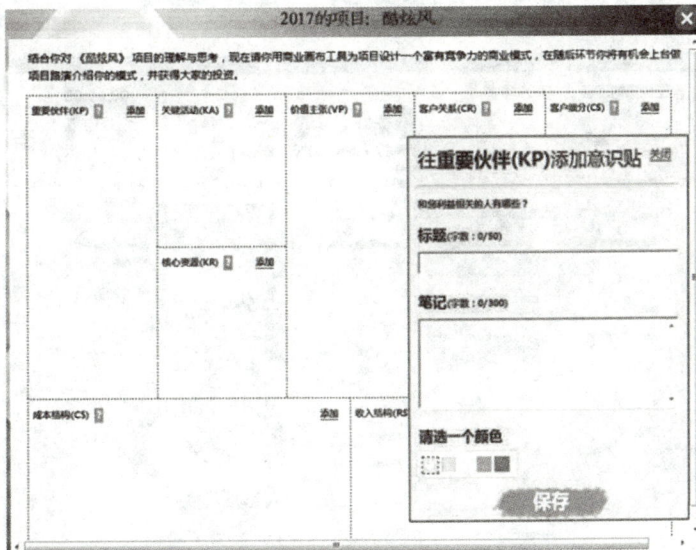

图 4-34　商业模式应用——学生设计商业模式

(8)项目路演

教师在教师控制端通过单击"项目路演"按钮来开启本实验环节，开启后班级里每位学生都将自动进入项目路演环节。教师可以在系统的路演名单中，挑选部分同学上台扮演创业者进行项目融资路演。通过教师端教师单击每一条学生记录中的路演按钮邀请某位学生上台进行项目路演（如图4-35）。学生记录中由绿色小手标记的学生说明是主动要求上台路演的，可以优先考虑让这些学生上台进行路演。邀请某位学生上台项目路演后，教师端在投影设备上将自动显示当前路演学生的商业画布内容。教师可以在当前路演者结束路演以后，单击"结束路演，接受投资"按钮，开始让台下学生为该名路演创业者进行投资（如图4-36和图4-37）。此时软件中间动态呈现投资者们为路沿着做出的每一笔投资决定，同时也会动态呈现投资者发送给路演者的文字信息。

图 4-35　商业模式应用——路演控制界面

图 4-36　商业模式应用——路演者商业画布和结束路演界面

图 4-37 商业模式应用——投资界面

如果实验时间充裕，本环节教师也可以结合课程时间安排情况邀请尽量多的学生上台路演讲解项目，也可以逐个挑选学生上台，让每个学生作为创业者向台下其他学生路演讲解自己的创业项目的商业模式并在随后的实验过程中模拟投融资过程。本环节中台下所有学生均可以通过投影设备及自己学生端软件看到路演者的具体商业模式，可以通过边看软件边聆听台上路演者的商业画布讲解，此时台下所有学生将扮演投资者的角色在随后的环节中对台上创业者进行模拟投资，每位学生手中都将有虚拟的 10 万元资金，用于向路演者做出自己的投资决定，具体投资金额由每位投资者根据台上路演者的演讲发挥及在商业模式上的创新、市场竞争力、成本及收入结构、盈利前景等指标自主判断后确定。

在教师开启投资环节后，台下学生可以在学生端软件对路演者进行投资，投资金额从 0 到 10 万元不等，由台下投资者自行决定，默认不投资即表示投资 0 元，投资者可以单击"说点什么"按钮在系统中发布自己的建议和意见，也可以直接举手向教师示意将自己的建议和意见当场向路演者表达。在系统中说过的话将通过教师端投影设备实时动态显示出来（如图 4-38）。

图 4-38 商业模式应用——学生端投资及建议界面

学生可以通过学生端软件点击中间白板查看台上路演者的商业画布的详细情况（如图4-39）。路演者也可以在自己计算机上动态看到投资者对自己做出的投资决定，同时也能动态看到投资者发给自己的建议。

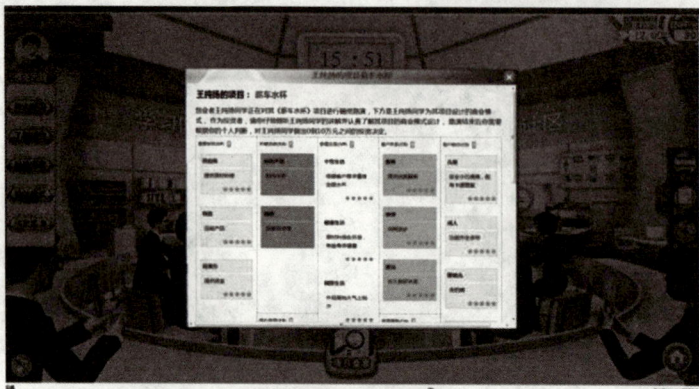

图 4-39　商业模式应用——学生端查看路演者商业画布界面

（9）结束项目

教师在确定当前项目的整个实验内容完成后，可以通过教师控制端单击"结束项目"按钮来结束本实验环节。此时软件的学生端将自动回到刚开始进入的状态，如果此时教师继续发布第二个项目，则所有学生又将可以继续围绕新的创业项目开展下一次的商业模式设计及投融资演练实验学习过程。

（10）实验解析

教师在结束项目后可以在控制端查看学生的实验结果（如图 4-40）并进行教学解析（如图 4-41）。教学解析可以从全班创业项目路演融资排行情况、全班创业项目路演投资排行情况等方面进行重点分析。

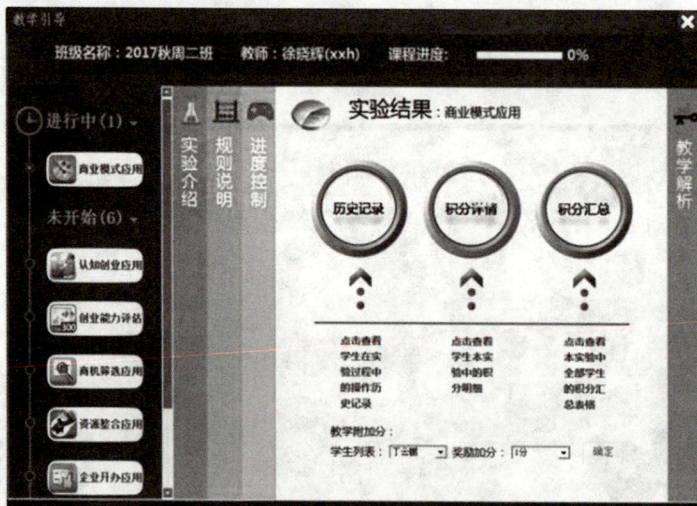

图 4-40　商业模式应用——教师端查看实验结果

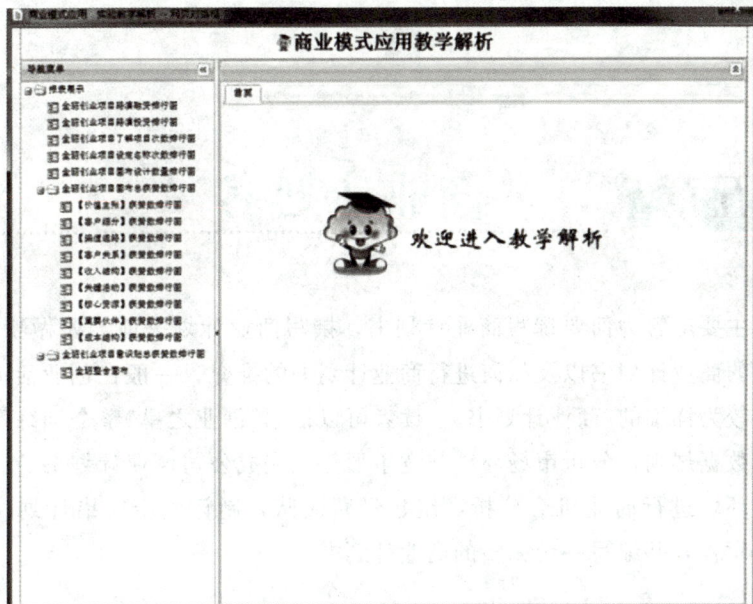

图 4-41 商业模式应用——教师端实验解析界面

4. 实训总结

商业模式画布工具是一种较为流行与典型的用于商业模式设计的工具之一，现实商业环境错综复杂、瞬息万变，我们在应用这样的工具过程中更多需要灵活应变，尤其是围绕一个具体的创业项目的商业模式设计，更多考验的是创业者本身的缜密思维能力与创新能力。

商业模式应用实验项目是一个多人参与、线上线下结合的体验式实验项目，整个实验过程涉及教师以及不同学生之间的互相配合，项目设计目的是为了帮助更多创业学习者，围绕创业过程中商业模式这一主题，通过体验式实践学习的手段，较为牢固地掌握一种切实有用的实用工具，为将来的真实创业打下良好的基础。

教师在授课的过程中，要注重调动学生的积极性，启发学生进行发散思考，创新性地参与整个实验过程，要避免对学生做出的各种想法、决定、结论等给出简单的对与错的判断。

第五章　　商业计划书

本章内容主要解答为何要撰写商业计划书，撰写商业计划书前需要做哪些准备工作，如何撰写完备的商业计划书以及如何进行商业计划书的推介。一般在创业活动开展前，创业者都要撰写较为详细的《商业计划书》，读者可以根据《创业之星》整个训练系统平台的商业背景环境与数据规则，分析市场环境与竞争形势，完成公司商业计划书的编写。创业团队首先对背景环境进行商业机会分析，组建经营团队，制订资金筹措计划，撰写公司名称，制定公司章程，并编写一份完整的商业计划书。

第一节　　商业计划书的价值

研究商业计划书的价值之前先介绍一下商业计划书的可能使用者。商业计划书是创业者撰写的，用于向其潜在投资者、企业员工和管理层介绍其所识别到的能够盈利的创业机会，并详细说明其将如何通过一系列的战略计划实现。

吸引潜在投资者是创业者撰写商业计划书的最大动力之一。商业计划书通过将创业者的创意和企业发展愿景转变成一个可行性高、具有说服力的详细路线图，为创业者和潜在投资者建立起共识的桥梁。创业者通过向企业员工展示商业计划书，能够使员工快速了解创业者的计划和愿景，让员工明白他们努力工作带来的成果是怎样的，给他们提供一种安全感和归属感，使企业拧成一股同方向的劲儿。而对于战略合作者，商业计划书既提供了一个完整的经营模式介绍，也使他们能够合理估计未来的风险和收益，保障自己的权利较为透明和可控。

而对于创业者自身而言，在撰写商业计划书的过程中，能够更加全面和详细地思考创业思路，不断修正以前想法中不可行的部分。同时，一份完备的商业计划书能够不断督促创业者按照原有的愿景进行创业活动，避免资源使用发生重大偏离。商业计划书可以说是在创业过程中衡量创业者实际成果与预期计划之间差异的基础。

第二节　　撰写商业计划书的前期准备

大部分的商业计划书是为了寻求咨询或者进行自我推介，每年产生那么多的商业计划书，但并非每份商业计划书都能够融资成功或者足够吸引人。那么，创业者应该如何在撰写商业计划书前对其合理性和说服力进行判断和分析改进呢？

一、商业计划书失败的原因

大多数商业计划书失败、融资不成功的原因可分为以下几种情况：

1. 对市场竞争环境不熟悉，前期的市场调研不充分，具有区域限制或者人群限制，通过片面的认知，低估市场进入壁垒。同时，创业者还未尝试进行产品的市场推介，就急于得出一定能受市场欢迎的结论，与现实脱钩。

2. 商业计划书的撰写内容本身就条理不清、不简洁明了，创业者无法将企业盈利模式清楚地表述出来。阅读者无法很快抓住创业者的创新点，针对性不足，吸引力自然就下降了。

3. 商业计划书中对于企业产品的销售和盈利能力过于乐观，凭空预期销售收入和现金流会像滚雪球一般，随着发展迅速增长。对于初创企业可能涉及的风险一概不提或者是完全没有意识。

4. 商业计划书虽然是作为融资的战略桥梁，却不曾提及初创企业资金的预计使用用途以及这些用途的可行性和盈利能力评估。也没有提及当企业步入正轨后，通过何种方式和渠道让投资者逐步回收投资和可观收益。

5. 创业企业普遍存在两个问题：第一，创业者对企业的控制权过于集中，没有设置一份合理的企业组织结构，保护投资者的知情权和经营投票权；第二，创业企业人力资源稀缺，加之创业团队成员需要一定的领导权和执行权，极容易出现创业成员的专长和能力与所属职位所要求的能力和专业素养不匹配问题。

6. 由于部分创业者怀着欺诈和不诚实的态度利用商业计划书进行融资，投资者经过简单的测试和检验发现了这种不诚实，就不可能对项目进行投资。

问题1~3可以通过约翰·W. 穆林斯(John W. Mullins)叙述的创业七领域测试模型进行修正；问题4~5可以通过创业者与投资者进行沟通和协商进行改进；问题6如果出现，那么就要重新调整态度和创业目标了。

二、创业七领域测试模型

创业七领域测试模型的提出，就是为了满足创业者对其发现的创业计划进行综合的评估，让创业者对市场的宏观和微观环境有一个较为全面的了解，同时对创业团队的能力、创业意愿和执行力进行一个较好的评估。

此模型的结构要素包括：宏观层面的市场测评、微观层面的市场测评、宏观层面的行业吸引力分析、微观层面的行业吸引力分析、团队使命、个人志向和冒险倾向、团队执行关键成功因素以及团队与价值链内外建立的关系网络。

（一）宏观层面的市场测评

宏观层面的市场测评主要有以下几个步骤：

1. 评估市场规模的大小。市场规模的测量有很多方法，比如较为全面的市场调研，或对比公司的评估报告。具体需要测试的内容众多，包括市场上消费者的数量、每年平均消费能力和总支出。

2. 收集近几年的市场数据，通过数据分析，判断市场的增长速度和发展趋势。

3. 评价宏观经济发展趋势，比如人口趋势、经济趋势、技术趋势等，以确定未来市场机会的变化趋势。

(二)微观层面的市场测评

微观层面的市场测评主要有以下几个步骤：

1. 市场中是否存在细分市场？创业企业能否进入细分市场？新的产品或服务对消费者是否具有吸引力？

2. 创业企业提供的产品或服务与市场上现有产品或服务是否具有差异？如果没有差异，产品或服务是否提供比已有产品或服务更低的价格，而且具有可持续性？

3. 如果细分市场存在，那么这个市场规模有多大？发展速度如何？现有的竞争是否已经饱和？进入该市场后，是否有助于创业者进入感兴趣的其他市场？

(三)宏观层面的行业吸引力分析

宏观层面的行业吸引力分析借助的是迈克尔·波特（Michael Porter）的五力模型。创业者在进入新的行业前进行波特五力分析，能够较好地判断这一行业的吸引力与其潜在获利能力。这五个方面的力量分别是：行业现有的竞争状况、新进入者的威胁、购买者的讨价能力、供应商的议价能力、替代商品的威胁。

(四)微观层面的行业吸引力分析

微观层面的行业吸引力分析主要是分析初创企业竞争优势的可持续性。测评初创企业竞争优势的可持续性是极其重要的，这意味着企业能够在竞争激烈的市场上存活下来，并逐渐成熟。我们通过以下几个因素来进行测评：

1. 专有因素：包括专利权、商业诀窍等；

2. 其他企业难以模仿的卓越的组织流程、能力或资源；

3. 商业模式的经济可行性。

(五)团队使命、个人志向和冒险倾向

由于诸多原因，一个创业团队发现的创业机会与其团队的使命、创业者个人的志向并不匹配，创业机会存在的市场并不是创业者愿意服务、愿意竞争的市场，同时创业者可能也不愿意承担创业失败带来的损失风险。即使创业机会与创业者的个人志向非常匹配，也不一定能够融资成功，这取决于风险资本家是否对该行业的创业机会有兴趣。在评估创业机会时，我们不得不承认，投资者是具有一定的行业和市场偏好的。如果机会与他们的偏好并不匹配，则这个创业机会对他们而言是缺乏吸引力的。当然，如果机会足够吸引人，创业推荐面做得很广，还是能够遇上有兴趣的投资者。

(六)团队执行的关键成功因素

大多数创业机会开发的前期，都困难重重：一方面是对市场不熟悉，销售渠道还没有

建立；另一方面是由于创业企业提供的产品或服务与市场其他产品或服务具有差异，没有可以借鉴的经验，这些都影响着这个创业机会能否被很好地执行。大多数风险资本家在评估机会时，会注意整个团队是否能够理解某一特定机会和与之相关的关键成功因素，以及能否很好地执行这个特定机会。因此，创业者应该先准确地评估自己的团队是否在关键成功因素上具有执行力。

(七)团队与价值链内外建立的关系网络

风险资本家在评估创业团队所具有的资源时，会考虑到团队是否有较好的关系网络，是否能够获得来自诸多方面的外界支持。因此，创业者在评估自身的市场地位时，应该考虑在自己的价值链内——供应商和消费者——和本行业以外建立的关系网是否足够庞大，如果目前还没有建立好，那么创业团队将如何建立。

第三节　撰写完备的商业计划书的步骤

一份商业计划书主要包括执行摘要、企业概述、市场分析、营销计划、运营管理、团队、财务计划、风险分析、融资计划与退出机制、关键里程碑计划表、附录等。

一份具有足够吸引力的商业计划书制作时间需要多长呢？从一般的经验来看，好的规划设想至少需要经过两次撰写。制作时间的一个参照基准是至少专心制作 200 个小时以上。这是一个巨大的工作量，因为商业计划书的撰写并不是连贯的行动，而是在撰写的过程中，需要不断地花时间思考、与团队成员讨论可供选择的方案，获得缺失的信息。在撰写过程中，一个有效的解压方式是首先将最初的想法以及那些已经掌握有大量背景信息的内容先写出来，然后再开始查找资料、收集信息进行补充修改。商业计划书撰写完成后，工作实际上只进行了一半，创业者需要对已撰写完成的商业计划书进行全盘的深思熟虑、反复研究，不断修改含有不确定内容的部分。

一、撰写商业计划书的四个步骤

商业计划书的使用者众多，包括潜在投资者、管理层、员工、政府部门、创业者本身等。不同的使用者关注点是不同的，撰写商业计划书之前，要明确商业计划书针对的是哪一个使用者群体。虽然使用目标人群不同，但是商业计划书本身是具有一定共性的。创业者该如何撰写一份完备且有吸引力的商业计划书呢？这涉及以下四个步骤：

1. 创业设想详细化

在撰写商业计划书之前，创业者应该考虑发现的创业机会如何转化为实际能够盈利的企业运作。同时，应当明确企业所处的市场竞争环境、市场结构、消费者的偏好、供货商的协作、技术的进步等，将创业活动进行总体规划。

2. 市场调研

市场调研是创业者创业之前了解市场环境的一个重要过程。市场调研收集到的数据也是对创业者市场预期的印证，是作为向投资者展示的最有说服力的证据。

市场调研分为直接调研和间接调研。如果创业者需要的信息别人已经收集并公布出来，那么创业者可以直接利用这些间接数据了解行业和市场情况，与自己的预测情况形成对比。这里介绍获取行业和市场情况的间接数据的几种方法：阅读材料和访谈。阅读的材料包括自行收集的经济类书报、行业出版的行业分析报告、行业协会提供的协会研究报告、互联网信息等。一般来说，要安排专人定期查阅阅读材料，将有价值的信息收集起来供传阅之用。对访谈的对象也可以进行分类，以收集不同的信息。可以与同一价值链中的上下游企业和相关人员进行交谈，获取有效信息；也可以与企业内部员工进行交谈，提高对企业运作实际情况的了解。间接数据一般都能呈现较为准确的市场竞争格局信息。如果间接数据与创业者的想法相差甚远，那么就需要重新调整自己对市场的认知。若是间接数据与创业者的想法较为相近，那么接下来，创业者还应该进行直接调研，亲身了解市场情况。

直接调研相对于间接调研工作量更大，难度更高。但是科学准确的市场调查数据对创业者制订未来的商业计划具有至关重要的影响。生活中，我们经常遇到的市场调查活动包括：

(1)消费者购买行为研究；(2)广告及促销研究；(3)市场潜力及消费者消费特性研究；(4)销售研究；(5)产品(服务)的市场接受度研究；(6)销售环境研究；(7)销售预测。

对于创业企业，首先要明确自己市场调查的重点是产品(服务)的市场接受度研究和销售预测，为后期的产量控制、价格制定和宣传推广提供参考依据。

市场调研的一般步骤：(1)确定市场调研的必要性；(2)定义问题；(3)确立调研目标；(4)确定调研设计方案；(5)确定信息的类型和来源；(6)确定收集资料的方法；(7)问卷设计；(8)确定抽样方案及样本容量；(9)收集资料；(10)资料分析；(11)撰写最终调研报告并演示。

3. 起草商业计划书

商业计划书是在前期充分的市场调研后开始起草的。市场调研得到的数据经过整理、统计分析，可以得到较为客观的数据。但创业者仅拥有这些数据，并不一定就能够很好地完成商业计划书。一份完备具有吸引力的商业计划书应该避开第二节介绍的商业计划书失败的原因。另外，还需注意以下两点：

(1)形式美观、内容简洁明了

一份商业计划书给投资者留下的第一印象是它的外观。具有吸引力的外观、适当的篇幅、重点突出的排版以及专业的印刷是商业计划书的第一加分项。如果撰写的商业计划书过于凌乱或者是过于冗长，即使有非常好的创业想法，也会使投资者缺乏耐心阅读完。

(2)简明而生动的执行摘要

商业计划书的执行摘要一般是创业者完成商业计划书的其他部分之后对全文进行的总结概要。虽然执行摘要是创业者最后撰写的，但却是投资者最先阅读的部分。一般来说，只有执行摘要具有吸引投资者的要点，投资者才会花费时间接着看其他内容。因此，执行摘要在全文应该起到画龙点睛的重要作用，能够让投资者有兴趣并印象深刻。

4.商业计划书的检查与更新

总结一些成功的商业计划书的撰写经验我们会发现，逻辑清晰、结构严谨的商业计划书在初步完成后，至少需要经过8～12周的反复斟酌、反复修改，才能最后定稿。商业计划书是具有时效性的，为了应对快速变化的市场，创业企业在转变自己的目标方向后，也应该及时更新商业计划书，一般来说，至少6个月就需要更新一次。

二、商业计划书的主要内容

对商业计划书的主要内容的阐述虽然在各种文献中略有不同，但是主要由以下十一部分构成。

商业计划书的最主要的阅读者是投资者，因此进行适当的商务格式排版是必要的。第一，应该制作扉页和目录。扉页上的内容包括企业的名称、地址、联系人、联系方式。目录与其计划书的编排顺序一致，让阅读者能够方便快捷地找到他们要阅读的章节。第二，目录之后是摘要、正文，最后是附录。

（一）执行摘要

执行摘要虽然是商业计划书的第一部分，但是由于它是对商业计划进行的总结概括，所以应该在其他部分全部完成后，再开始撰写执行摘要。前面也提及投资者最先阅读的是执行摘要部分，因此，执行摘要在突出创业活动的亮点的同时，也要确保将所有内容都包含在内。执行摘要是一份概括文件，因此篇幅不应该过长，2～3页最为合适。

执行摘要由四个部分组成：

1.企业概述。这一部分主要是对企业进行市场定位，要清楚地回答企业销售的产品或服务是什么，消费群体是谁以及企业的竞争优势源于何处。

2.成功因素。产品或服务能够在市场上成功且具有可持续性是涵盖了诸多成功因素的，包括已取得的专利、企业的研发计划、选址与产品制造等。

3.目前状况。创业者对于投资者应该保持诚实合作的态度，对于有关企业的信息、组织结构、公司所处的发展阶段、管理团队、员工都应该进行介绍。

4.财务规划。这部分突出介绍企业的财务计划，包括当前财务情况、募集资金渠道、资产管理方法等。

（二）企业概述

企业概述主要是让投资者对要创立的企业有一定的了解，包括企业选址、合法的所有制形式、经营业务的现状、企业的组织结构、产品或服务的特性以及企业目前的发展阶段。企业概述部分只需要简单地介绍一下企业，篇幅不宜过长。

1.企业的一般概述。这部分包括准备设立或已设立的企业的选址、所有制形式、经营业务的现状，联系方式等。对于经营现状这一部分，主要是介绍创业企业的历史、产品或服务的市场地位等。

2.企业的组织结构。通过组织结构图清晰地向阅读者展示企业的组织结构，一般现代初创企业的组织结构较为简单，扁平化为主。传统的直线－职能制的组织结构专业化程度较高，领导机构对于所管辖的范围有决定权和指挥权。但是这也导致各职能部门之间由于过于细化的分工，缺乏协作和配合。由于职能制的权力集中，面对快速变化的市场优势会反应不足，造成办事效率低。而扁平化结构层次少，上传下达快速，信息失真概率小。同时，管理层次少可以提高下属工作人员的灵活性和积极性，降低初创企业的管理成本。

3. 产品或服务的特性。在这一部分，创业者应该简单地介绍企业提供的产品或服务相对于市场上其他产品或服务的竞争优势，这些产品或服务能够为市场消费者的生活或工作带来怎样的品质提升，或者是产品或服务是否具有别具一格的营销方式。这是计划书中介绍产品或服务本身的主要章节，因此，产品介绍应该分为以下几方面：产品或服务的概念、主要产品或服务介绍、性能及特性、产品或服务的市场竞争力、产品或服务的持续研发计划、产品或服务的销售预测、产品或服务已取得的专利等。

4. 企业目前的发展阶段。企业发展一般分为四个阶段：初创期（生存为第一目标，企业组织尚未规范）—成长期（业务扩张快速，公司管理逐步规范，人力资源紧张，资金需求大）—稳定期（管理规范化，业务持续稳定，财务管理稳健）—衰退期/持续发展期（组织运作僵化、业绩下滑、效率低下、全面革新）。

（三）市场分析

投资者可以从计划书中的市场分析判断创业者对市场的认知是否成熟且全面。因此市场分析对于创业者融资成功与否息息相关。创业者在撰写市场分析的过程中，能够形成较为精确的产业链和竞争状况的了解，为后期制订企业战略奠定基础。可以从以下几个方面进行市场分析：

1. 营销环境分析

营销环境分析分为宏观制约因素分析、微观制约因素分析以及市场概况。

（1）企业市场营销环境中宏观制约因素

企业的经营状况与总体的宏观经济形势、总体消费态势、产业发展政策以及市场整治、法律背景息息相关。了解宏观环境制约因素，企业家可以得到一些重要的信息，避免企业可能触及的政策"雷区"，使企业能够顺市场形势而行。

（2）市场营销环境中微观制约因素

产品或服务在销售过程中，有竞争性的定价起到了巨大的作用。而创业企业在初期既要做到竞争性定价，也要保持企业的盈利水平，这取决于与原料供应商的合作关系。原材料的成本决定了企业产品或服务的定价灵活性。因此，这一部分也需要介绍供应商的议价能力。

（3）市场概况

这部分主要描述企业所在产业市场的整体情况，包括当前市场销售额、市场可能容纳的最大销售额、未来市场规模的趋势、市场同类竞争对手以及市场的周期变化。这里应该注意将整体市场与细分市场进行区分，有时候企业在整体市场中无法找到竞争优势，却可以借助竞争对手在细分市场的不足之处获得市场份额。

（4）营销环境分析总结

本部分主要是对企业所处的营销环境进行整体分析，分析本企业在当前营销环境下所遇到的机会与威胁，以及具有的优势与劣势。

2. 消费者分析

消费者分析分为消费者总体消费态势、消费者特征分析、消费行为分析以及消费态度分析。

(1)消费者总体消费态势

对于产品或服务的消费人群的特征、消费行为、消费态度进行概述，并描述消费者的这些消费特征对于企业的销售额和利润水平的影响。

(2)现有消费者特征分析

创业者在描述现有消费者特征时，应该回答以下几个问题：现有消费者的市场有多大？现有消费者主要是哪一个年龄段的？他们对新产品的接受程度如何？现有消费者主要从事哪些职业？这些职业的收入是否与企业产品或服务的定价相匹配？

(3)现有消费者的消费行为分析

进行现有消费者的消费行为分析可以作为后面制订营销计划的依据。了解消费者的购买动机、消费时间、消费频率和消费数量，能够帮助企业在未来决策时更加灵活，也能够在细节上打动消费者。

(4)现有消费者态度分析

在前期的市场调研中，很重要的一部分就是调查本企业即将推出的产品或服务的市场接受程度。在前期的调查结果上，这部分应该描述现有消费者对本企业的产品或服务的喜爱程度、对本品牌的认知程度以及对本企业前期塑造的品牌形象的偏爱程度。

(四)市场营销计划

市场营销计划也是商业计划书的一个重要组成部分，产品或服务营销不仅是企业经营运转的一个关键环节，也可能发展成为企业的核心竞争力，如小米科技通过营销模式创新，在短短两周内从一个不知名的公司到互联网上广为人知的品牌。因此，在企业运营中越来越重视市场营销计划。企业的市场营销计划主要包括以下内容：产品或服务的市场政策、产品或服务的销售目标、销售管理计划以及财务损益预估。

1. 公司产品(服务)的市场政策

企业未来的经营方针和战略规划影响着市场营销策略的制订。创业者在撰写商业计划书时要首先明确以下问题：

(1)确定目标市场与产品定位。

(2)销售目标是扩大市场占有率还是追求利润。

(3)制定价格政策。价格将影响着产品或服务的竞争实力，那么竞争对手采取的是怎样的定价策略？而创业者又准备如何定价？这个定价政策必须与企业的销售目标相一致。

(4)确定销售方式。现在互联网渗透到生活的方方面面，大多数企业也开始拓展线上业务，以线下业务为依托，利用线上业务提高销售效率和范围。创业者应该根据自己产品或服务的特点，选择合适的销售方式。

(5)广告表现与广告预算。说明准备采用什么样的广告方式进行产品或服务的宣传，这种广告方式是否是达到同样效果的方式中预算最少的。同样，因为互联网的发展，广告形式越来越多样化。较为成功的广告根植于消费者的生活习惯中，引起消费者的共鸣。

（6）促销活动的方式与重点。因为企业的产品或服务已经确定了市场定位以及销售群体，因此促销活动的方式与重点也应该与该消费人群的消费习惯相一致。

2. 企业的产品（服务）销售目标

所谓销售目标，就是指企业的各种产品在一定时期内（通常为一年）必须实现的营业目标。企业只有达到一定的营业收入才能在市场中生存下去。对于初创企业，可能销售目标并不一定能达到会计的盈亏平衡点。因为前期市场开发或者资源的积累，是一个资金沉淀的过程，因此前期即使是非盈利的，只要不陷入资金流断裂，都是能够接受的。但是要注意的是，企业在制订销售目标时，一定要与可比公司进行比较，这个目标应该符合市场和企业的实际。

3. 销售管理计划

在前期的市场调研中，企业可以得到关于市场的准确情报。产品的推广方式则为企业"攻城略地"造足了声势。而销售管理计划就是为"攻城略地"培训攻坚力量。因此，销售管理计划的重要性不言而喻。销售管理计划包括销售主管和职员、销售计划、推销员的挑选与训练、激励推销员、推销员的薪酬制度（工资与奖金）等。

4. 财务损益预估

任何营销策划案所希望实现的销售目标实际上就是实现利润，而损益预估就是要在事前预估该产品的税前利润。只要把该产品的预期销售总额减去销售成本、营销费用（经销费用加管理费用）、推广费用后，即可获得该产品的税前利润。

（五）运营管理

运营部分主要是介绍企业选址的考虑因素、产品或服务的研发与设计以及产品或服务的生产计划。

1. 选址

运营部分从企业选址开始。企业选址要综合考虑诸多因素，比如选址当地的劳动力素质和人数、工资水平、是否靠近供销商、是否能够获得当地政府的支持。此外，当地的税赋水平、地区消费者数量、当地银行对新企业的支持程度都应该体现在计划书中。

2. 产品或服务的研发与设计

如果创业活动属于高科技行业，那么技术研发对于企业的生存发展具有至关重要的作用。

这部分主要是介绍企业未来对于新产品会新服务的研究、开发计划，向投资者展示企业所具有的研发能力。为一揽全局，创业者应该具有技术性的协作，有可能的话，在这部分最好加入蓝图、略图、素图和模型。

3. 产品或服务的生产计划

产品或服务的生产制造对于企业而言是至关重要的一步。如果无法生产出预期的产品或服务，企业的营销和盈利就不可能实现。在商业计划书中，创业者应该对产品或服务的制造过程及围绕这一过程的生产规划进行详细的说明。主要内容包括以下三个方面：

(1)产品或服务的生产方式。企业得到最终的销售商品或服务，可能是企业内部自行生产的，也可能是外包给其他企业委托生产。创业者要说明其选择的生产方式，并解释企业选择的依据。如果是内部自行生产，那么要详细介绍生产流程及生产中人、财、物是如何管理的。

(2)生产设备的购置。初创企业前期大部分资金在于固定资产的购置，创业者应该说明企业生产所需的设备，这些设备是如何发挥预期作用的，生产人员的培训以及对设备后期的管理。

(3)生产过程的质量控制问题。对于初创企业，产品质量影响着产品的市场吸引力，是企业生产过程中重点关注的问题，创业者需要说明生产过程中各个工艺的质量监管措施和指标，使投资者放心投入资金。

(六)创业团队

被誉为"全球风险投资之父"的美国风险投资家多里特有一句名言：我更喜欢拥有二流创意的一流创业者和团队，而不是拥有一流创意的二流创业团队。这个观念如今已成为风险投资界的一个投资原则。实际上，风险投资家在选择投资项目时，首先评价的要素就是创业者和创业团队，接着才是技术先进性、产品独特性和市场潜力及盈利前景等。因此，在商业计划书中，管理团队的描述也是一个很重要的部分。一个设置合理的组织结构、正确的人员任免、赏罚分明的人力资源管理制度，都是一个团队所必备的。

1. 关键管理人员介绍

对主要管理人员的简历加以描述，介绍他们的学历背景、工作经验、所具有的领导能力，同时介绍他们在本企业中的职务和责任。要注意体现关键管理人员在其职务上是有工作经验或者专业特长的，这样的职务设置能够最优化人力资源。为了使这部分阅读起来更为直观，可以采用图表的方式展示，同时显示出管理团队的能力结构、年龄结构、学历结构等方面的互补性，让投资者觉得每个关键职位上的领导者都是稀缺的、难以复制的人才。

2. 人力资源管理——激励与约束机制

激励与约束机制一方面能够调动企业员工的工作积极性，留住人才，造就良好的竞争环境；另一方面也能减少员工滥用权力、维持企业的秩序性。常见的激励约束机制包括物质激励和精神激励。物质激励主要是通过薪资激励、福利激励和股权激励。在商业计划书中，创业者要清晰地说明本企业将要采用的激励方式，特别是高层管理人员的薪酬、奖金和额外福利。投资者在考察投资项目时也会关注创业团队的薪酬是否合理。

同时，这部分还应该阐述企业进行人力资源管理的基本态度，是采用严苛、纪律性的管理制度还是宽松、灵活性的管理制度。对于员工的薪酬福利的安排是怎样的，同时也要介绍企业对于员工的招募方式。

3. 企业股权结构

企业的股权结构影响着投资者在企业决策中的影响力。商业计划书中应该明确说明已签署的股权协议、股权激励计划。

4. 董事会与咨询人员的权责

对于初创企业，往往会忽略设置董事会这一机构。在创业初期，创业领导者是整个创业活动的决策"大脑"，创业者大小事一般都会亲力亲为。但是要引入外部投资者时，创业企业需要增设董事会，以保障外部投资者的权益。这一部分还应该对企业雇佣的顾问和咨询人员进行说明，明确其权责以及薪酬待遇。

(七)财务计划

财务计划是企业对未来现金流、经营成果和企业状况进行预测，展现的是企业能够在未来市场竞争中生存下来。这部分在撰写过程中对创业者的能力要求很高，一是因为需要对未来的经营成果有明确且合理的预期；二是因为财务表格的编制需要很高的专业水平，再加上这是对未来的预测报表，专业性要求更高；三是这部分要说明资金的募集方式和使用计划，如何体现资金的使用效率高、提高企业的利润水平。如果团队中没有财务专业人士，应该邀请专业人士进行撰写。

1. 财务预测

在前面的章节中已经阐明了企业的发展目标和销售预测，财务预测就是建立在对未来的生产计划、销售预测等的基础上进行编制的，因此财务预测应该与前面的假设相一致。在进行财务预测时，应该先回答以下几个问题：

(1)营业成本，包括产品或服务在每个报表期间的生产量、产品或服务的所需设备、每单位产品或服务的成本费用大小。

(2)营业收入，包括每单位产品或服务的价格水平、企业在每个分销渠道的销售量。

(3)人力成本，包括行政管理和销售需要雇佣的人数及其薪资水平。

这一部分实际上是对营销计划、生产计划等进行综合描述，将前面的经营计划通过财务数据表现出来。

2. 财务报表

财务预测只有通过财务报告的形式才能更加全面直观，同时对于企业的资金安排和盈利能力的说明才能具有说服力。在全面评估市场信息和公司经营计划的基础上，创业应当预测未来三年的资产负债表、损益表和现金流量表。

(1)资产负债表。展示的是企业不同时期的财务状况，投资者通过计算企业的资产负债率、营运资金、各类资产周转率、流动比率等财务指标与企业的经营计划进行印证。

(2)损益表。展示的是企业不同期间的经营成果，这部分是在营销计划和生产计划的基础上对企业预计的成本费用、收入利润进行预测。

(3)现金流量表。初创企业在运营初期很可能因为资金流断裂而陷入危机，因此对未来不同时期现金的流入和流出的流量进行预测很有必要。

3. 财务规划

在对企业的现金流量表的预测中，管理层可以在企业未来出现严重流动性危机之前发现问题，解决问题。由于现金流入、流出的时间不匹配，可以突出企业何时需要进行额外融资，融资需求量是多少。管理层必须决定这些融资资金的来源、期限、成本、偿还方式等。而对于初创型企业，资金的主要来源是权益性融资、银行贷款和部分短期信用调节。

(八)风险分析

创业的高风险让很多有创业想法的人萌生退意，也让很多正在创业的活动困难重重。创业者只有对创业企业可能遇到的潜在风险有了透彻的了解，并且拥有风险的应对措施，才能在竞争中生存下来。投资者也会通过商业计划书的风险分析，判断创业者的风险应对能力和承压能力。

1. 重大潜在风险说明

(1)宏观市场风险：宏观经济不景气，行业中不利因素的影响，行业政策限制；

(2)生产研发风险：研发或生产成本超过预期，产品研发计划无法进行；

(3)销售风险：销售量远低于目标值，原料价格上涨导致售价过高，竞争对手的报复性降价；

(4)管理风险：管理团队因经营理念不同而解散，管理层管理水平和经验欠缺。

2. 风险应对机制

应对不同的潜在风险，创业者可以举例说明自己的应对措施，让投资者降低对其投资资金安全性的担忧。这里要注意，不要刻意隐瞒对企业不利的风险，因为投资者对企业可能遇到的风险早已烂熟于心，诚恳的创业者才是受投资者欢迎的对象。

(九)融资计划及退出机制

正如前面所列出的商业计划书失败的原因之一，创业者没有提及当企业步入正轨后将通过何种方式和渠道让投资者逐步回收投资和可观收益，这一部分就是回答这一问题。对于企业家而言，在企业逐渐发展成熟过程中，如何做好有序过渡的计划是必要的。另外，风险投资者对其投资资金如何在企业发展中安全退出、收获也是非常关心的。风险投资退出方式包括公开上市、兼并和回购、管理层收购等。创业者也应该思考在股权结构发生变化时，如何使公司的决策不会出现大方向变化，保持战略思想的连续性。

(十)关键里程碑计划表

这部分主要是对企业将要发生的关键活动提供一个时间范畴。这是一个时间计划表，阐明计划的时间框架与此时间期限内的相关事件。对于投资者而言，能够清晰地知道企业发展的进程，表明创业者对企业的运营进行了细致的思考。这部分主要包括以下内容：

1. 企业创立时间；

2. 产品设计研发时间；

3. 雇佣生产、销售、行政人员的时间；

4. 与经销商达成协议的时间；

5. 首笔订单的时间；

6. 与原料供应商达成协议的时间；

7. 首次生产与销售时间；

8. 首次扭亏为盈的时间。

（十一）附录

附录主要是对前面正文中不适合详细说明的内容进行补充。附录主要包括三部分：附件、附图和附表。

1. 附件：主要是对正文中阐述的计划和预测的支持性文件，包括创业企业已经签订的合作协议、订单合同、市场调查表、对已成立的公司的证明文件等。

2. 附图：主要是放置篇幅过大、不适合放置在正文的图形，包括企业的组织结构图、工艺流程图、产品展示图、销售预测图等。

3. 附表：主要是记录一些必要的表格信息，例如主要产品目录表、主要客户名单、主要供销商名单等。

三、商业计划书的推介

商业计划书撰写完成后，在推介之前需要进行长时间的反复研究、修改。创业者可以按照前面介绍的商业计划书失败的原因对照自己的商业计划书，保证不存在致命性的错误。另外，创业者可以让团队成员阅读，从更多角度进行核查。

商业计划书准备就绪后，接下来要做的就是带着这份准备充分的商业计划书向个别金融专业人士推介或者参加各类创业挑战赛。在大多数情况下，口头介绍在计划书推介过程中是关键一步。介绍性的语言一定要事先充分准备，语言要灵活且简要，吸引投资者的关注。在把握整体的同时，能够突出自身创业活动的竞争优势。事先准备，并不代表简单的背诵，而是灵活地增减原有内容，使计划书的推介率上去，充满激情和活力。

1. 关于前期准备的建议

下面是对创业者进行口头介绍的一些建议：

（1）清楚口头介绍时必要包括的要点，充分把握口头介绍的整体；

（2）在概述过程中使用关键词帮助串联整体、联想例证或其他细节；

（3）通过不断预演，准备不同时间长度的口头介绍；

（4）熟悉在陈述中会使用到的设备——如天花板投影仪、幻灯片投影仪或录像机；

（5）在推介前有充足的时间用所有的视觉教具设备做一次完整的演练；

（6）推介当天应该提前到场，测试好所有设备，组织团队成员做笔记和视觉提示。

2. 推介时应具备的心态

推介活动就是为了应对投资者各种刁难的问题，无论你的商业计划书做得多好，都要做好心理准备，因为你的计划书可能会被批驳得一无是处。风险投资者投资初创企业面临的巨大风险使得他们对于商业计划书非常谨慎，因此要求也会非常高。创业者必须提前充分准备，在推介中面对投资者的提问能够对答如流。有时即使在推介会上商业计划书被所有人拒绝，也不代表你无法融到资金。不要被失败打倒，应该虚心听取批评，从批评中学习，确保在下一次的推介中相应地做出改进。

第四节　创业计划应用实训

一、实训目标

1. 通过实训动手操作形式使学生比较全面地了解完整的商业计划书的主要要素及内容。
2. 通过实训过程中对商业背景的分析，提升学生对具体商业项目的分析判断能力。
3. 使学生掌握一种具体的商业计划书辅助撰写工具与方法。
4. 通过实训学习到更多创业计划书相关的扩展知识与技巧。

二、实训要求

1. 确保教师有一台可联网的计算机，并可正常登录创业总动员的创业认知实践模块，且能正常连接投影仪进行必要内容的展示。
2. 确保每位学生有一台可联网的计算机，并可正常登录创业总动员的创业认知实践模块。

三、实训内容

创业计划应用是一个围绕如何写好一份完整详尽的创业计划书为主要目标的实训应用，应用中设计了一套详尽的商业背景调查项目，背景内包含了包罗万象的各类创业相关信息，包括项目所属行业情况、宏观数据环境、潜在消费群体、市场容量、市场趋势、竞争对手、人力资源情况、物价水平等各类信息。

系统提供了一个自动化的创业计划书撰写模板与工具，内置了一套通用性极强的标准化创业计划书模板，学生需要根据给出的项目背景信息，使用该计划书工具完成一份详尽的计划书撰写任务。

1. 启动应用

该应用可以通过教学引导的授课方式和学生引导的自学方式进行开启。

在教学引导模式下，学生端默认是等待状态，需要教师端"实验控制"内开始应用。学生在等待过程中，可以查看相关的规则说明。

在学生引导模式下，可以直接点"开始实验"，然后点"进入实验"进入创业计划书界面，无须等待(如图5-1)。创业计划书模块包含9个子模块，分别是创业资金、企业构思、市场评估、市场营销、人员结构、固定资产、流动资金、预测销售收入、销售和成本计划。本节接下来将详细讲解这9个子模块的操作。

图 5-1　创业计划应用进入界面

2. 创业资金

创业资金的数量一般与创业者的个人财产状况紧密相关。创业者的个人财产状况表既体现了创业初期的财产收入，也体现了家庭生活之需。创业初期的财产收入扣除家庭之需的剩余是创业资金的重要来源。

创业计划书的第一步是罗列出从现在起到新企业能够支撑你的家庭生活这段时间里的收入和必要支出（如图 5-2）。

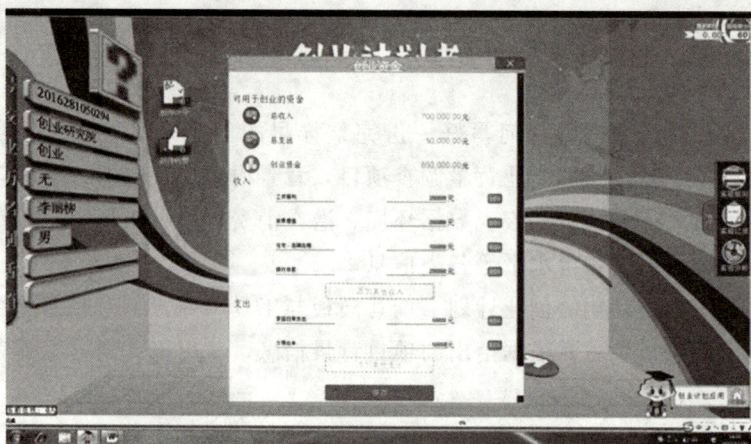

图 5-2　创业计划书——创业资金

3. 企业构思

企业构思是创业者前行的指明灯，一个好的企业构思能够引导创业者更高效地创立一个成功的企业。合理而又周密的构思可以避免日后的失望和损失。系统为创业者提供了详细的企业构思引导（如图 5-3）。

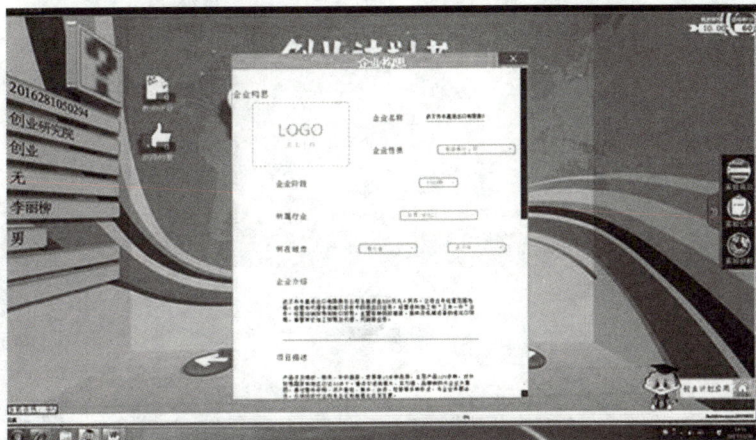

图 5-3　创业计划书——企业构思

4. 市场评估

市场评估对创业者的目标市场进行了详细分析，从竞争对手的优劣势、目标客户群体的特征一级本企业想要进军该市场的优劣势，为创业者了解该市场提供了更加全面的视角，加强了创业者对市场的熟悉程度，避免盲目进入市场（如图 5-4）。

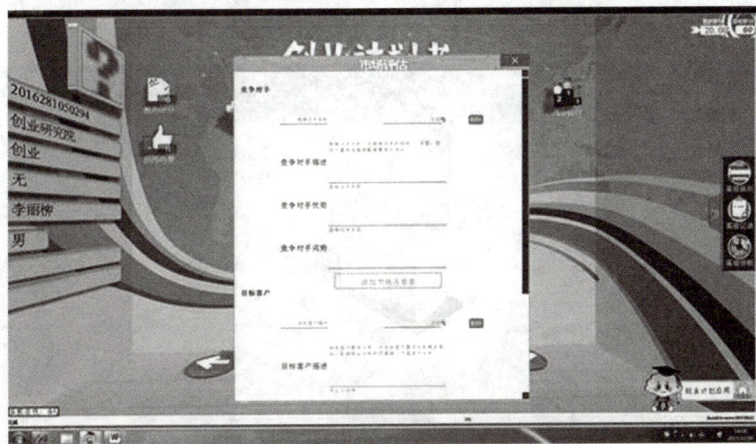

图 5-4　创业计划书——市场评估

5. 市场营销

经过缜密的市场评估后，创业者可以制定详细的市场营销计划，对自身的优劣势进行扬长避短。制定市场营销计划通常采用的是"4P"方法，从产品（Product）、价格（Price）、地点（Place）、促销（Promotion）四个方面构建市场营销的整个内容。下图 5-5 是创业计划书中涉及的市场营销计划部分写作指导。

图 5-5　创业计划书——市场营销

6. 人员结构

人员结构是企业正常运行的关键，新企业创立之初需要招聘各个岗位工作人员，创业者应该在创业计划书中详细地规划企业员工的职务、薪酬、需求数量等。在创业总动员的创业认知实践模块中，创业计划书的人员结构部分还包括了企业需要申请的营业执照、许可证和保险费等信息（如图 5-6）。

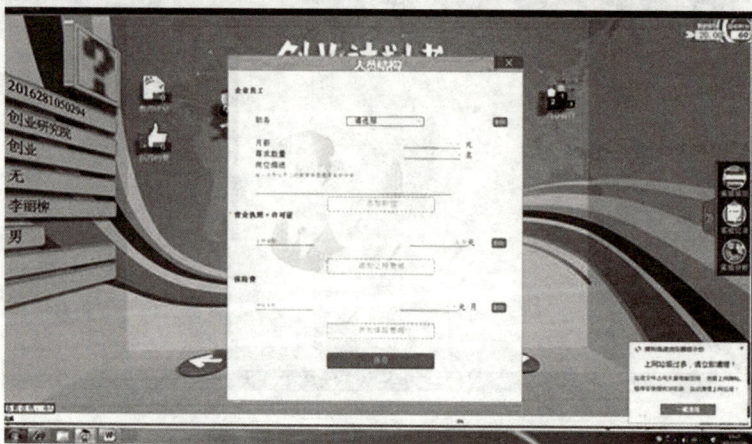

图 5-6　创业计划书——人员结构

7. 固定资产

企业的固定资产是初创企业投资的最重要一块，因为固定资产周转速度较慢，变现能力也就很慢，为了降低企业经营风险，谨慎控制专业化程度高的固定资产的规模。创业计划书中该模块涉及交通工具、办公家具和设备、折旧概要（如图 5-7）。

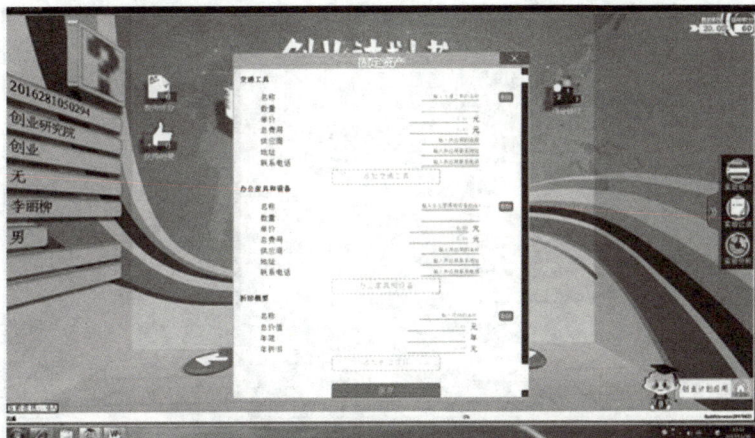

图 5-7　创业计划书——固定资产

8. 流动资金

　　流动资金充足才能保证企业正常日常运营。你需要流动资金支付以下开销：购买并储存原材料和成品、促销、工资、租金、保险等。流动资金不足，可能导致生产经营环节断裂；但是流动资金过多，则会造成较大的机会成本。在创业计划书中对流动资金的需求进行详细地估计有助于企业更好地控制流动资金的金额（如图 5-8）。

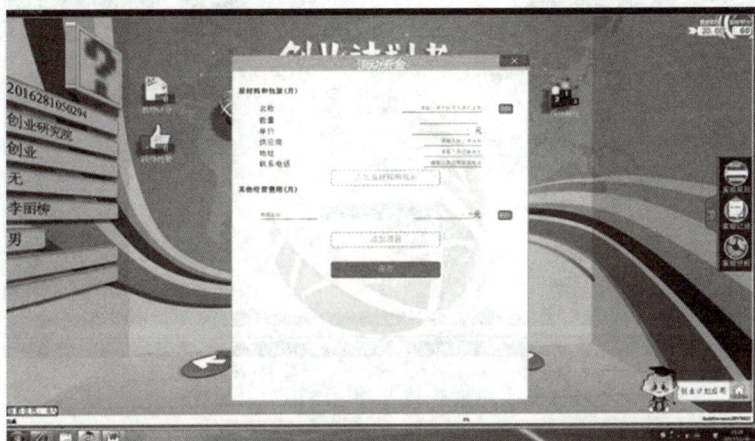

图 5-8　创业计划书——流动资金

9. 预测销售收入

　　只有事先预测产品收入，才能在经营初期制定对应的生产计划、物料需求计划、人员安排计划。预测销售收入的步骤是预测企业所有产品或服务在未来一年的价格趋势和需求量。用销售价格乘以月销售量来计算每项产品的月销售额（如图 5-9）。

图 5-9　创业计划书——预测销售收入

10. 销售和成本计划

为了达到企业的目标利润，除了预测销售收入外，还需要制定企业的销售和成本计划（如图 5-10）。

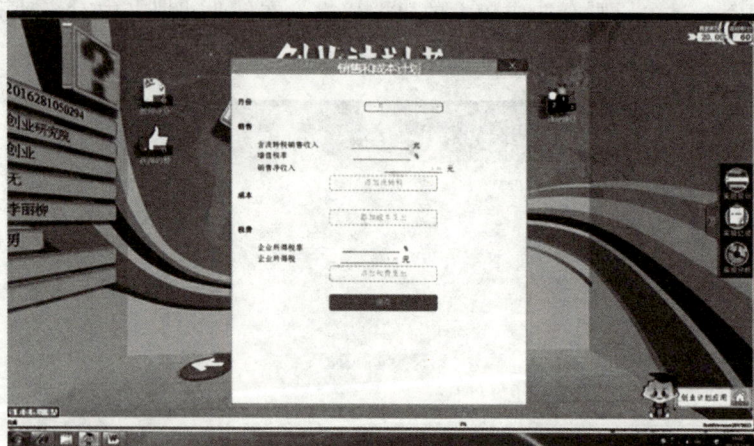

图 5-10　创业计划书——销售和成本计划

四、实训总结

该模块为参加实训的学生提供了创业计划书的撰写演练，使学生较为全面地了解完整的商业计划书的主要要素及内容，提升学生的商业项目分析判断能力。

第六章　创业基础经营管理

本章主要介绍"创业总动员"的初创企业管理模块。初创企业管理模块专题训练主要是针对于不同专业同学进行的创业入门训练。通过模拟企业简单的日常经营活动，使学生了解企业的实际运作流程，参与研发、采购、生产、销售、财务等各个环节，培养其企业经营管理的相关知识和技能。初创企业管理模块又可以细分为以下几个功能子模块：企业开办运用、财务基础模拟、营销基础模等。

第一节　企业开办应用

一、实训目标

(1)通过实训培养学生对开办企业主要事项及流程的感观认识。

(2)通过实训真实感受我国现行商业政策环境下的企业开办过程。

(3)通过实训提升学生准备实际开办企业所必须的各类材料资质的能力。

二、实训要求

(1)确保教师有一台可联网的计算机，并可正常登陆当前实训游戏，且能正常连接投影仪进行必要内容的展示(实验室集中式实训教学)。

(2)确保每位学生有一台可联网的计算机，并可正常登陆当前实训游戏。

(3)在每一个流程之后，下一个流程开始之前，学生在老师的指导下进行探讨，完成一些必要的知识储备。

三、实训内容

企业开办应用是已各种仿真窗口互动的形式模拟开办注册一个创业企业，内置的开办流程完全对接了国内目前最新的工商注册政策法规，体现了最新的简化了的行政审批流程及企业开办三证合一的新内容。

(一)实验介绍及规则讲解

在正式开始实验前，教师将会为所有学生介绍本实验的基本情况及实验规则。同时学生也可以通过系统中的引导查看实验的相关说明。本实验是模拟一家创业公司的注册流程，了解创业注册的相关知识点。在企业注册的各个流程中，熟悉相关材料的准备、各业务办理的相应地点、在各业务办理过程中需要填写的相关表格以及表格填写规范等，通过模拟实验让学生掌握设立开办企业所必须的各类资质材料的整理能力。

在本实验中学生将扮演一位创业者，注册成立一家名为创业市开拓科技有限公司的有限责任公司，公司地址位于创业市开拓路 188 号金茂大厦 A 座 18 楼 1801 室，该公司包括学生在内有 4 名自然人股东，其他三位为兰天、于浩、秦风，公司实际注册资金为伍佰万元，其中学生扮演的创业者出资贰佰万元，其他三人各出资壹佰万元，学生担任公司 CEO。

（二）实验准备

本实验是一个工商注册模拟实训应用，系统内置了一个标准的有限责任公司的成立开办流程，学生需要根据应用内置的背景资料，在课前完成教师下发的企业注册相关知识和流程的材料自学。

（三）启动应用

该应用可以通过教学引导的授课方式和学生引导的自学方式进行开启。教师端开启后的控制界面见图 6-1 所示，学生端开启后应用后初始化界面和主界面见图 6-2 和图 6-3 所示。

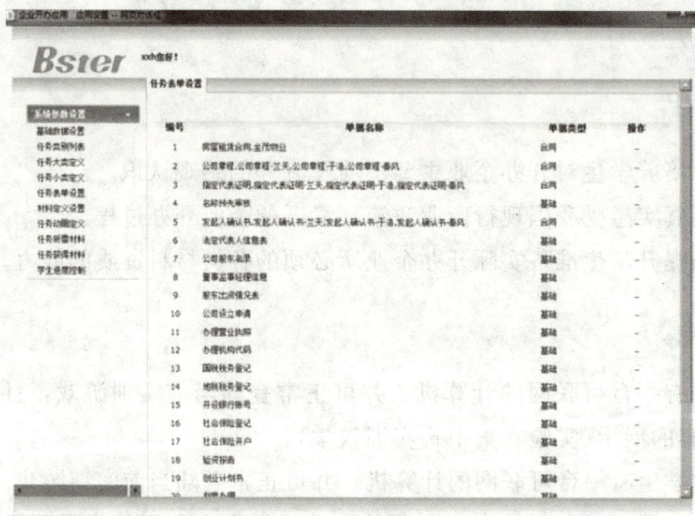

图 6-1　企业开办应用——教师控制界面

图 6-2　企业开办应用——学生端初始化界面

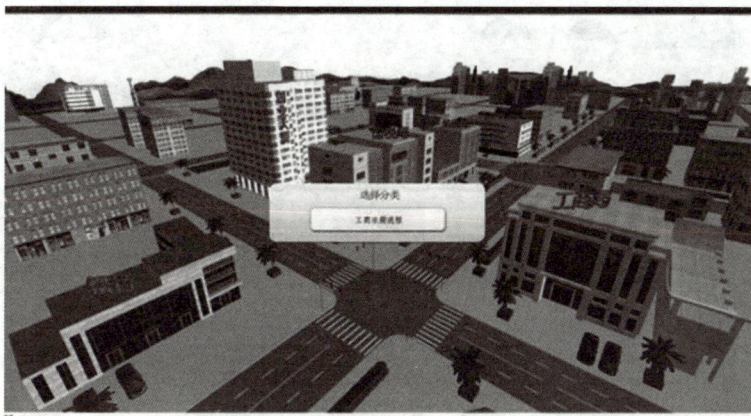

图 6-3 企业开办应用——学生端主界面

(四)开办流程

点击"工商注册流程"按钮，即进入具体开办流程界面，见图 6-4 所示。

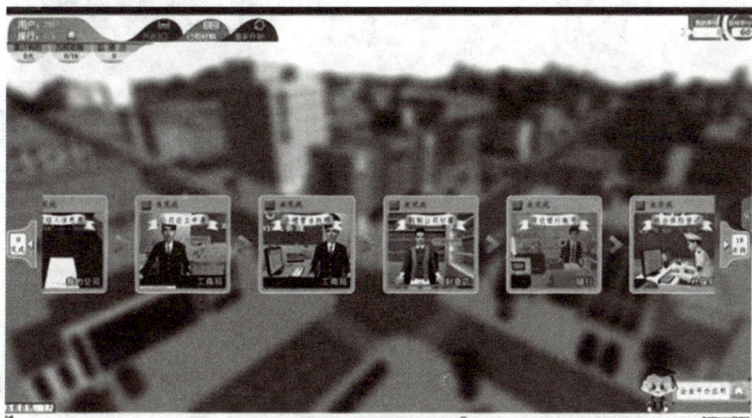

图 6-4 企业开办应用——开办流程界面

1. 租赁办公场地

点击创业大厦"租赁办公场地"图标即进入这一流程，可以插卡按相关房屋租赁合同，提交系统所需材料，单击"完成准备"按钮进入后续环节(见图 6-5)，然后在单击"确定"，去创业大厦物业公司办理相关租赁手续(见图 6-6)。

2. 撰写公司章程

点击我的公司"撰写公司章程"即进入这一流程进行本公司章程的撰写(见图 6-7)。公司章程是指公司依法指定的、规定公司名称、住所、经营范围、经营管理制度等重大事项的基本文件。，它也是关于公司组织和行为的基本规范，它不仅是公司的自治法规，而且也是国家管理公司的重要依据。学生在该流程中，需要召开公司的股东会议，并与股东讨论决定公司的章程，并以书面的形式确定下来。

图 6-5　企业开办应用——租赁办公场地

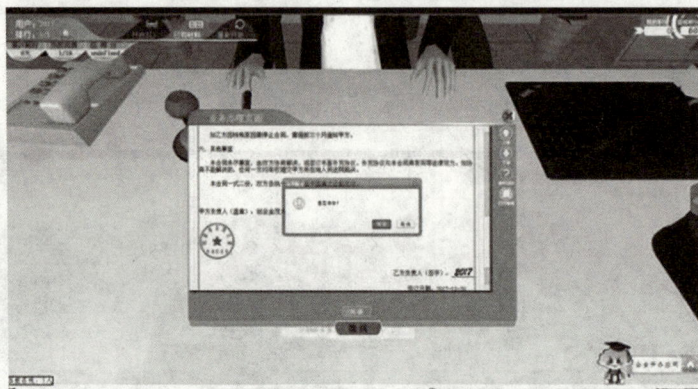

图 6-6　企业开办应用——签订租赁合同

业务办理页面右侧有四个按钮，分别是"上移"、"下移"、"表单说明"和"打开表单"。其中的"表单说明"是对此次需要填写内容的进一步说明，学生如果不清楚如何填写可以先查看这里以后再根据提示填写相应表单。

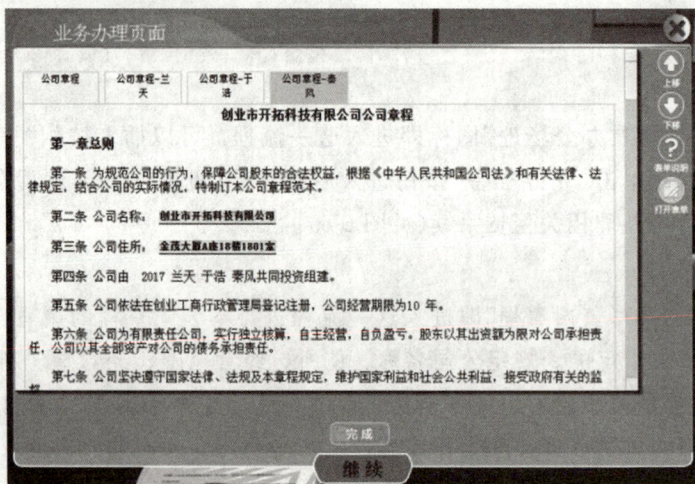

图 6-7　企业开办应用——撰写公司章程

3. 指定代表证明

注册公司后续的一系列业务需要一个指定代表去办理，公司股东需要指定一个代表进行业务办理。股东们在讨论选举一个代表之后，要签署一份共同委托代理人证明，同时需要附上身份证复印件。学生在系统中查看相关指定代表合同，填写相关内容，签订合同后，单击右边的"保存"按钮即可完成这一流程（见图6-8）。

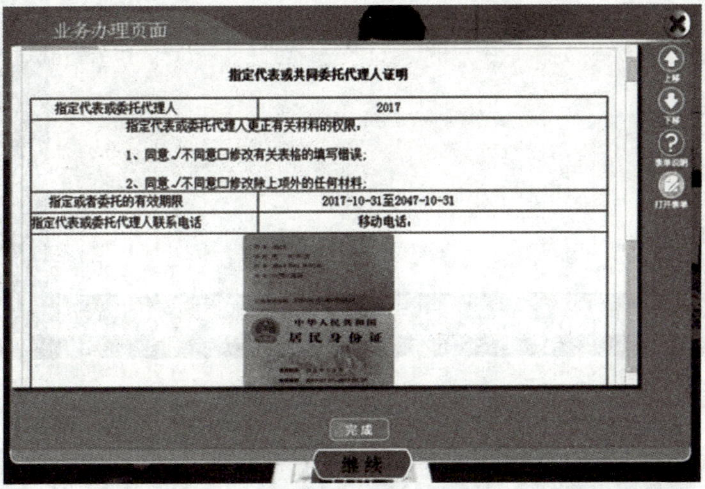

图6-8　企业开办应用——指定代表证明

4. 名称预先审核

公司名称预先审核所需的材料有身份证原件及复印件各一份、指定代表证明原件及复印件各一份。所需材料准备齐全后，可前往工商行政管理局进行业务办理。填写相关内容，提交申请，名称预先审核通过之后，领取名称预先审核通知单，并交纳相关费用，业务即办理成功，单击保存，即可完成本流程任务（见图6-9，图6-10，图6-11）。

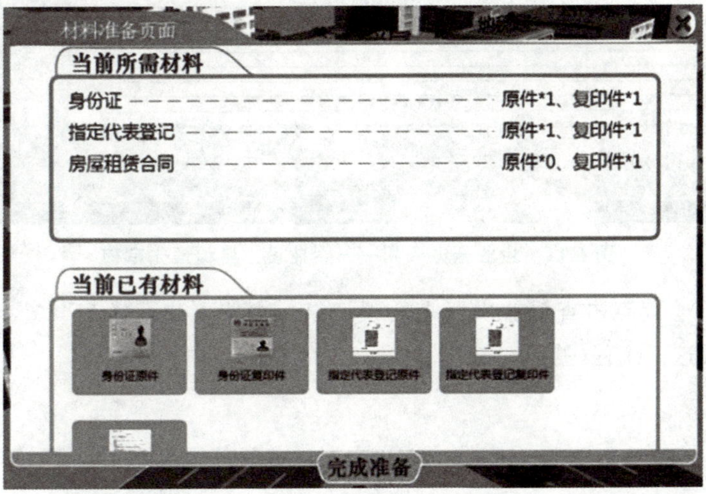

图6-9　企业开办应用——查看所需资料

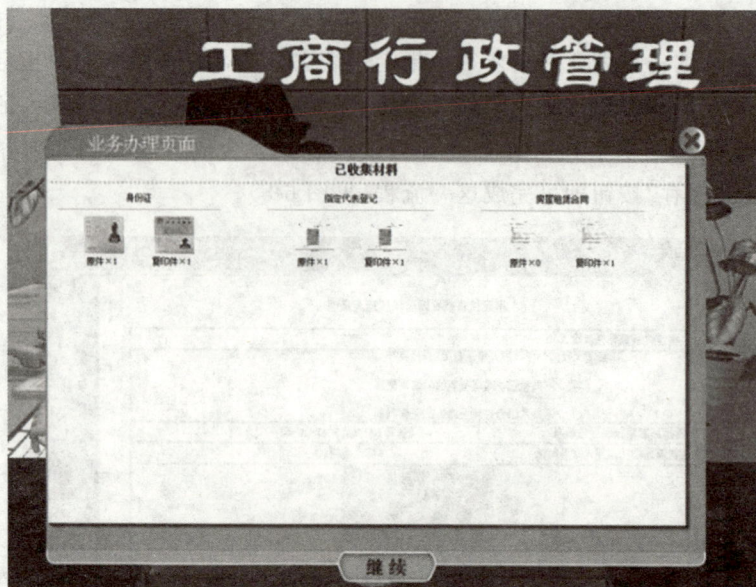

图 6-10　企业开办应用

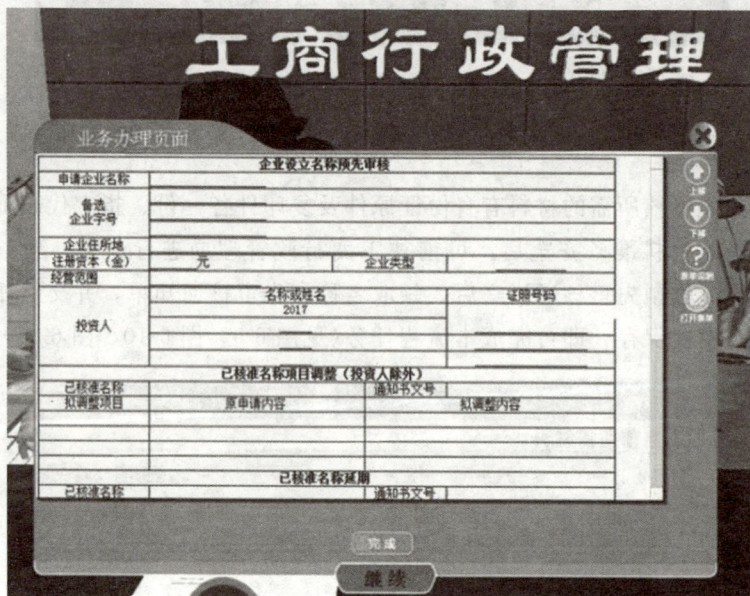

图 6-11　企业开办应用——企业设立名称预先审核

　　5. 首次股东会议点击查看首次股东会议记录，主持人和全体董事签字后，单击完成按钮，即可完成这一流程（见图 6-12）。

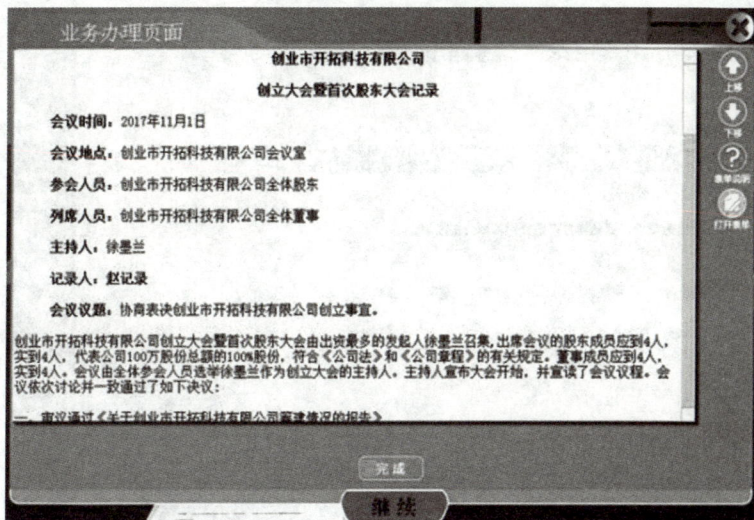

图 6-12 企业开办应用——首次股东会议

6. 首次董事会全体董事查看董事会记录。全体董事签字后，单击完成按钮，即可完成这一流程（见图 6-13）。

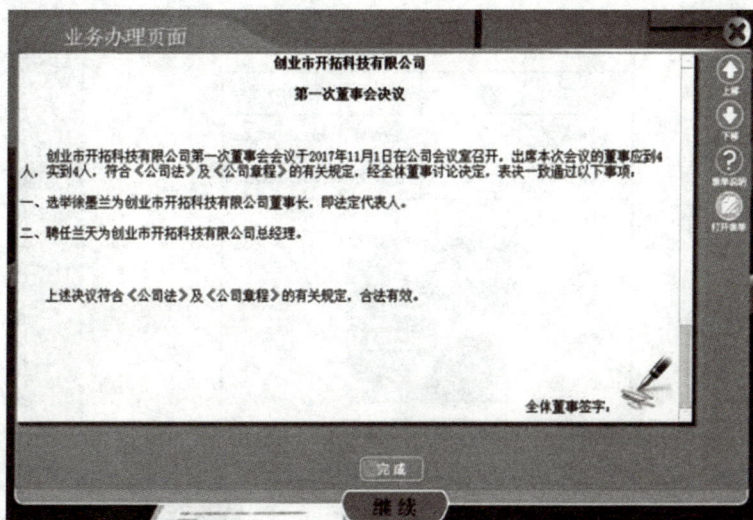

图 6-13 企业开办应用——首次董事会

7. 首次监事会

查看首次监事会会议记录，全体监事签字后，单击完成按钮，即可完成这一流程（见图 6-14）。

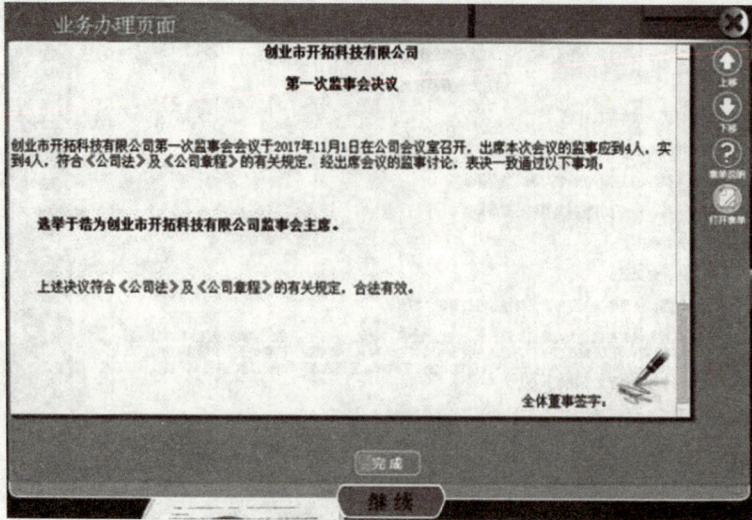

图 6-14　企业开办应用——首次监事会

8. 法定代表人信息表查看填写法定代表人信息表，法定代表人签字后，单击完成按钮，即可完成这一流程（见图 6-15）。

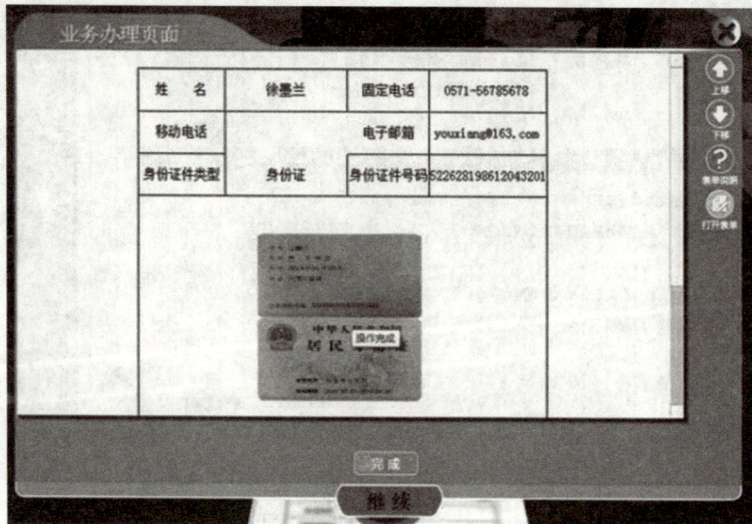

图 6-15　企业开办应用——法定代表人信息表

9. 董事监事经理信息

查看填写董事监事经理表，签字后，单击完成按钮，即可完成这一流程（见图 6-16）。

图 6-16 企业开办应用——董事监事经理信息

10. 股东出资情况表

查看所需准备材料，去银行办理相关注资手续，填写相关表格，单击完成按钮，即可完成这一流程（见图 6-17 和图 6-18）。

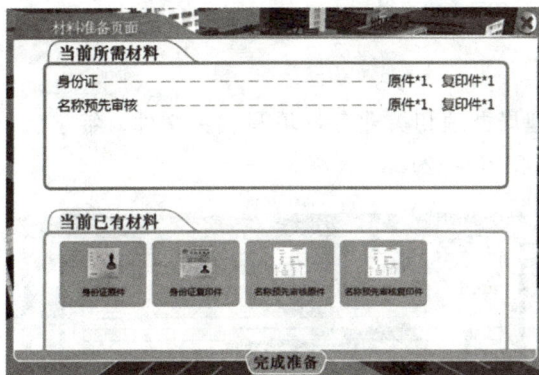

图 6-17 企业开办应用——股东出资环节所需准备材料

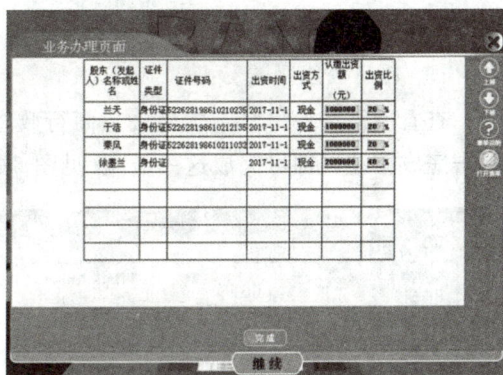

图 6-18 企业开办应用——股东出资情况

11. 财务负责人信息表

查看填写财务负责人信息表，财务负责人签字后，单击完成按钮，即可完成这一流程（见图 6-19）。

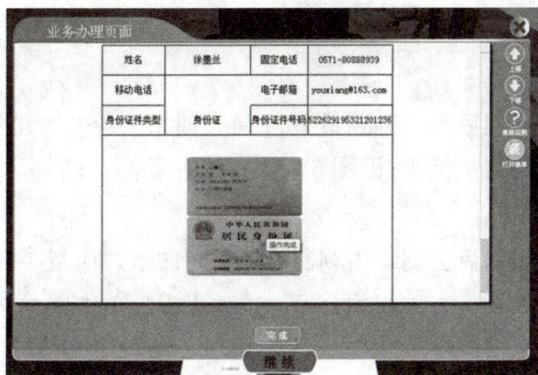

图 6-19 企业开办应用——财务负责人信息表

12. 联络人信息表

查看填写联络人信息表，联络人签字后，单击完成按钮，即可完成这一流程（见图 6-20）。

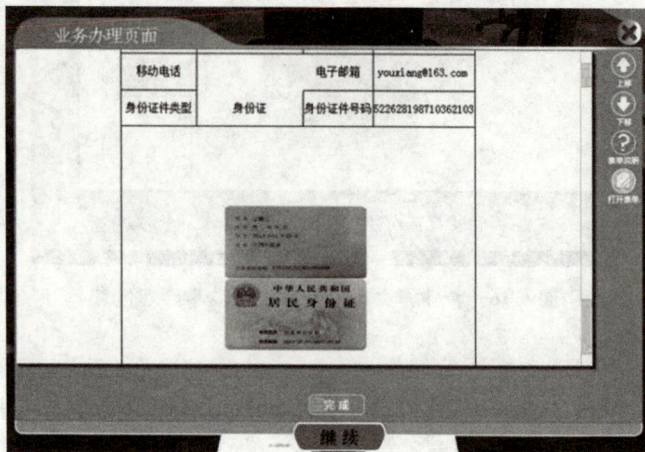

图 6-20 企业开办应用——联络人信息表

13. 公司设立申请

查看所需准备材料，然后去工商行政管理局办理相关业务，填写相关文件。签字后，单击完成按钮，即可完成这一流程（见图 6-21 和图 6-22）。

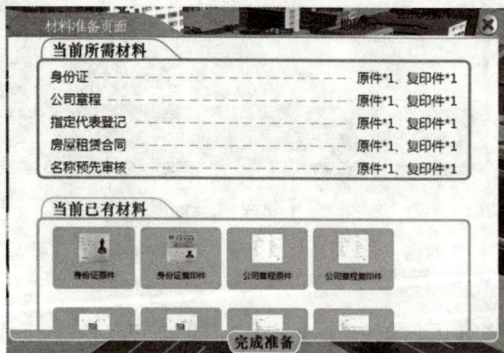

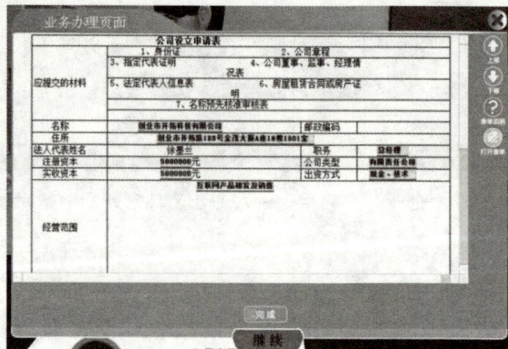

图6-21 企业开办应用——公司设立申请所需资料　　图 6-22 企业开办应用——公司设立申请表

14. 办理营业执照

查看所需准备材料，然后去工商行政管理局办理相关业务，填写相关文件。签字后，单击完成按钮，即可完成这一流程（见图 6-23）。

15. 刻制公司印章

查看所需准备材料，然后去刻章店刻制相关公司印章，印章一共需要刻制三枚，分别是公司章、财务章和法人章，查看相关公章，准确无误后单击完成按钮，即可完成这一流程（见图 6-24 和图 6-25）。

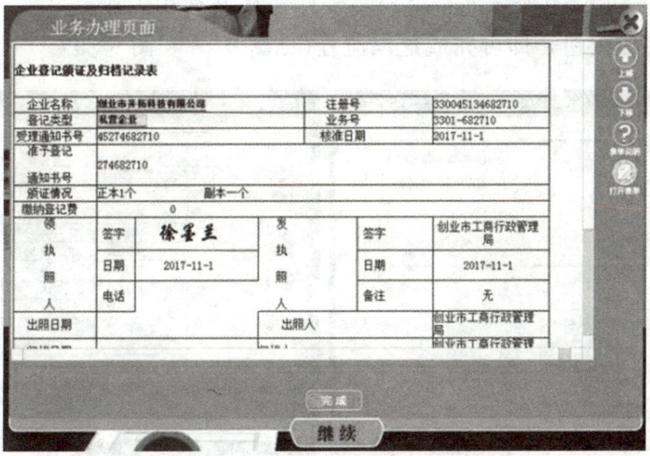

图 6-23

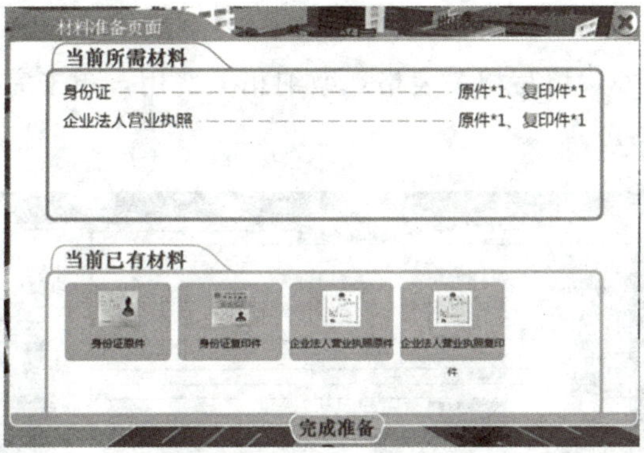

图 6-24 企业开办应用——刻制公司印章所需资料

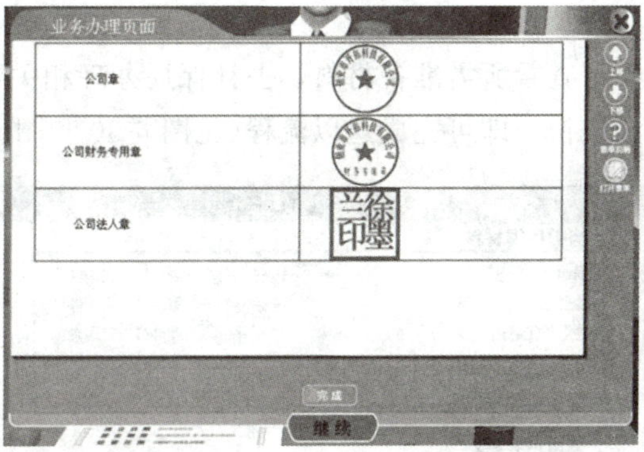

图 6-25 企业开办应用——刻制公司印章

16. 开设银行账号

查看所需准备材料，去银行办理相关业务，填写相关表格，单击完成按钮，即可完成这以流程（见图 6-26 和图 6-27）。

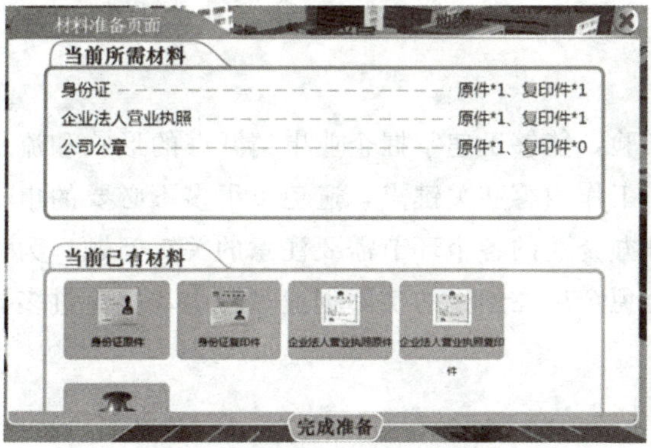

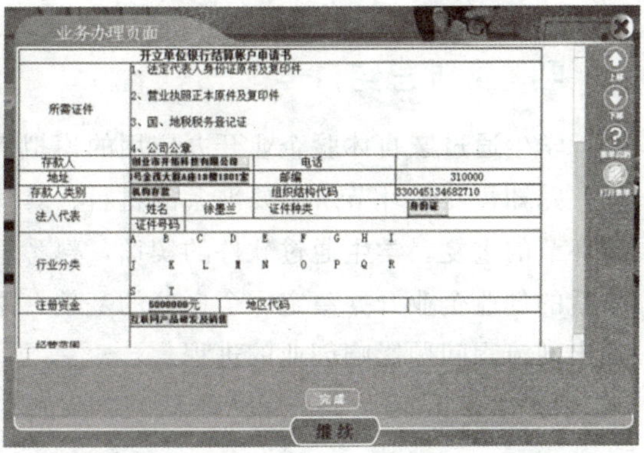

图 6-26 企业开办应用——开设银行账号所需资料

图 6-27 企业开办应用——开立单位银行结算账户申请书

17. 社会保险登记查看所需准备材料，去社保局办理相关业务，填写相关表格，缴纳相关费用，单击完成按钮，即可完成这以流程（见图6-28和图6-29）。

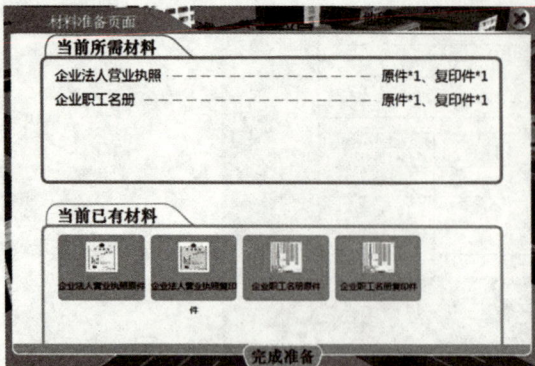

图 6-28　企业开办应用——社会保险登记所需资料　　　图 6-29　企业开办应用——社会保险登记

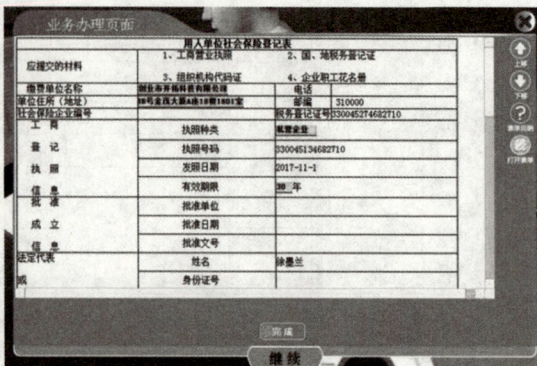

18. 社会保险开户

查看所需准备材料，去社保局办理相关业务，填写相关表格，缴纳相关费用，单击完成按钮，即可完成这以流程（见图6-30和图6-31）。

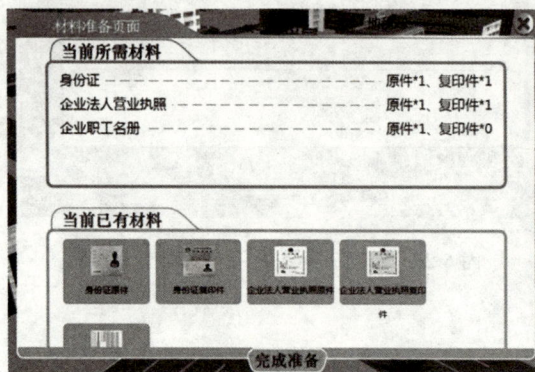

图 6-30　企业开办应用——社会保险开户所需资料　　　图 6-31　企业开办应用——社会保险开户

四、实训总结

学生通过亲自体验企业开办应用的模拟实验，能够迅速掌握企业申请开办的形式和流程，熟知每一道环节所需要准备的材料、具体工作内容和关键点，避免了很多不必要的申请环节的重复。学生通过软件的实训，熟悉开办企业的各个环节需要注意的关键问题，为今后的创业企业开办奠定一个良好的基础，避免今后在学生的实际创业过程中，避免过多的出现流程问题影响创业的进程。

第二节 财务基础模拟

一、实训目标

(1)通过实训学习，掌握基本的财务概念与知识。

(2)通过实训学习，掌握基本的财务预算的简单编制方法。

(3)通过实训学习，培养财务报表的阅读能力。

(4)通过实训学习，掌握成本与盈利的计算方法。

(5)通过实训学习，掌握财务指标的计算方法。

(6)通过实训补充更多企业经营管理过程中相关的其他各方面知识，拓宽创业知识面。

二、实训要求

(1)确保教师有一台可联网的计算机，并可正常登陆当前实训游戏，且能正常连接投影仪进行必要内容的展示(实验室集中式实训教学)。

(2)确保每位学生有一台可联网的计算机，并可正常登陆当前实训游戏。

三、实训内容

财务管理涵盖了企业生产经营的整个过程，从经营初期的场地租用、现金预算、设备购买、工人招聘、原料购买环节开始，贯穿经营中期的产品生产环节，到经营后期的产品定价、产品销售、应收应付管理全过程。在企业的整体战略目标下，有效的财务管理能够优化企业资产的购置、资本的融通、营运资金以及利润分配的管理，帮助企业实现资金使用效益最大化。

财务报表是财务管理的量化指标，也是财务管理分析的核心所在。财务报表全面系统地揭示企业一定时期的财务状况、经营果和现金流量，有利于经营管理人员者了解本单位各项任务指标的完成情况，评价管理人员的经营业绩，以便及时发现问题，调整经营方向，制定措施改善经营管理水平，提高经济效益，为经济预测和决策提供依据。

整个经营过程将包括以下环节(见图 6-32)

获取资金 ▶ 租用场所 ▶ 预算计划 ▶ 应收应付 ▶ 申请贷款 ▶ 购买设备 ▶ 招聘工人 ▶ 购买原料 ▶ 生产产品 ▶ 产品报价 ▶ 产品销售 ▶ 支付费用 ▶ 期末报表

图 6-32　财务基础模拟应用—关键任务与流程

学生通过模拟整个财务管理过程，了解各个经营板块对财务报表的影响，以及亲身体验到财务报表数据所反映的企业经营状况。整个财务基础模拟过程包括一个期初的资金、场地准备工作以及五年的财务管理工作。

四、数据规则与实训

（1）获取启动资金经营之初，系统会以现金方式给每个企业提供一笔固定的启动资金（见图 6-33）。这笔启动资金在财务报表中得到体现，增加了资产负债表的现金科目和实收资本（股本）科目余额，也增加了现金流量表中的筹资活动现金流入科目余额。

图 6-33　财务基础模拟应用—获取资金界面

（2）租用场地

经营之初，企业有唯一一次机会可以从多种厂房中选择自己经营使用厂房（见图 6-34）。不同类型的长发昂的设备容纳量也不同，同时租金也会有所不同（见表 6-1）。一般而言，厂房越大，租金越高，能够容纳的设备数越多。

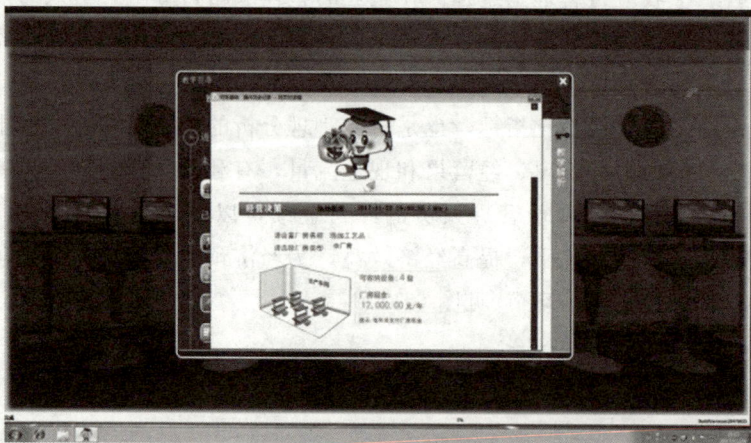

图 6-34　财务基础模拟应用—租用场地界面

租用的厂房不属于企业的固定资产，支付的租金会减少资产负债表的现金科目余额和未分配利润科目余额，同时支付的租金增加了现金流量表中的经营活动现金流出和利润表的管理费用支出。

表 6-1　租用场地对财务报表的影响

厂房类型	设备容纳量	租金	对资产负债表的影响	对现金流量表的影响	对利润表的影响
小厂房	2	6,000	现金科目：−6,000 未分配利润科目：−6,000	经营活动现金流出 科目：6,000	管理费用科目： 6,000
中厂房	4	12,000	现金科目：−12,000 未分配利润科目：−12,000	经营活动现金流出 科目：12,000	管理费用科目： 12,000
大厂房	6	18,000	现金科目：−18,000 未分配利润科目：−18,000	经营活动现金流出 科目：18,000	管理费用科目： 18,000

（3）应收应付

应收应付账款管理也是企业经营过程中的一项很重要的资金管理工作。企业在营运过程中，由于资金周转需要一定的期限，难免出现应收账款和应付账款。在模拟经营中，公司把生产出来的工艺品批发给经销商，其中有个经销商没有马上支付货款，需要拖欠一个年度才能支付。在会计处理上，这个经销商还没有支付货款前，该笔账款记录为应收账款。同理，公司向供应商进货时，其中一种原材料也不是马上支付货款，而是需要拖欠一个年度才能支付，会计上这笔货款记为应付账款。

每个年度初，模拟公司都有一次机会进行应收账款的收取和应付账款的支付工作（见图 6-35）。应收应付会影响企业的资产负债表和现金流量表（见表 6-2）。

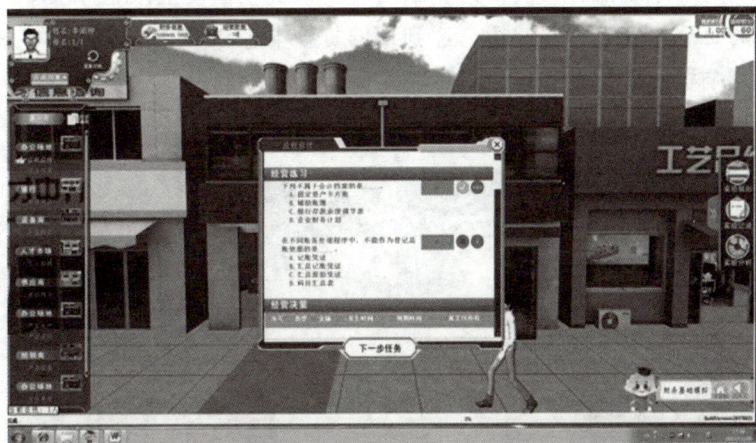

图 6-35　财务基础模拟应用——应收应付界面

表 6-2　应收应付账款对财务报表的影响

账款类型	金额	对资产负债表的影响	对现金流量表的影响	对利润表的影响
应收账款	6,000	现金科目：6,000 应收账款科目：−6,000	经营活动现金流入科目： 6,000	———
应付账款	6,000	现金科目：−6,000 应付账款科目：−6,000	经营活动现金流出科目： 6,000	———

（4）预算计划

财务预算是一系列专门反映企业未来一定预算期内预计财务状况和经营成果，以及现金收支等价值指标的各种预算的总称。编制预算计划要求你在经营之初就要了解企业往期的各项收入支出，同时判断当期的市场变化对企业运营的影响（见图 6-36）。

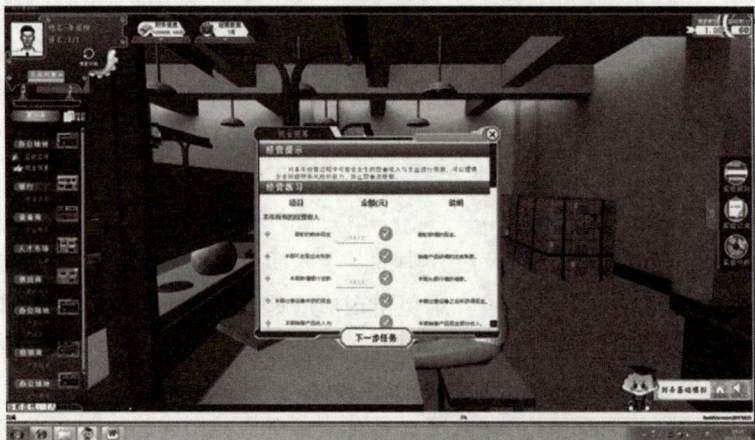

图 6-36　财务基础模拟应用——预算计划界面

（5）申请贷款

模拟公司在每个年度都有一次申请贷款的机会，贷款额度上限为 500,000 元，贷款期限为两年，同时每个年度末需要归还已经到期的贷款本息和（见图 6-37）。申请贷款和偿还贷款本金都会影响资产负债表和现金流量表，而偿还贷款利息不仅会影响以上两表，还会影响利润表（见表 6-3）。

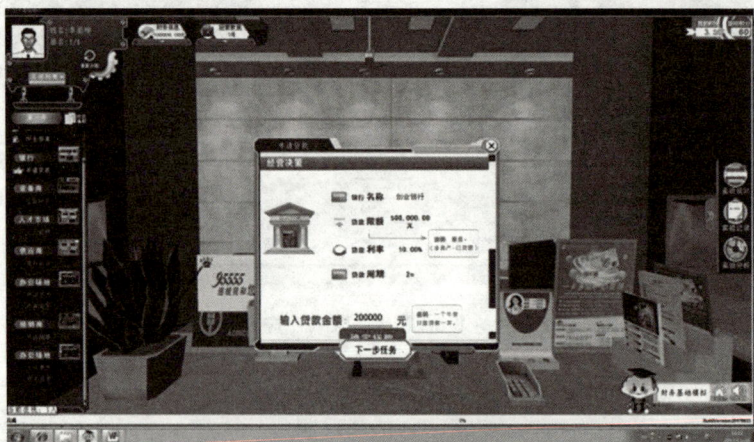

图 6-37　财务基础模拟应用——申请贷款界面

表 6-3 申请贷款对财务报表的影响

账款类型	金额	对资产负债表的影响	对现金流量表的影响	对利润表的影响
申请贷款	200,000	现金科目:200,000 长期借款科目:200,000	筹资活动现金流入科目: 200,000	——
偿付贷款本金	200,000	现金科目:-200,000 长期借款科目:-200,000	筹资活动现金流出科目: 200,000	
偿付贷款利息	20,000	现金科目:-20,000 应付利息科目:-20,000	筹资活动现金流出科目: 20,000	财务费用科目: 20,000

(6)设备购买

模拟公司在每个年度都有一次机会可以购买生产设备,同时也可以根据生产计划出售生产设备。每台设备的价格为 20,000 元,折旧率为 10%,同时每台设备最多可以容纳 2 个工人同时工作(见图 6-38)。购买设备和出售设备都会影响资产负债表和现金流量表(见表 6-4)。

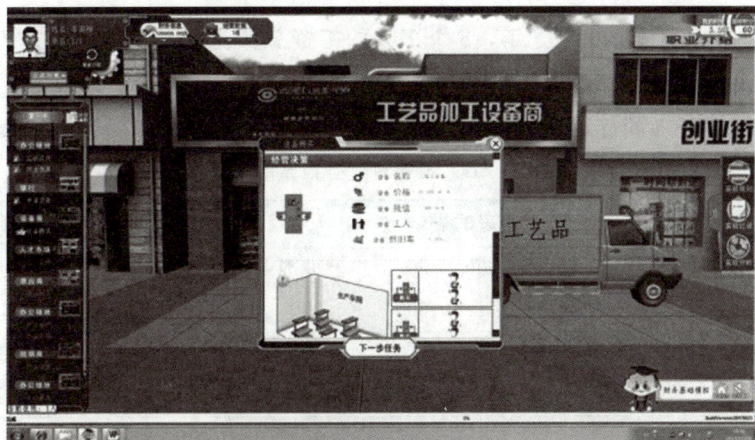

图 6-38 财务基础模拟应用——设备购买界面

表 6-4 设备购买对财务报表的影响

活动类型	金额	对资产负债表的影响	对现金流量表的影响	对利润表的影响
购买设备	80,000	现金科目:-80,000 固定资产科目:80,000	投资活动现金流出科目: 80,000	——
出售设备	18,000	现金科目:18,000 固定资产科目:-18,000	投资活动现金流入科目: 18,000	——

(7)工人招聘

模拟公司在每个年度都有一次招聘工人的机会,当然也可以辞退已有工人(见图 6-39)。因为每台设备可以容纳 2 个工人同时工作,如果购买 4 台设备进行生产,则可以招聘8名工人进行生产。每个工人的生产能力为5,000组/年，8个工人的生产能力为40,000组/年。

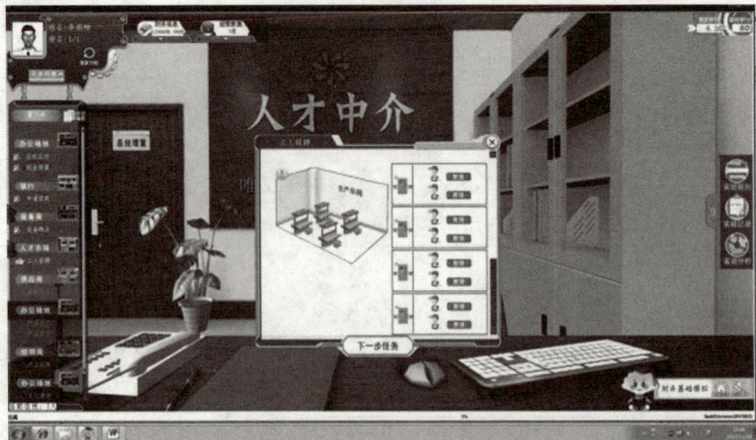

图 6-39　财务基础模拟应用——工人招聘界面

每个工人的工资为6,000元/年，8个工人的工资总额为48,000元/年。招聘工人，需要在期末支付工人工资，辞退工人则不仅需要支付当月公司还需要额外支付一个月的工资作为补偿金。招聘工人和辞退工人都会影响资产负债表、利润表和现金流量表（见表6-5）。

表 6-5　工人招聘对财务报表的影响

活动类型	金额	对资产负债表的影响	对现金流量表的影响	对利润表的影响
招聘工人	6,000	现金科目：−6,000 未分配利润科目：−6,000	经营活动现金流出科目：6,000	管理费用科目：6,000
辞退工人	6,500	现金科目：−6,500 未分配利润科目：−6,500	经营活动现金流出科目：6,500	管理费用科目：6,500

（8）原料购买

模拟公司在每个年度都有一次购买原材料的机会，如果以现金购买原材料，那么影响资产负债表和现金流量表，如果以赊购的方式购买原材料，则只影响资产负债表（见表6-6）。

表 6-6　原料购买对财务报表的影响

购买原材料方式	金额	对资产负债表的影响	对现金流量表的影响	对利润表的影响
现金	6,000	现金科目：−6,000 原材料科目：6,000	经营活动现金流出科目：6,000	——
赊购	6,000	应付账款科目：6,000 原材料科目：6,000	——	——

原材料由主料和辅料构成，一个主料的成本为 100 元，只要现金支付，不能赊购。一个辅料的成本为 90 元，可以赊购，支付周期为 1 年，形成应付账款(见图 6-40)。

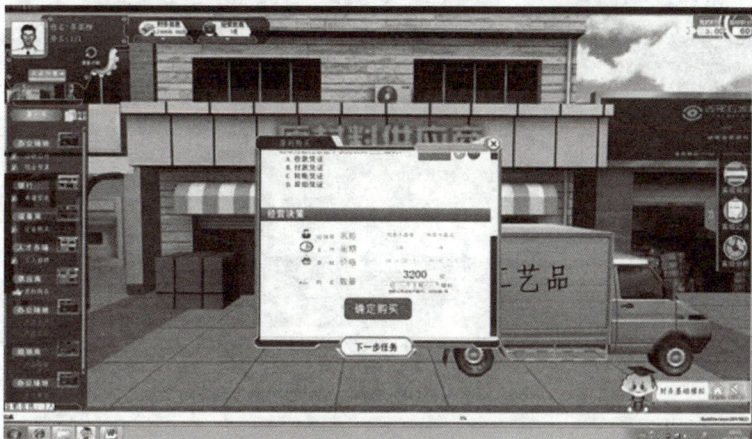

图 6-40 财务基础模拟应用——原料购买界面

(9)产品生产

模拟公司在每个年度都有一次生产产品的机会，导致库存商品一增一减，数值上无变化(见图 6-41)。

图 6-41 财务基础模拟应用——产品生产界面

(10)产品定价

产品定价一般来说是在企业生产成本基础上加上目标利润构成。在其他因素都一样的前提下，价格与需要量成负相关关系，价格越低，需要量也会越大，反之亦然。本系统设定顾客最高承受价格为 500 元/组，企业定价不能超过 500 元/组(见图 6-42)。

图 6-42　财务基础模拟应用——产品定价界面

(11)产品销售

模拟公司在每个年度都有一次销售产品的机会，如果以现金销售产品，那么影响资产负债表和现金流量表，如果以赊销的方式销售产品，则只影响资产负债表（见表 6-7）。

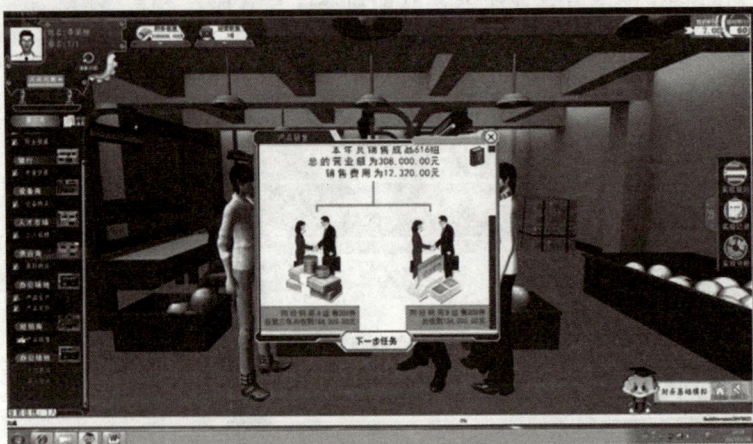

图 6-43　财务基础模拟应用——产品销售界面

表 6-7　产品销售对财务报表的影响

购买方式	金额	对资产负债表的影响	对现金流量表的影响	对利润表的影响
现金	6,000	现金科目：-6,000 库存商品科目：6,000	经营活动现金流入科目：6,000	——
赊销	6,000	应收账款科目：6,000 库存商品科目：6,000	——	——

（12）支付费用

模拟公司每个年度末都需要支付当期各项费用支出，包括：厂房租金、工人工资、银行利息、增值税、企业所得税、教育附加税、地方教育附加税、销售费用等，分别影响着资产负债表的现金、固定资产、应付账款、应付职工薪酬、应交税费等科目，也影响着现金流量表的经营活动现金流出科目和利润表的营业成本、管理费用、销售费用、财务费用科目（见图 6-44）。

图 6-44　财务基础模拟应用——支付费用界面

（13）期末报表

模拟公司每个年度末需要编制年度报表，根据以上 12 步的操作，可以逐步获得年度报表所需要的财务数据（见图 6-45）。通过动手编制财务报表，可以快速熟悉成本与盈利的计算方法。

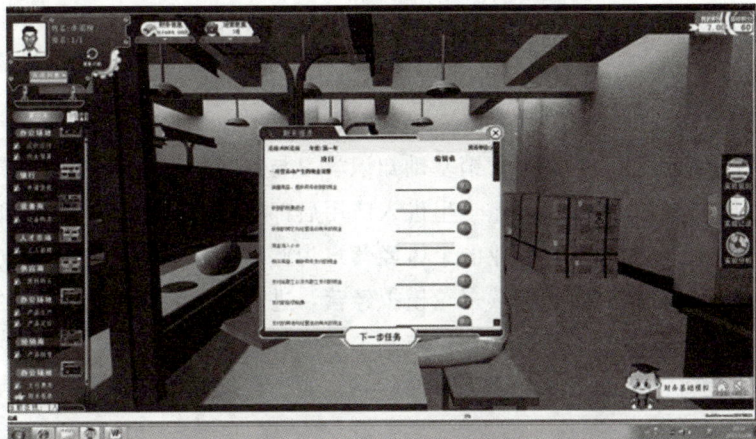

图 6-45　财务基础模拟应用——期末报表界面

五、实训总结

通过财务基础模拟，学生能够掌握基本的财务预算编制方法、编制及阅读财务报表的能力以及各项财务指标的计算与分析。

第三节　营销基础模拟

一、实训目标

(1)通过实训建立市场概念，了解消费者需求与供求关系。

(2)通过实训学习，掌握市场营销中目标消费群体定位分析的方法与技巧。

(3)通过实训学习，掌握市场营销中目标市场规模分析方法及技巧。

(4)通过实训学习市场营销中产品定位与选取。

(5)通过实训学习，掌握产品的基本定价方法与定价思路。

(6)通过实训学习，了解不同渠道销售的特点。

(7)通过实训学习常见的促销方法及其对产品销售的影响。

(8)通过实训运用简单地营销组合开展销售活动。

(9)通过实训补充更多企业经营管理过程中相关的其他各方面知识，拓宽创业知识面。

二、实训要求

(1)确保教师有一台可联网的计算机，并可正常登陆当前实训游戏，且能正常连接投影仪进行必要内容的展示(实验室集中式实训教学)。

(2)确保每位学生有一台可联网的计算机，并可正常登陆当前实训游戏。

三、实训内容

营销基础模拟应用是一个基于营销基础知识学习与认知的企业经营商业模拟游戏，应用以虚拟的"季度"为经营周期，每名学生进入应用后都将以现金的方式获取到一笔启动资金，系统设计了一个虚拟的零售行业的个体经营户为蓝本，该经营户是一个初创的小型服装店，每名学生通过对该店铺的持续多轮模拟经营，进行相关营销管理流程的操作，系统的学习创业过程中所需要的市场营销知识与基本技能。

整个经营过程将包括以下环节(见图6-46)：

市场调研分析 ▶ 租用店铺 ▶ 开设网点 ▶ 产品进货 ▶ 价格制定 ▶ 渠道宣传 ▶ 促销方案 ▶ 产品销售 ▶ 销售总结

图 6-46　营销基础模拟应用——关键任务与流程

经营过程中学生需进行目标消费群体分析、选择店铺类型、市场需求分析、进货品类分析、定价分析、渠道宣传分析等操作，了解消费者需求与供求关系，掌握市场营销中目标消费群体定位分析的方法与技巧、产品的基本定价方法与定价思路，学习常见的促销方法，能够简单地开展销售活动。

四、数据规则与实训

该模拟系统要求经营者连续 5 个季度模拟经营一家服装店。系统会自动分配给经营者一笔 50000 元的启动资金。目前市场上有 10 家左右的服装店正在运营。

(1)市场调研分析在经营之初，经营者需要了解目标消费群体的需求、可以进货的品种、可以使用的渠道推广方式和促销方式(见图 6-47)。

图 6-47　营销基础模拟应用——市场调研界面

(2)租用店铺

经营者可以选择租用不同地段的店铺开展经营，不同地段租金不同，人流量、穿衣风格、消费层次也不同，经营者可以根据自己对目标消费群体的分析选择一个地段进行经营。系统提供的商铺地段类型一个有 3 种：时尚购物圈、社区购物圈、大学城(见图 6-48)。

图 6-48　营销基础模拟应用——租用店铺界面

（3）开设网点

除了线下门店，经营者可以花费 1000 元开设互联网渠道销售服装，且每季度需要支付 500 元来维护网络渠道的正常运作（见图 6-49）。

图 6-49　营销基础模拟应用——开设网点界面

（4）产品进货

经营者每个季度初都有一次机会到批发市场进行当季热销商品的进货，对于上季度没有卖完的积压商品，本季度不能再进行销售，对于库存积压，系统将按 6.00% 的折扣率回收，且回收收入不计入销售收入（见图 6-50）。所有经营者要根据市场目标消费群体的需求量合理预计本期的销售量，控制库存量（见表 6-8）。

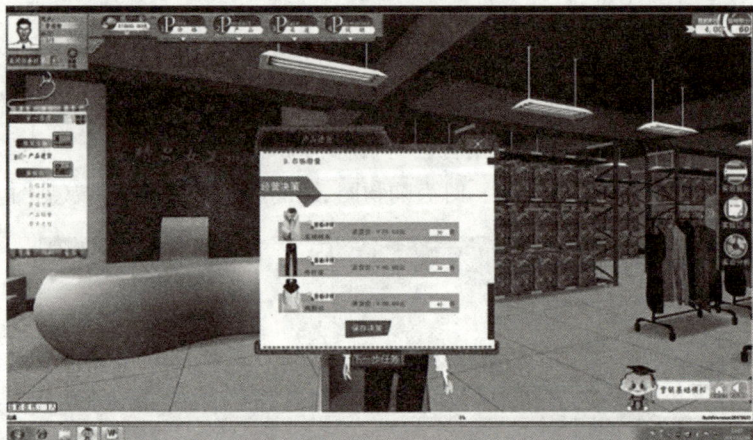

图 6-50　营销基础模拟应用——产品进货界面

表 6-8　不同产品的销售价格与市场需求

产品名称	进货价	目标群体	承受价格(元)	需求量(件)	承受价格(元)	需求量(件)
长袖衬衣	25	学生群体	90	80	81	150
		白领一族	112.5	70	103.5	150
		中年女性	135	70	126	140
牛仔裤	40	学生群体	80	100	72	178
		白领一族	100	80	92	160
		中年女性	120	70	112	140
两用衫	30	学生群体	60	118	54	166
		白领一族	75	100	69	150
		中年女性	90	80	84	160

（5）产品定价

产品需要经过严谨的市场推算后才能合理定价。定价太高，没有竞争优势，销售量不理想；定价太低，无法完全覆盖成本，不能保持盈利（见图 6-51）。

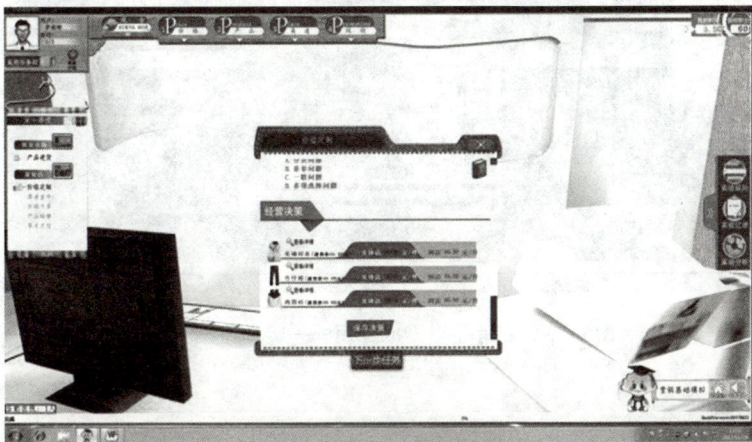

图 6-51　营销基础模拟应用——产品定价界面

（6）渠道推广

在系统中每个季度可以对服装店的销售渠道进行宣传，宣传渠道分为实体店渠道和网点渠道（见图 6-52）。

（7）促销方案

服装店可以选择促销方案提高销售量。不同的促销方式费用不同，对消费者的吸引力度也有所不同（见图 6-53）。经营者可以根据在实体店和网店消费的客户群体的差异选择效果较为明显的促销方案。

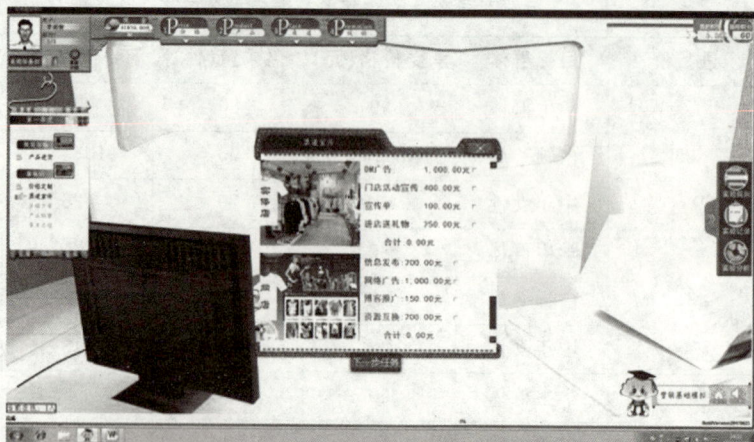

图 6-52　营销基础模拟应用——渠道推广界面

图 6-53　营销基础模拟应用——促销方案界面

(8)产品销售

消费者购买产品会经过以下筛选(见图 6-54)：

● 渠道推广　没有渠道推广则不会引起消费者群体的关注。

● 满意度　如果产品的满意度没有达到消费者的要求，消费者也并不会购买此类产品。

● 产品促销　出售的产品是否有促销活动，会影响前来购买产品的消费群体数量。

● 产品价格　如果产品价格超过的消费者的最高承受价，则会失去该部分客户。

(9)经营总结

每季度末支付店铺租金及 500 元的网络维护费用，缴纳 200 元的定额税。本系统模拟经营一家服装店，各项收入成本核算是简化的，从以上八种经营活动，可以得到简化版的利润表(见表 6-9)

图 6-54　营销基础模拟应用——产品销售界面

表 6-9　服装店简化版的经营成果

收入：	
减：租金	每季度支付店铺租金
减：网络开设	支付网站建设费用（只在第一季度发生）
减：网络维护	每季度支付网络维护费用
减：成本	本季度销售量对应的进货成本
减：推广费用	客户在不同渠道推广产生的进货成本
减：促销成本	产品促销产生的费用
减：定额税	每季度缴纳的定额税费
营业利润：	

上表量化概括了本季度服装店的经营成果，经营者可以从上表中观察总结销售经验，为下一季度的经营计划提供鉴定。

五、经营总结

通过营销基础模拟，学生能够掌握市场目标消费群体的特征的分析方法、判断市场规模的分析技巧、产品定价方法，了解渠道销售的热点以及常见的促销方法对产品销售的影响。

第七章　创业综合经营管理

企业的生存发展如同一个生命的有机体一样，也会经历初创、成长、发展、成熟、衰退等阶段。《创业之星》在创业管理模板环节让学生实战中模拟企业的运营管理，围绕创业企业发展的生命周期，制定各项决策，并最终推动企业成长壮大（见图7-1）。本章主要介绍企业工商注册流程、企业战略管理、产品研发管理、企业财务管理、企业生产管理、企业营销管理。

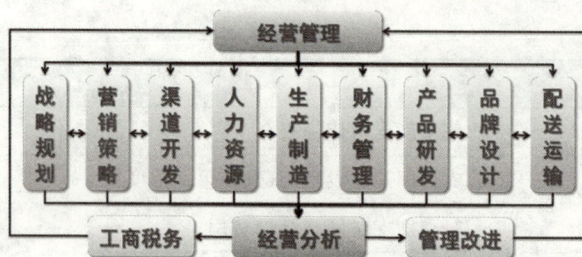

图 7-1　企业经营管理流程

第一节　企业工商注册

企业工商注册是企业运营第一步。本章将介绍创建新企业的基本步骤，结合《创业之星》软件仿真企业全面的创业登记注册基本步骤，让读者创业前掌握工商注册的基本步骤和途径，节省盲目带来的机会成本。

一、企业名称的设计

企业名称的设计主要遵循的法律法规有以下几部：《企业名称登记管理规定》、《中华人民共和国企业法人登记管理条例》以及《企业名称登记管理实施办法》。

上面的规定和条例对于企业名称的要求已经作了详细地规定，对于名称的规范性这里就不再过多阐述。

根据《企业名称登记管理实施办法》第九条，企业名称应当由行政区划、字号、行业、组织形式依次组成。如北京奇虎科技有限公司中，"北京"代表名称中的行政区划，"奇虎"代表名称中的字号，"科技"代表名称中的行业以及"有限公司"代表名称中的组织形式。企业名称中最具有辨识度和代表性的核心部分是字号，本节主要介绍企业在在确定名称中的字号时应注意的要点，组织形式将在下一节进行详细介绍。

1. 字号由 2 个以上符合国家规范的汉字组成，且不得含有汉语拼音、阿拉伯数字等。企业的字号是企业的标志，是企业的第一广告。一个个性鲜明且富有涵义的字号是企业品牌的先锋，是企业最好的推销员，能够给人留下深刻的印象。企业的字号如果能够让消费者朗朗上口，这让消费者在消费时能够第一时间想到企业的产品或服务。为了使企业字号便于消费者记忆和传播，应该符合以下"六好"准则：好听、好看、好读、好写、好记、好传。

2. 由于对于企业名称登记和企业名称专用权，目前还没有全国统一的管理体系，各级工商行政管理部门对企业名称实施分级登记管理，已经登记的企业只在登记主管机关辖区内享有企业名称专用权。因此，相同的字号在不同的地方（通常以市为单位）可以不同的人申请注册公司。字号不等同于注册商标，因此如果以字号为品牌的公司，为了保护自己的商标不被窃取盗用，一定要记得公司成立后要申请注册商标。

3. 如果你的企业是产品型的，企业的字号和产品名称不一定要保持一致。一般，企业在初创期会主打一款市场认可度较高的产品，产品的知名度会高于企业的知名度。如果企业的主导产品名称满足以下两个条件，可以选择主导产品名称与企业名称一致。一是主导产品名称不反映产品的具体特性和品质，名称与产品的关系不够紧密，如小米公司以"小米"冠名该公司生产的所有产品。不论这些产品是多么得不同，都可起用一个名字，一个与公司名称一致的名字。二是主导产品的名称应该具有较强的包容性、抽象性和概括性。公司名称一般不涉及具体事宜，因为公司名称必须从宏观上把握传播的可行性和可信性。

但是企业在开拓市场时往往会推出多款产品，即使只做一款，也应该考虑公司未来转型做其他产品的问题。企业名称和产品名称一致可能会影响公司经营范围的扩大。如果企业的主导产品名称无法满足以上两个条件，或者企业的业务繁杂、跨行业经营，就应该重新选择企业的名称。比如 360 的公司名是北京奇虎科技有限公司，微信的公司名是深圳市腾讯计算机系统有限公司。

4. 创业者在登记企业名称之前，最好准备几个公司名称，以备在第一个名称为占用时能够快速提供第二个备选名称，缩短注册登记时间。或者在去工商局登记前登陆当地工商网站查询企业名称是否被注册过。

5. "互联网＋"时代的到来，让众多企业越来越注重打造线上业务，实现线上线下业务融合。"OTO"模式让企业的产品销售不再受地域的限制，增加了企业的知名度。创业者在确定企业名称时，也要关注企业名称对应的域名（包括 .com、.com. cn. net、.cn）是否被占用。如果已经被占用，要考虑从其他使用者手中转移过来的费用是否能够承担得起。

6. 虽然《企业名称登记管理实施办法》中允许企业变更其字号，但企业变更其名称需要付出的成本很高。如果你变更了公司名称，会涉及到注册商标、域名、著作权等各类事项的变更，消耗公司的内部资源。而且，变更字号意味着原来已经建立起来的品牌效应将会消失或者削减，需要企业花费众多成本重新树立。

二、企业的法律组织形式类型

我国关于企业法律组织形式的法律法规有《个人独资企业法》、《合伙企业法》和《公司法》等。

（一）个人独资企业本书对个人独资企业的定义遵从《个人独资企业法》第二条，个人独资企业，是指在中国境内设立，由一个自然人投资，财产为投资人个人所有，投资人以其个人财产对企业债务承担无限责任的经营实体。由其定义可以看出个人独资企业的特征有以下三点：

（1）投资主体特征。个人独资企业的投资主体只有一个自然人，这是其与合伙制企业最大的区别。

（2）企业财产所有权特征。因为个人独资企业的资金全部来源于一个自然人，因此，其经营过程中全部资产（既包括原投入资金，也包括经营收益）都归属于这个自然人所有。

（3）责任承担特征。个人独资企业的财产与投资者个人财产不可分，个人独资企业的投资者以其个人财产对企业债务承担无限责任。在企业破产或者解散时，如果企业资产不足以抵偿全部债务，则需要投资者以其所有的其他财产进行清偿。但是应该注意区分投资者是以个人财产出资，还是以家庭共有财产出资。如果投资者在申请企业设立登记时明确以其家庭共有财产出资的，以其家庭共有财产对企业债务承担无限责任。

（4）民事主体资格特征。个人独资企业是非法人企业，无独立承担民事责任的能力，但却是独立的民事主体，可以以自己的名义从事民事主体活动。分支机构的民事责任由设立该分支机构的个人独资企业承担。

（二）合伙企业本书对合伙企业的定义遵从《合伙企业法》第二条：合伙企业，是指自然人、法人和其他组织依照本法在中国境内设立的普通合伙企业和有限合伙企业。普通合伙企业由普通合伙人组成，合伙人对合伙企业债务承担无限连带责任。有限合伙企业由普通合伙人和有限合伙人组成，普通合伙人对合伙企业债务承担无限连带责任，有限合伙人以其认缴的出资额为限对合伙企业债务承担责任。

1. 普通合伙企业

设立普通合伙企业，应当具备下列条件：

（1）有二个以上合伙人。合伙人为自然人的，应当具有完全民事行为能力；

（2）有书面合伙协议；

（3）有合伙人认缴或者实际缴付的出资；

（4）有合伙企业的名称和生产经营场所；

（5）法律、行政法规规定的其他条件。合伙企业名称中应当标明"普通合伙"字样。合伙人在合伙企业清算前，不得请求分割

合伙企业的财产。虽然合伙人经营期间不能请求分割企业财产，但是可以通过转让给第三方退出投资。在合伙人向合伙人以外的人转让其在合伙企业中的全部或者部分财产份

额时，须经其他合伙人一致同意，同时在同等条件下，其他合伙人有优先购买权。

有限合伙企业有限合伙企业由二个以上五十个以下合伙人设立，至少应当有一个普通合伙人，合伙事务由普通合伙人执行，有限合伙人不参与合伙企业的经营管理。有限合伙企业名称中应当标明"有限合伙"字样。有限合伙企业仅剩有限合伙人的，应当解散有限合伙企业仅剩普通合伙人的，转为普通合伙企业。有限合伙人可以用货币、实物、知识产权、土地使用权或者其他财产权利作价出资，但不得以劳务出资。有限合伙人退伙后，对基于其退伙前的原因发生的有限合伙企业债务，以其退伙时从有限合伙企业中取回的财产承担有限责任。

2. 合伙企业的主要特征：

（1）周期有限。合伙企业一般由多个合伙人一起出资成立，比较容易设立和解散。合伙人签订合伙协议，就宣告合伙企业的设立。新合伙人的加入，就合伙人的退伙、死亡、自愿清算、破产清算等均可造成原合伙企业的解散以及新合伙企业的成立。

（2）责任无限和责任有限。合伙企业与独资企业一样属于自然人企业，属于非法人组织，不具有法人资格，无独立承担民事责任的能力。因此，普通合伙人对企业债务承担无限连带责任。例如普通合伙人甲、乙两人签订合伙协议，共同出资成立普通合伙企业 A。两人约定合伙企业 A 的利润分配、亏损分担的比例按出资比例确定。当合伙企业破产清算时，合伙人甲、乙按出资比例承担无限连带责任。如果合伙人甲已经没有个人财产可以清偿债务，即使合伙人乙已经按照出资比例清偿自身承担的部分，但是仍有义务以自身财产清偿甲无法清偿的债务。当然，在替合伙人甲清偿债务时，合伙人乙对甲具有财产追索权。有限责任合伙企业的合伙人中普通合伙人对企业的经营活动承担无限连带责任，而有限合伙人以其可从有限责任合伙企业中取回的财产承担责任。

（3）财产共有，利益共享。合伙人出资的财产，由合伙企业统一管理和使用。任何合伙人不得未经全部合伙人同意而擅自将合伙财产挪为他用。合伙企业名义取得的收益和依法取得的其他财产，均为合伙企业的财产。合伙企业的利润分配、亏损分担，按照合伙协议的约定办理；合伙协议未约定或者约定不明确的，由合伙人协商决定；协商不成的，由合伙人按照实缴出资比例分配、分担；无法确定出资比例的，由合伙人平均分配、分担。

3. 四类企业适合合伙人制

合伙人制可以发挥人力资本的最大价值，但也并非所有企业都适合合伙人制，建议以下四种类型的企业可以考虑建立合伙人制度：

第一，知识型企业。这类企业需要不断创新，员工的责任心、投入度、创造性、协作性、学习力等要素是企业成败的重要因素。合伙人制度是协调资本与知识的关系的一种有效手段，合伙制企业或核心员工通过有限合伙企业对企业间接持股，使资本持有者和知识持有者之间突破了传统雇用和被雇用的关系，资本和知识共同参与企业剩余价值分割，从而产生合力效应，促进企业稳健发展。

第二，处于初创期或战略转型期的企业。初创期或战略转型期的企业，需要面对授权、风险、"背靠背"、自主创新、主动协同的管理问题，企业需要建立相适宜的激励体系，以匹配企业发展或转型时组织需要的管理行为的变化。合伙人制度的运用，能获得员工的坚定承诺、获得股东的强力支持，从而获得市场的信心与关注。

第三，控制权稳定的企业。合伙人制度的有效性，来源于原有股东与合伙人的利益一致。如果原有股权结构过于分散，难以达成一致行动，造成企业行动力和执行力的缺陷，即便引入新的合伙人，也不能解决问题，甚至可能引起更多纷争。上文提及的万科，虽股权结构高度分散，但经营层实际控制了万科。但曾经的"君万"之争，亦提醒经营层选择合伙人制来加强公司经营层控制力，确保万科经营层保持对万科发展的实际控制。

第四，轻资产型企业。轻资产企业是一种以价值为驱动的资本战略，通过建立良好的管理系统平台，集中于设计开发和市场推广，促进企业的生存和发展。最典型的轻资产型企业就是互联网企业，如阿里巴巴、小米等，其特点是自然资源、厂房和机器设备或者其他有形资产较少。这样的企业推行合伙人制度更易成功。究其原因，最关键是体现在合伙人的入股价格和股份收益上。较之重资产企业，轻资产企业的入股价格较低，而同样的新增利润，轻资产企业的每股收益会更高，所以，轻资产企业更易获得合伙人的认可与加入。来源于：你的企业适合采用合伙人制吗？作者对其进行适当的删减。

（三）公司制企业公司是企业法人，有独立的法人财产，享有法人财产权。公司独立经营、自负盈亏，以其全部财产对公司的债务承担责任。它是一种实行了经营权与所有权相分离，有利于企业强化其经营管理能力的一种组织形式。

1. 公司制企业的分类公司的类型分为有限责任公司和股份有限公司。

（1）有限责任公司由五十个以下股东出资设立，股东以其认缴的出资额为限对公司承担责任。有限责任公司股东人数较少，股东之间信任度较高，属于"人资两合公司"，即公司的运作不仅仅是股东间资本的结合，也是基于股东间的信任关系之上的结合。有限责任公司不能公开募集资金，不能发行股份，只能由发起人向少数投资者集资。由于资金的封闭性，公司不需要公开其生产、经营、财务状况，只需在特定期限向其股东公开，供其查阅。

（2）股份有限公司的股东以其认购的股份为限对公司承担责任。股份有限公司必须有2—200个发起人，股东人数没有上限。股份有限公司完全是资合公司，是股东的资本结合，不基于股东间的信任关系。一般股份有限公司规模庞大，通过向社会公开募集资金并上市融资，为了保护广大投资者的权益，股份有限公司需要向公众公开其生产、经营、财务状况，信息披露要求严格。

2. 有限责任公司和股份有限公司的区别

（1）公司的设立条件不同

有限责任公司由50人以下股东共同出资设立，股东人数有最高的限制；而股份有限公司必须有2—200个发起人，全部资本分为数额较小、每股金额相等的股份，股东的表决权按认缴的出资额计算，每股有一票表决权。而有限责任公司的资本不按等额划分，股东所占股权比例是通过其认缴的出资额比例来表示。股东的表决权、利润分配、亏损分担的比例按出资比例确定。

（2）募集资金方式不同有限责任公司不能公开募集资金，不能发行股份，只能由发起人向少数投资者集资。设立流程为：订立公司章程——股东缴付出资——验资机构验资——设立登记；股份有限公司除了可以使用有限责任公司的设立方式外，还可以向社会公开筹集资金并上市融资，但设立流程比较复杂：订立公司章程——发起人认购股份和向社会公开募集股份——验资——召开创立大会——设立登记。

（3）组织机构设置规范化程度不同有限公司组织机构设置比较简单、灵活，可以通过章程约定组织机构，可以只设董事、监事各一名，不设监事会、董事会，由于股东人数较少，股东大会容易召开，董事或董事会的权限受限。股份有限公司的要求高，必须设立董事会、监事会，定期召开股东大会，而上市公司在股份公司的基础上，还要聘用外部独立董事。但股份有限公司股东人数一般较多且分散，召开股东会的成本高，议事程序也比较复杂，因此董事会的权限会更大。

（4）股权的流动性不同有限责任公司，股东之间可以相互转让出资额。向股东以外的人转让出资时，必须经股东会过半数股东同意，因而股权的流动性差，变现能力弱；而股份有限公司的股票公开发行，转让不受限制，上市公司股票则流动性更高，融资能力更强。

（5）社会公开程度不同有限责任公司的生产、经营、财务状况，只需按公司章程规定的期限向股东公开，供其查阅，无须对外公布，财务状况相对保密，公司的财务会计报表可以不经过注册会计师审计；股份有限公司要定期公布财务状况，且财务会计报表必须经过注册会计师审计并出具报告，上市公司要通过公共媒体向公众公布财务状况，相比较更难操作，公司财务状况也难于保密，更容易涉及信息披露、内幕交易等问题。

（四）企业法律组织形式的选择企业组织形式是企业的法定存在形式，组织形式的多样性给予不同投资者以最契合自身实际情况的选择。不同组织形式都有其优缺点，没有优劣之分。温文治、贺晨辉（2006）研究发现不同的组织形式对企业责、权、利的安排不同，并直接影响企业筹资渠道、产权制度、治理结构、责任形式和税收负担等重大问题。选择适当的组织形式，有助于企业配置和利用好本企业资源，实现企业最佳的经济目标。

各种企业法律组织形式的优劣比较如下表 7-1 所示：

表 7-1　各种企业法律组织形式的优势与劣势

企业法律组织形式	优点	缺点
个人独资企业	√ 所有权与经营权统一，避免代理成本 √ 组织结构灵活，对市场变化能够快速反应 √ 只需交个人所得税，避免双重课税 √ 封闭性高，技术保密性好	√ 投资者承担的是无限责任 √ 存续期有限，随着创业者退出而消亡 √ 筹资规模小，依赖于创业者的能力和社会资本 √ 产权流动性低，转让困难
合伙企业	√ 组织结构灵活，对市场变化能够快速反应 √ 企业的筹资能力有所提高，合伙人共同偿还债务，降低风险 √ 只需交个人所得税，避免双重课税	√ 有限合伙人是有限责任 √ 存续期有限，随着合伙人退出而解散 √ 企业的经营成果依赖合伙人的能力 √ 产权流动性低，转让困难
有限责任公司	√ 公司制企业是法人实体，公司的财产与股东的财产分离，股东承担有限责任 √ 所有权和经营权分离，提高企业经营管理能力 √ 保密性高 √ 筹集资金的来源更广，规模更大	√ 双重征税，税收负担大 √ 设立程序较为复杂 √ 股份转让流动性低，转让困难，需要一半以上的股东同意
股份有限公司	√ 公司制企业是法人实体，公司的财产与股东的财产分离，股东承担有限责任 √ 所有权和经营权分离，提高企业经营管理能力 √ 存续期较长，不因投资者的推出而解散 √ 可以公开发行股份募集资金，筹集资金的来源更广，规模更大 √ 股份转让流动性大，创业者容易退出，资产容易运作	√ 双重征税，税收负担大 √ 设立程序较为复杂、费用较高 √ 信息披露要求高，要定期公开经过注册会计师审计的财务报告 √ 法规要求严格

三、企业选址的影响因素

（一）区位因素

（1）自然优势

自然条件要满足生产技术要求，有利于员工的身体健康。目前，大多数创业企业的选址都集中在城市中，自然因素的影响权重很小。

（2）技术知识

Feldman 等（2005）指出靠近知识溢出主体的选址策略不仅有利于提升企业的竞争优

势，还能够降低企业 R&D 成本，激发创新产出。例如，Audretsch 等（2005）通过研究发现高新企业选址倾向于临近高等院校和科研机构，以期通过合作研发和人力资本流动等溢出机制获得新的知识和新的技术。Tallman 等（2004）也认为，企业更愿意把生产地点建立在容易获得知识溢出的地点，如临近生产互补产品的厂商，临近专业化基础设施的地区和临近政府机构所在地、科研机构、高等院校等能提供专业化培训、研发和技术支持的地区。这就容易形成产业集群效应。创业企业如果是高新技术企业，可以考虑将将企业安置在临近高等院校和科研机构的高新技术产业区中，通过技术知识的外溢，使自己走在技术的前沿。

（3）要素禀赋

指一国拥有各种生产要素，包括劳动力、资本、土地、技术、管理等的丰歉。20 世纪 90 年代中国逐步实施财政分权改革后，地方政府的财政独立和地区间 GDP 竞争的展开，极大激励了地方政府通过对资本、劳动、土地等要素市场的干预和控制人为扭曲生产要素价格并进而实现招商引资的动机。创业企业应该关注不同地方的要素禀赋价格扭曲程度和未来发展状况，选择对自身经营影响最大的要素价格扭曲最大的区位空间。

（4）地方政府的政策支持

要考虑地方政府对产业发展的法律法规和政策规划，是否适合企业的长期发展。其次，关注政府对初创企业在金融、税收方面的政策支持，这对初创企业的资金融通和税收成本具有重要影响。目前，大多数城市为了支持初创企业的发展，设立了创业孵化器，这些孵化器往往能够拿到政府补贴，地理位置和提供的配套服务一般都不错，创业企业初期入驻成本较低。

（二）社区因素

（1）交通因素　一个交通便利的办公地点，既方便了员工的通勤，也缩短了客户到访企业的时间。虽然偏远的位置，租金成本较低，但团队成员往往需要搬离原来的住所，适应新的环境，同时也为企业的招聘带来很大的麻烦。

（2）成本因素　创业避不开资金问题，成本昂贵的资金应该花在刀刃上。初创企业的办公室面积可以小一些，将租金节约出来的钱花在办公室内部的环境改善上，为员工提供一个更加人性化、更加舒适化的办公环境，同时也能提高客户对企业的良好印象。

（3）空间因素　虽然前期租借的办公室面积可以比较小，但是创业者应该充分考虑办公室空间的延展性，未来一两年，随着企业规模的扩大，招聘的人员数量增加，是否会有足够的空间向外扩展。

（4）氛围因素　办公室附近的工作、休闲环境决定了员工休息时所能得到的福利。如果周围有孵化器、咖啡厅、投资机构、高校，既营造了舒服的工作环境圈，也为员工成长和休闲提供了好去处。

（5）物业因素　在置地建房或租用店铺前，创业者应首先了解地段或房屋的规划的用途与自己的经营项目是否相符；该物业是否有合法权证；还应考虑该物业的历史、空置待租的原因、坐落地段的声誉与形象等，是不是环境污染区，有没有治安问题等都是创业者选择时需要考虑关注的。

创业者选址的时候切勿要按照以上五点因素去考虑，选择一个好的创业选址，你的创业之路就很顺畅很多。

四、企业注册资本

2014 年新《公司法》颁布，实行注册资本认缴登记制，取消了公司制企业的最低注册资本要求，不再限制公司设立时全体股东（发起人）的首次出资比例，不再限制公司全体股东（发起人）的货币出资金额占注册资本的比例，不再规定公司股东（发起人）缴足出资的期限。

注册资本制度经历了三个标志性阶段：第一阶段，法定注册资本资金制（又称实缴资本制），是指公司在设立时，必须在章程中对公司的注册资金总额作出明确的规定，并须由发起人全部缴足，否则，公司不能成立。足额实缴制的优点是保证公司资本真实、可靠，防止公司设立中的欺诈和投机行为，以及有效地保障债权和交易安全。但是，由于很多公司在设立之初，资金成本高、来源少，增加了公司设立的难度与成本。而且很多公司在设立初期不需要运用大部分注册资本金，容易导致公司资金积压，降低资本金使用效率。

第二阶段，部分法定注册资金制（又称部分实缴资本制），是指公司设立时，注册资金数额虽已记载于章程，但发起人不必在公司成立时认足和缴足，但发起人必须认定并缴付注册资金总额中的一部分，公司即可成立，未认定部分，授权董事会在公司成立后，根据业务需要分次发行，在授权资本的数额之内发行新股，不必由股东大会批准。它具有便于公司迅速成立、降低公司设立成本的优点，特别是在公司增资时，可随时发行新股募集，无需变更章程，也不必履行增资审批程序，符合现代市场经济对经济活动迅速、高效的要求。但是，授权注册资金也有其内在缺陷，它容易导致公司资信不足，也易于损害债权人的利益，且使股东在公司设立过程中有进行欺诈活动的可乘之机，甚至因而损害到公司其他投资者的利益。

第三阶段，完全授权注册资本金制（又称认缴资本制），是指公司设立时，注册资金数额虽已记载于章程，但发起人可以在公司成立时完全不缴纳，公司即可成立。认缴资本制放大了部分实缴资本制的优缺点，既便于公司的快速成立、降低设立成本外，也容易导致公司的资信不足，使股东在设立中又进行欺诈活动的可乘之机，损害其他投资者的利益。

公司设立初期不用实际缴存注册资本金，投资者可以根据自己对企业未来发展规模的估计而选择高低。企业注册资本的大小，代表的是企业股东承诺将会向企业注入的资本金，是股东愿意承担的责任的上限，代表着一个企业的实力和抵抗风险的能力。注册资本高，意味着企业的偿债能力高，市场信誉高。虽然企业设立时不用缴存注册资本金，且注册资本认缴期限由股东自己约定，法律不做限制，但是登记在册的注册资本金是对企业未来的偿债能力的担保。即使企业没有实际缴存资本金，但当企业发生法人债务，超出了企业现有偿还能力时，股东需要追缴足额资本金进行偿债。

综上所述，创业者在创建企业时应该根据自身对企业未来发展规模的预判选择合适的注册资本金。

五、企业工商注册的基本步骤和注意要点

企业工商注册登记工作涉及的部门众多，流程繁琐，提交的申请材料众多。为了使读者能够更加直观的了解企业工商注册的流程，下文将结合《创业之星》软件进行模拟实训。

在《创业之星》软件的模拟实训中，公司登记注册的基本流程是：租赁办公场所、公司名称预先核准登记、撰写公司章程、公司注册资金存入银行、领取验资报告、公司设立登记、刻制公司印章、办理组织机构代码、办理税务登记、开设公司银行账户、办理社会保险。

在《创业之星》的菜单"公司注册进度"中可以随时查看公司注册进度，目前已经完成了哪些登记注册环节。同时，创业者可以根据图7-2，将创业所需的材料与出具的部门相互对照起来，方便流程办理中能够快速理清思路。

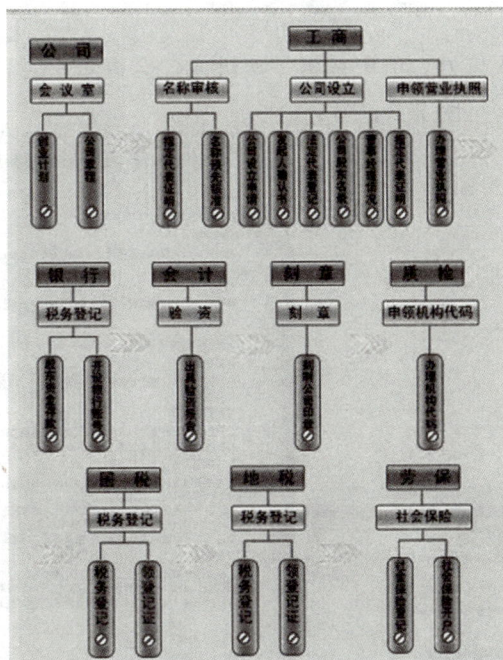

图 7-2　公司注册进度

下面将结合《创业之星》界面详细介绍企业工商注册登记的全流程。

1. 租赁办公场所登录《创业之星》系统之后，点击下图红框中人物图标，在弹出的对话框中修改自己的角色身份为总经理CEO（见图7-3）。只有CEO有基本操作权限，为后面进行工商注册登记做准备。

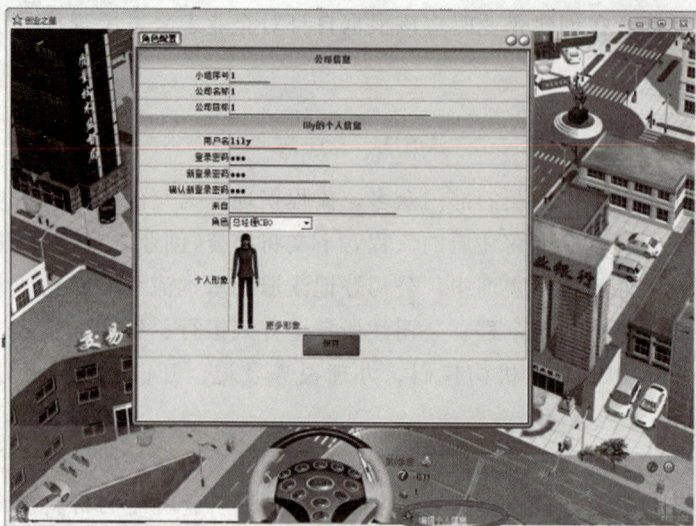

图 7-3　创业之星——修改角色身份

　　点击"创业大厦"的入口处，由于是第一次进入，会提示是否租赁办公场所，点击"确定"，办理房屋租赁合同（见图 7-4 和图 7-5）。

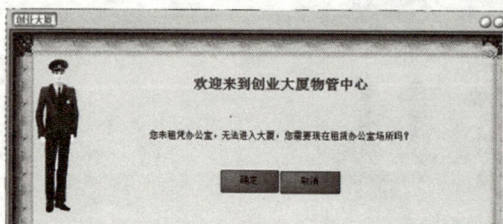

图 7-4　创业之星——租赁办公场所

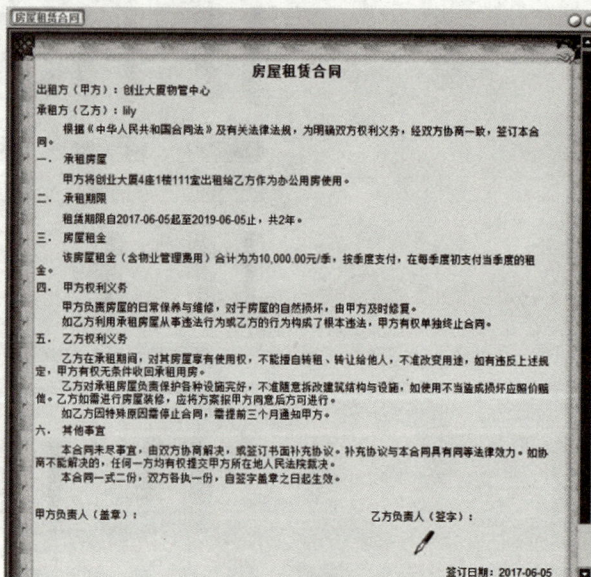

图 7-5　创业之星——签订房屋租赁合同

　　2. 公司名称预先核准登记根据《中华人民共和国登记管理条例》，设立公司应当申请名称预先核准，而且必须在设立公司报送审批之前办理公司名称预先核准。企业名称经预先核准程序在设立登记前确定下来，可以使企业避免在筹组过程中因名称的不确定性而带来的登记申请文件、材料使用名称杂乱，并减少因此引起的重复劳动、重复报批现象，对统一登记申请材料中使用的企业名称、规范登记文件材料，均有重要的作用。

申请企业名称预先核准登记，应当由全体投资人指定的代表或委托的代理人，向企业名称的登记主管机关提交下列文件、证件：

(1)企业名称预先核准申请书；

(2)指定代表或委托代理机构及受托代理人的身份证明和企业法人资格证明及受托资格证明；

(3)代表或受托代理机构及受托代理人的身份证明和企业法人资格证明及受托资格证明；

(4)全体投资人的法人资格证明或身份证明。在导航仪表盘上点击工商按钮，进入工商行政管理进行公司名称预先核准登记。点击办公桌上蓝色的"名称审核"的牌子，在跳出的窗口中，先点击"指定代表证明"，按要求填写相关信息，并在下拉窗口中点击签字确认（见图 7-6）。这是确认办理人为全体投资人指定的代表或委托的代理人，履行法律程序。

指定代表证明再选择第一个菜单"名称预先核准"，完成公司名称预先审核申请书的信息填写（见图 7-7）；

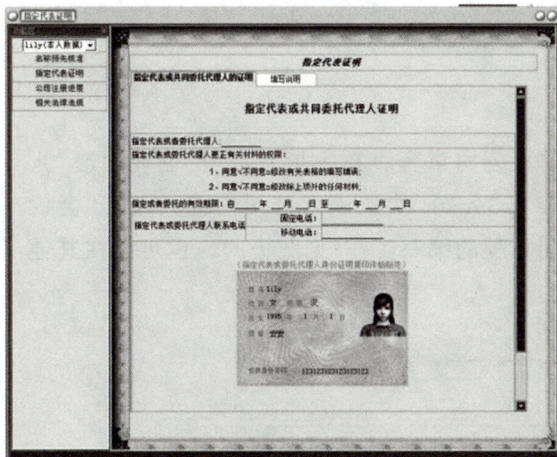

图 7-6　创业之星

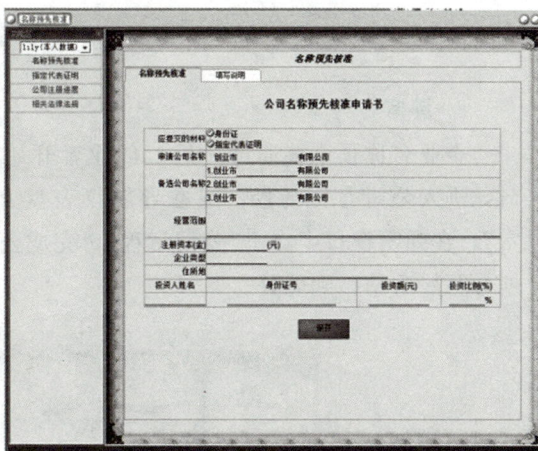

图 7-7　创业之星——公司名称预先核准

全部填写完整后提交，企业名称登记主管机关应当自受理企业提交的全部企业名称预先核准申请材料之日起 10 日内，对申请核准的企业名称作出核准或驳回的决定。核准的，发给《企业名称预先核准通知书》；驳回的，发给《企业名称驳回通知书》。在《创业之星》中，为了缩短登记时间，如填写内容符合要求且公司名称没有和其他小组冲突，会马上提示申请成功，可以保留申请的名称作为公司名称。对于各个项目的填写注意事项，在"填写说明"页面中有简要说明，不清楚时可以去查看相关帮助信息。

菜单"相关法律法规"，提供了与工商登记注册有关的国家法律法规，一方面可以帮助学生在学习中了解相关的知识，另一方面可以更好的理解注册中的一些规定与要求（见图 7-8）。

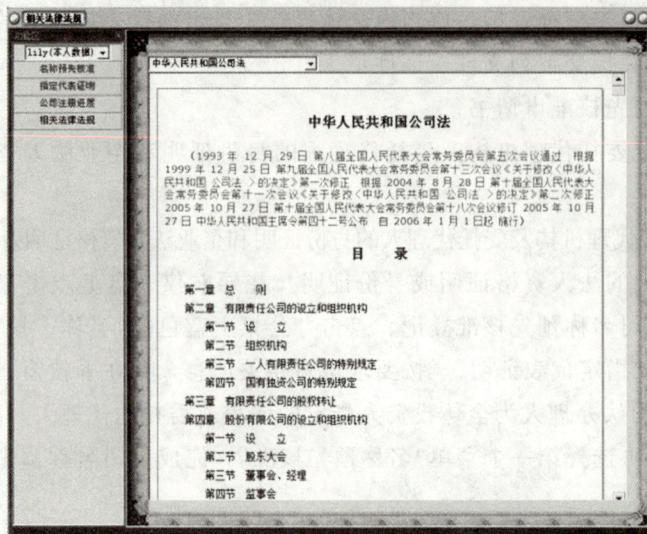

图 7-8　创业之星——企业登记注册的相关法律法规

3. 撰写公司章程

企业名称预审核通过之后，创业者开始撰写公司章程。在主场景点击"创业大厦"入口，进入公司办公场景，或在导航仪表盘上点击"公司"快速进入公司内部。点击"会议室"，在弹出窗口中点击"公司章程"，完成公司章程的编写工作（见图 7-9）。也可以在其他地方写好后粘贴到此处。

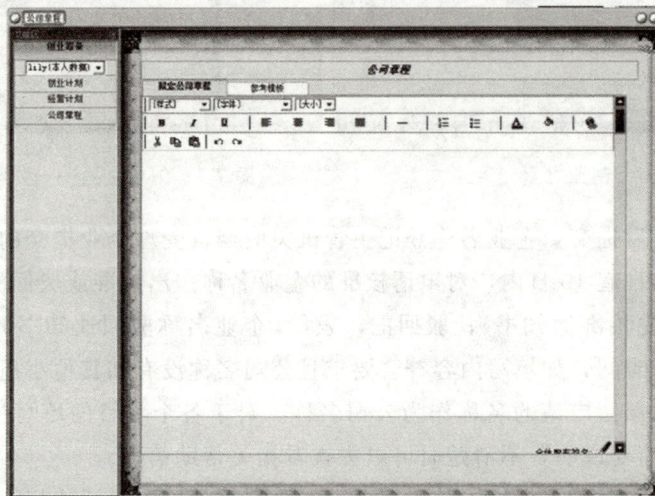

图 7-9　创业之星——撰写公司章程

订立《公司章程》是设立公司的条件之一。审批机关和登记机关要对《公司章程》进行审查，以决定是否给予批准或者给予登记。公司章程的撰写可以参考模板，并根据自身需求进行适当的修改。编写完成后，在公司章程的最后"全体股东签名"位置处，点击签名。

如果一个小组有多个股东构成，则其他股东会自动完成签名。

《公司章程》需准备多份，工商局、银行、会计师事务所等各需一份。

(1)公司注册资金存入银行根据公司章程里确定的所有股东及其出资情况，代表人将公司所有股东的注册资本存入银行的公司临时账户(也成为验资账户)上。此时，公司还不能申请开立单位银行结算账户，还缺少营业执照、国、地税税务登记证以及公司公章(见图7-10)。因此，只能将注册资金暂存入临时账户中。所有款项到账后，有银行出具资金报告，说明所有投资人的存入资金情况。

图 7-10 创业之星——开设银行账户

在主场景点击"创业银行"入口，进入创业银行，或在导航仪表盘上点击"银行"快速进入创业银行。点击"对公账户"窗口，在弹出窗口中点击"股东资金存款"菜单，确认将所有股东资金存入银行(见图7-11)。

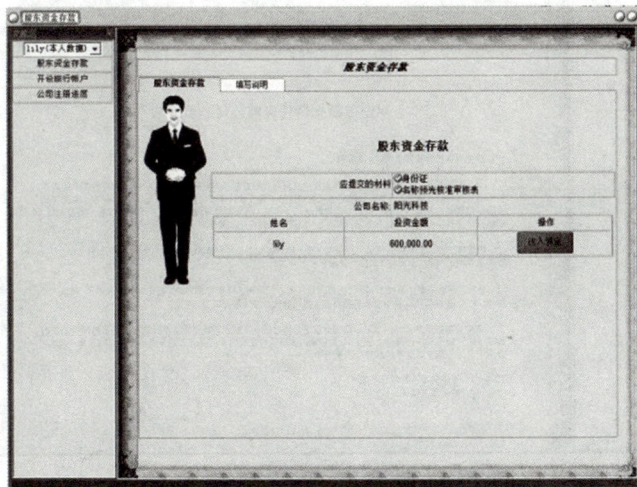

图 7-11 创业之星——股东资金存款

如果您需要注册成立一家新公司并在本银行开户，首先需要将公司的注册资金存入本银行。待完成所有工商税务注册程序后，凭公司登记注册的所有资料到本银行开设公司基本账户（见图7-12）。

企业在银行验资账户中植入的资金是以货币出资的部分，如果有实物、房产等作为出资的，需要到法定评估机构评估其价值后在其实际价值出资。

（2）领取验资报告依照《公司法》规定，公司的注册资本必须经法定的验资机构出具验资证明，验资机构出具的验资证明是表明公司注册资本数额的合法证明，依照国家有关法律、行政法规的规定，能够出具验资证明的法定验资机构是会计师事务所和审计事务所。如要办理验资证明，请准备好相关材料。

办理验资证明需要提交的证明和材料如下：委托验资机构验资委托书、《公司章程》、《企业名称预先核准通知书》、投资人的合法身份证明、以货币出资的银行对账单、经有法定评估资格的机构评估的报告书和财产转移手续等资金到位证明、验资机构要求的其他文件（见图7-13）。

在主场景点击"会计师事务所"入口，进入会计师事务所，或在导航仪表盘上点击"会计"快速进入会计师事务所。在弹出窗口中点击"出具验资报告"菜单，完成公司股东注册资金的验资，并领取验证证明（见图7-14）。

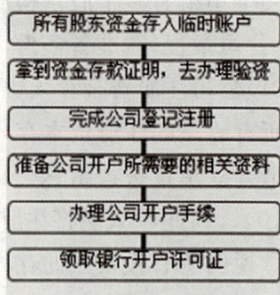

图 7-12　创业之星——银行开立公司基本账户的流程

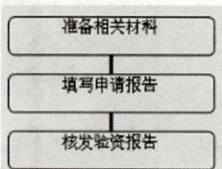

图 7-13　创业之星——办理验资报告的流程

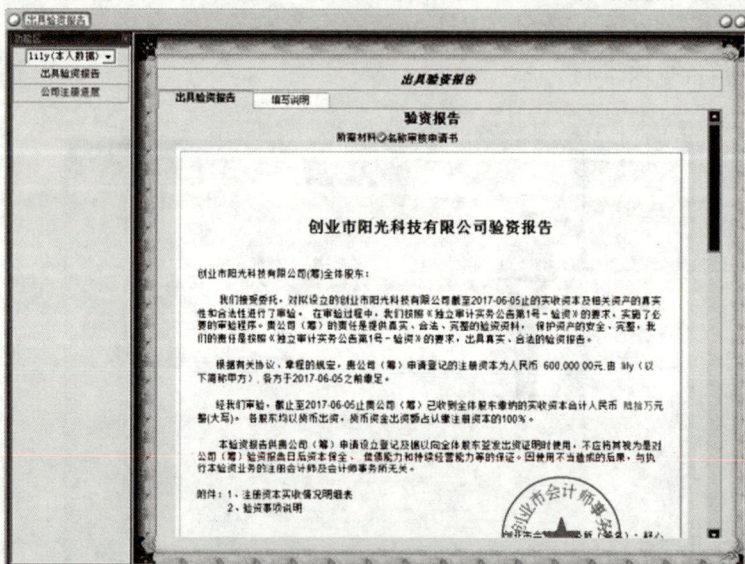

图 7-14　创业之星——出具验资报告

（3）公司设立登记

办理完验资手续并拿到会计师事务所出具的验资证明报告后，凭相关资料到工商行政管理局办理公司设立登记手续。

在《创业之星》主场景点击"工商行政管理局"入口，进入工商行政管理局，或在导航仪表盘上点击"工商"快速进入工商行政管理局。公司设立需要提供的资料较多，要首先全部准备好。

在点击"公司设立申请"之前，现将需要的材料准备好。首先，点击"发起人确认书"，进行确认书，在所有签字的地方签字确认。如果公司由多名股东组成，系统会自动将其他股东的名字签好（见图7-15）。

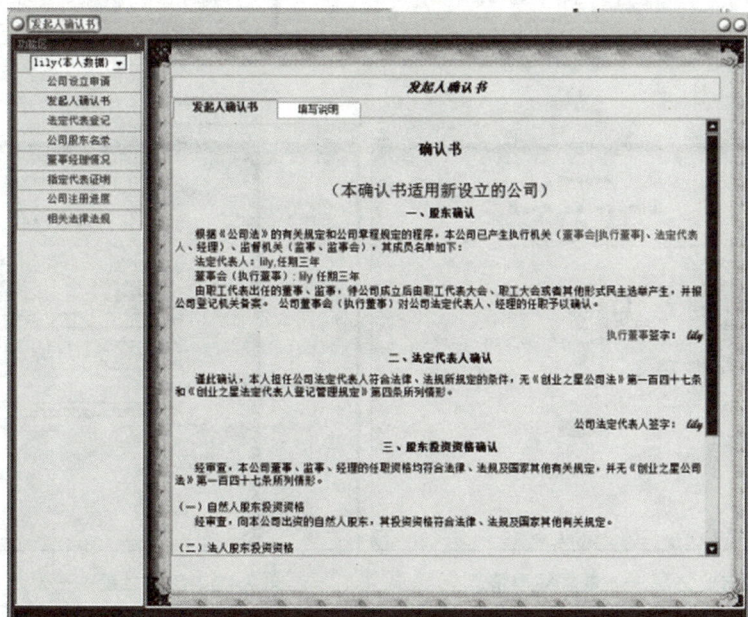

图 7-15　创业之星——发起人确认书

其次，点击"法定代表登记"，填写法定代表人信息，并签字确认。如果公司由多名股东组成，系统默认当前使用者就是法定代表人（见图7-16）。

接着，点击"公司股东名录"，填写公司股东（发起人）名录信息。如果公司由多名股东组成，则要填写所有股东的相关信息见图7-17。

再者，点击"董事经理情况"，填写公司所有董事、经理的相关信息（见图7-18）。

最后，点击"指定代表证明"，指定办理公司登记注册的代表人。这项工作在公司名称预审核中已经做好，系统默认就是同一个人来办理。完成了以上所有准备工作后，最后点击第一项菜单"公司设立申请"，填写公司设立申请表。这时可以看到最上面显示的办理公司设立申请需要准备的所有材料已经都准备好了，相应资料名称前面会用如标志"√"表示，否则会显示"×"（见图7-19）。根据填表要求完成公司设立申请表的填写，点击最后的签字确认；

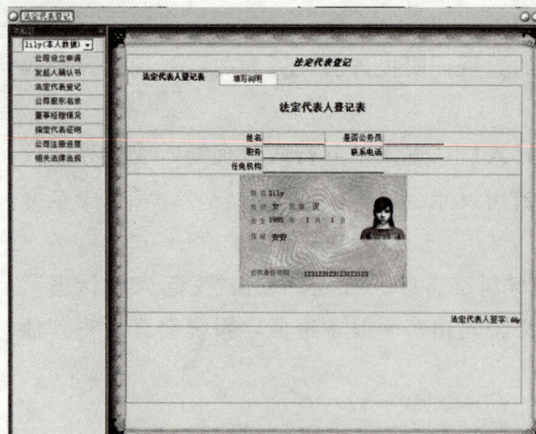

图 7-16　创业之星——法定代表登记

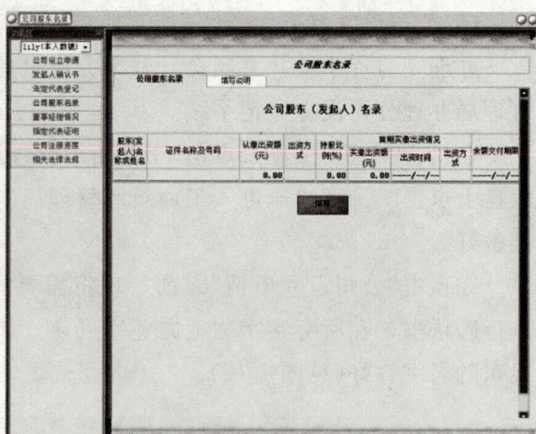

图 7-17　创业之星——股东信息名录

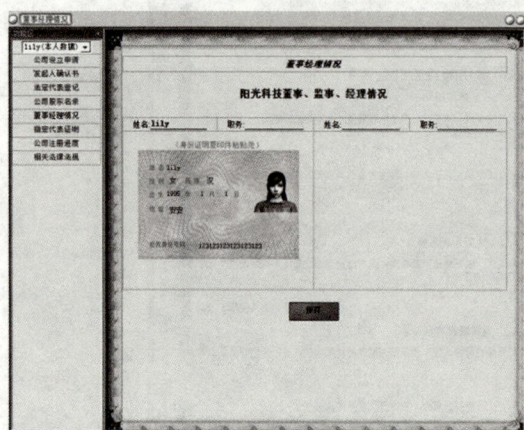

图 7-18　创业之星——董事经理情况

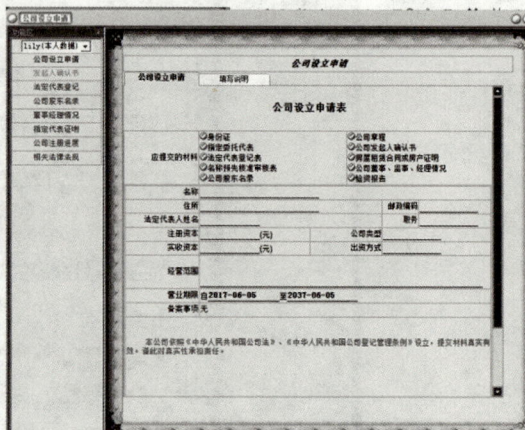

图 7-19　创业之星——发起人确认书

点击工商行政管理局办事窗口的"申请营业执照"，在弹出窗口中点击"办领营业执照"，领取已办好的企业法人营业执照（见图 7-20）。

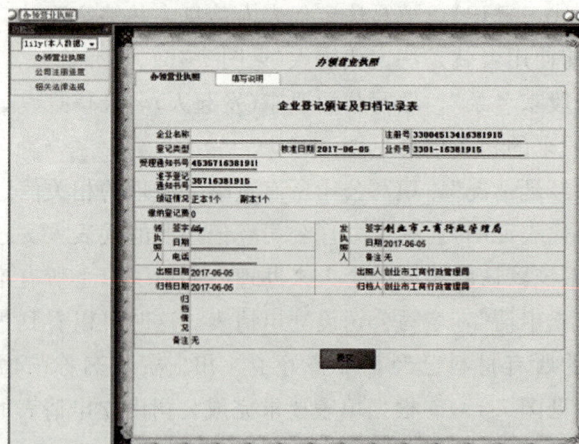

图 7-20　创业之星——办领营业执照

　　由于《创业之星》截止到 2017 年 6 月，还没有将系统中企业登记注册流程进行更新，因此，上、下文中涉及到《创业之星》中模拟注册登记的内容都按照"三证合一"制度颁布之前的规章制度处理。但是，读者需要注意的是，2015 年 8 月，工商总局贯彻落实《国务院办公厅关于加快推进"三证合一"登记制度改革的意见》的通知。2015 年 10 月 1 日起营业执照、组织机构代码证和税务登记证三证合一。2015 年底前，全国全面推行"一照一码"登记模式。"三证合一"登记制度是指企业登记时依次申请，分别由工商行政管理部门核发工商营业执照、组织机构代码管理部门核发组织机构代码证、税务部门核发税务登记证，改为一次申请、合并核发一个营业执照的登记制度。

　　接下来，以湖北省武汉市企业登记实行"三证合一"简化手续为例，详细介绍改革后的企业设立办理流程（见图 7-21）。

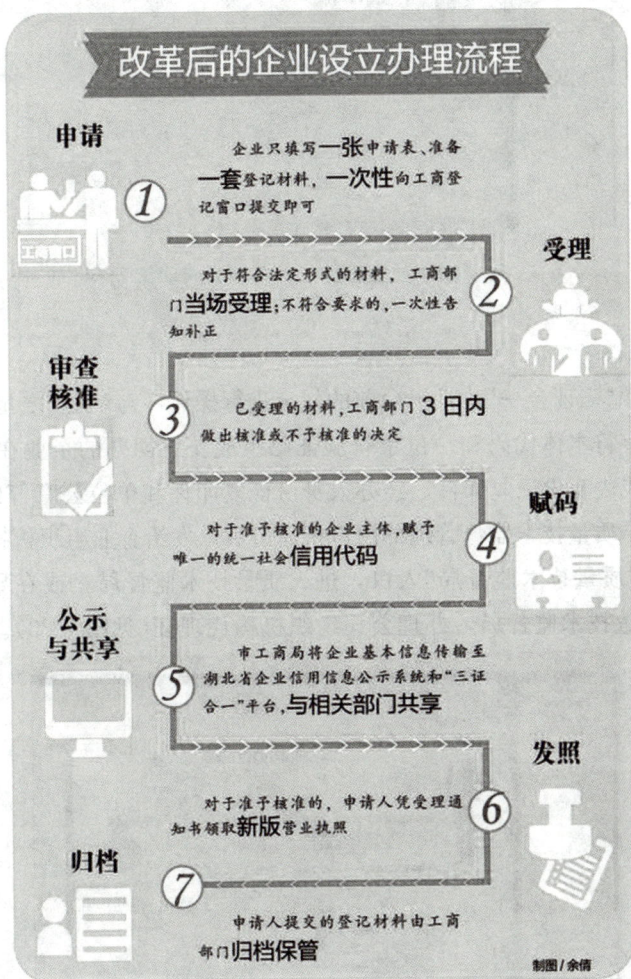

图 7-21　武汉市改革后的企业设立办理流程

来源：新华湖北

http://www.hb.xinhuanet.com/2015－09/10/c_1116514483.htm

4. 刻制公司印章在办理好营业执照后，代表人凭营业执照到公安局制定的刻章店刻制公司印章。需要刻制的公司印章包括公司公章、财务专用章、业务章、合同章、发票专用章及其他专用章等印章。在主场景点击"刻章店"入口，进入刻章店，或在导航仪表盘上点击"刻章"快速进入刻章店。凭公司法人营业执照并提交刻制公司印章的申请，完成公司章、法人章、财务章的刻制（见图7-22）。

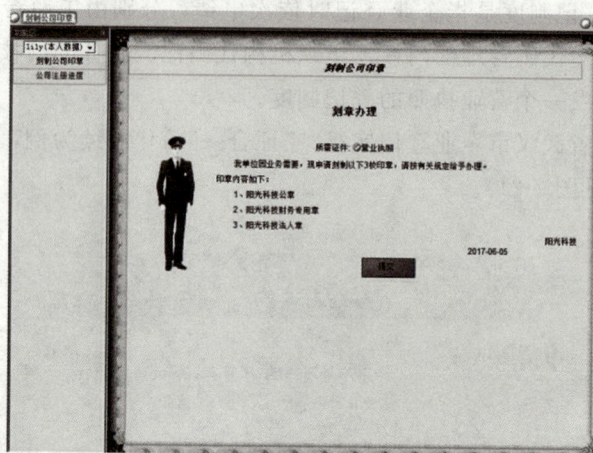

图 7-22　创业之星——刻制公司印章

5. 办理组织机构代码

本部分仍然按照"三证合一"政策出台前的规定进行操作，与《创业之星》系统相匹配。组织机构代码由8位字符本体代码和一位字符验证码组成。新创办的企业在完成工商登记后，凭营业执照、法人代表身份证复印件、经办人身份证复印件和单位公章等到质量技术监督局办理企业代码证书。质量技术监督管理部门审核通过后，发给企业组织机构代码证。

在主场景点击"质量技术监督局"入口，进入质量技术监督局，或在导航仪表盘上点击"质检"快速进入质量技术监督局，办理公司组织机构代理证（见图7-23）。

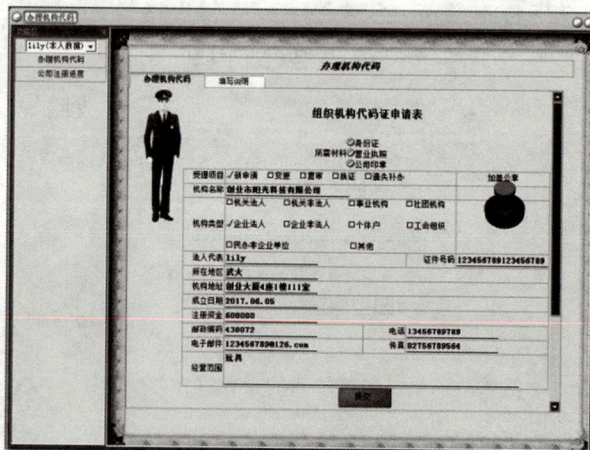

图 7-23　创业之星——办理机构代码

6. 办理税务登记

企业纳税人在申报办理税务登记时，应当根据不同情况向税务机关如实提供以下证件和资料：

(1)工商营业执照或其他核准执业证件；

(2)有关合同、章程、协议书；

(3)组织机构统一代码证书；

(4)法定代表人或负责人或业主的居民身份证、护照或者其他合法证件；

(5)银行开户证明；

(6)验资报告；

(7)房屋租赁协议；

(8)上级主管部门批准成立的文件(如有)；

(9)特殊行业的经营许可证(如有)。

办理税务登记需要分别到国家税务局和地方税务局办理，并分别领取国税登记证和地税登记证。有些地区为了方便纳税人办理，还设立了集中办税服务大厅，可以集中统一办理国税和地税登记。

在主场景点击"国家税务局"入口，进入国家税务局，或在导航仪表盘上点击"国税"快速进入国家税务局。要办理税务登记证，首先在办事大厅中点击"窗口"，在弹出窗口中点击"税务登记(国税)"，按要求完成税务登记表所有项目，在表格最后面盖上公司章和法人章(见图7-24)。

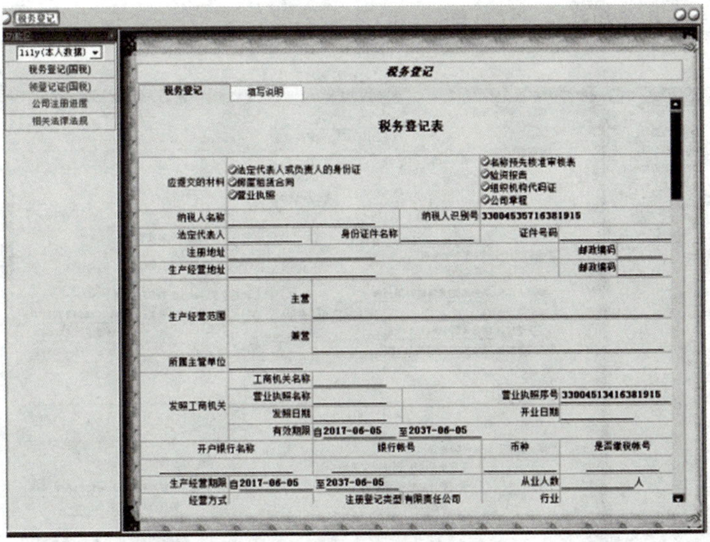

图 7-24 创业之星——办领税务登记(国税)

办理好后，再点击"领登记证（国税）"，领取正式的国税税务登记证（见图7-25）。

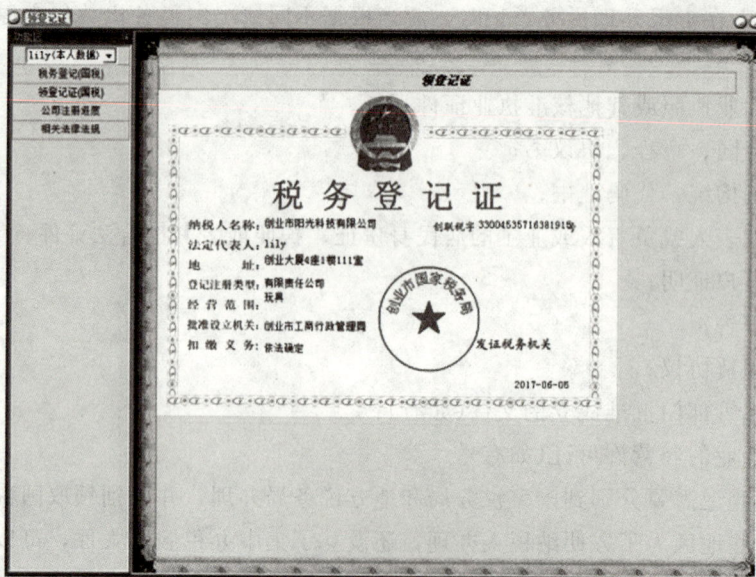

图 7-25　创业之星——领登记证（国税）

地税税务登记证与国税税务登记证的办理方法类似。在主场景点击"地方税务局"入口，进入地方税务局，或在导航仪表盘上点击"地税"快速进入地方税务局。在办事大厅中点击"窗口"，在弹出窗口中点击"税务登记（地税）"，按要求完成税务登记表所有项目，在表格最后面盖上公司章和法人章（见图7-26）。

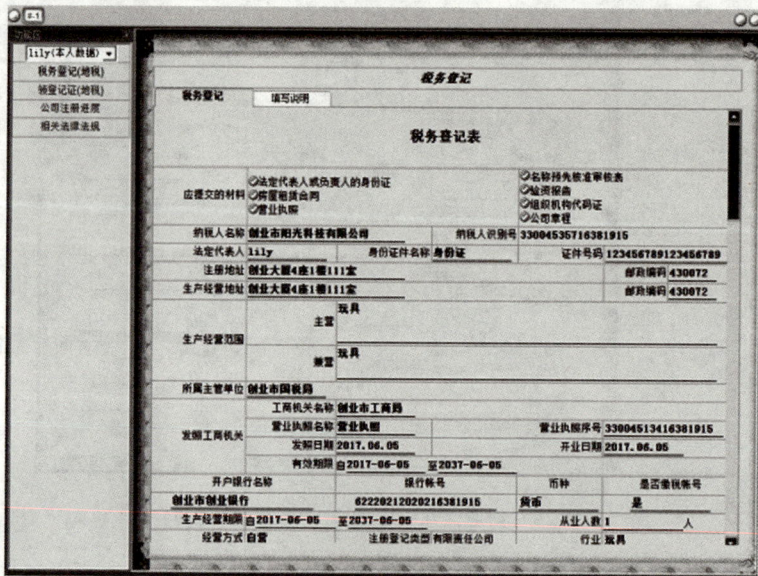

图 7-26　创业之星——税务登记（地税）

地税税务登记证均办理好后，点击"领登记证（地税）"，领取公司税务登记证。国税登记证和地税登记证使用的是两个部门的联合发证，上面有两个部门的公章（见图7-27）。

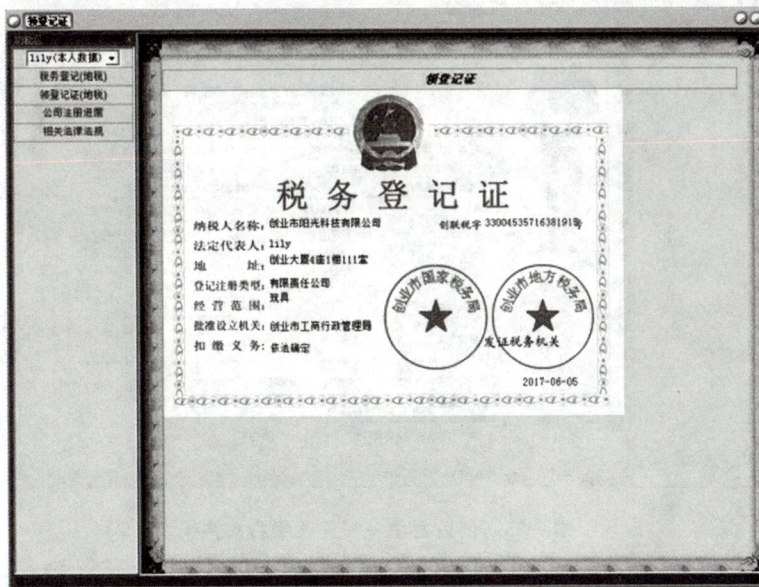

图 7-27　创业之星——领登记证（地税）

7. 开设公司银行账户

企业可以选择一家离自己公司近、办事方便的银行作为自己的开户银行。开立一般存款账户需要以下资料：

①营业执照、组织机构代码证书、税务登记证的正本、副本原件及复印件；

②基本账户的开户许可证正本的原件及复印件（不需要副本）；

③法定代表人身份证的原件及复印件；

④公章、财务章（一般应该是铜章）、法人章；

⑤如果不是法定代表人本人前去办理，需要出示由法定代表人签字的委托授权书及代办人身份证的原件、复印件。

在主场景点击"创业银行"入口，进入创业银行，或在导航仪表盘上点击"银行"快速进入创业银行。点击"对公业务"窗口，在弹出窗口中点击"开设银行账户"菜单（见图7-28）。

8. 办理社会保险

企业办理社会保险需要提供的资料包括：

①《XX市企业参加社会保险登记表》（通过网上申报成功后打印的登记表）；

②工商营业执照副本原件；

③企业机构代码证原件；

④企业法人的身份证复印件（盖单位公章）；

⑤银行开户许可证原件或开户银行印鉴卡原件（盖银行公章）；

图 7-28　创业之星——开设银行账户

⑥单位经办人身份证原件。

在主场景点击"人力资源和社会保障局"入口，进入人力资源和社会保障局，或在导航仪表盘上点击"社保"快速进入人力资源和社会保障局。点击"社会保险"窗口，在弹出窗口中点击"社会保险登记"，完成"用人单位社会保险登记表"的填写（见图 7-29）。

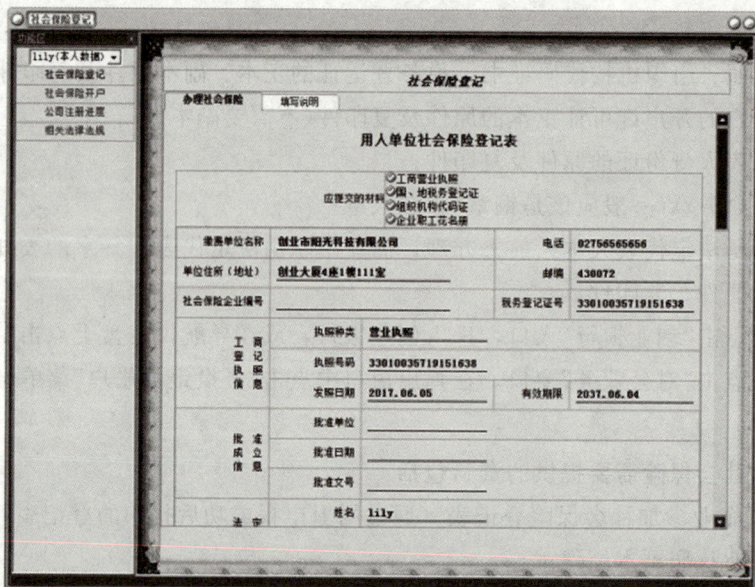

图 7-29　创业之星——社会保险登记

再点击"社会保险开户"，完成企业社会保险开户登记表的填写（见图7-30）。

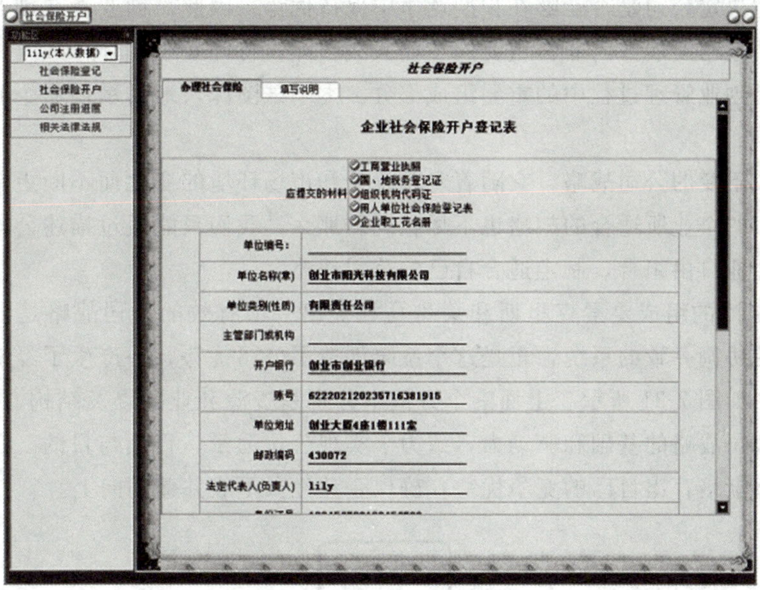

图 7-30　创业之星——社会保险

开户至此，已完全完成公司工商税务登记所有流程工作，公司正式成立，可以开张营业了。接下来将进入到创业企业运营管理阶段。

第二节　企业战略管理

企业战略是企业管理的核心，在企业管理总体框架中，战略管理具有全局性、长远性的特点，对于企业的竞争力和可持续发展有着至关重要的作用。本章通过介绍企业战略的定义、特征、类型，结合《创业之星》介绍各部门查询分析功能操作，帮助读者通过市场观察其他竞争对手的相关策略，同时根据市场上的竞争现状相机抉择企业生产布局的方法。

一、公司战略的基本内涵

（一）公司战略的定义及组成要素 1、公司战略的定义

关于公司战略的定义一直处于发展中。早期，哈佛商学院教授安德鲁斯（K. Andrews）认为企业总体战略是一种模式，它决定和揭示了企业的目的与目标，提出实现目的的重大方针与计划，确定企业应该从事的经营业务，明确企业的经济与人文组织类型，以及决定企业应对员工、顾客和社会做出的经济与非经济的贡献。这个定义意味着公司战略将事无巨细地处理所遇到的每一个战略问题。

本书对公司战略的定义遵循程源、傅家骥（2002）提出的战略是指企业为了实现其经营

目标，在考虑其内部条件和外部环境后，对于企业未来的发展所做出的方向性的谋划。企业战略的优劣决定公司是否能够在长期竞争中保持优势。因此，创业者在创业初期具有一个清晰的公司战略发展方向非常重要。正如大战在即，将帅必须胸怀作战方针。创业企业的战略管理是创业管理过程中的重要组成部分。本书试图深入地揭示创业企业成长中战略选择和推演。

没有一成不变的公司战略，它随着宏观背景和市场环境的变化而不断更新修正，同是不同发展阶段的企业所适合的战略也不尽相同。那么，我们只能通过描述公司战略的构成大框架，让企业自由组合，制定适合自己的公司战略。

2. 公司战略的组成要素克里斯和蒙哥马利提出一项有效的公司战略是由五个基本要素组合而成的协调一致的系统，正是这个系统创造了公司优势，并产生了经济价值。公司战略的框架图如图 7-31 所示。上面三个方框中分别是资源和业务以及结构、体制与过程，它们构成了公司战略的基础和驱动力，致力于实现公司远景、目标与目的。在这一良性运作中，公司逐渐培育出自己的竞争优势，确保企业经久不衰并蓬勃向上。

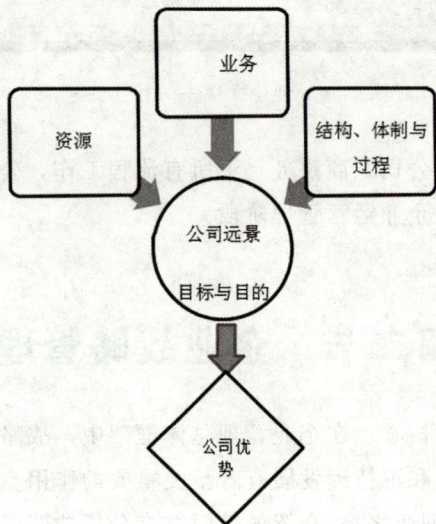

图 7-31　公司战略的框架图

（1）公司远景

公司远景是公司战略的核心，是企业基于当前现状，对未来的美好憧憬和公司定位。在洗发昂的管理学著作中，提出大公司在管理中强调企业远景的重要性。一个员工认同的公司远景能够有效的培育与鼓舞组织内部所有人，激发个人潜能，激励员工竭尽所能，增加组织生产力，达到顾客满意度的目标。

吉姆·柯林斯（James C. Collins）和杰里·波拉斯（Jerry I. Porras）在《Built to Last：Successful Habits of Visionary Companies》一书中将企业划分为两种类型：第一种类型是能够清楚地阐述连贯一致的公司远景，并在相当长的一段时间内致力于实现这一远景，并成功地将它扎根于员工之中的企业。这些企业大多是排位世界首位的受尊重企业。第二种类型是没有明确的经营理念或企业远景，或企业远景没有扩散到企业员工心中。这些企业很难能够长久立足于市场，绝不可能居世界首位。只有企业全体员工共同拥护企业远景，则这个企业才有了成长为优良企业的基础。

公司远景具有这些特征：野心勃勃的志向、自由不限定、伦理价值。统率一切的总体公司远景是在野心勃勃的志向中产生的，而且往往时限可能很遥远，使用相当自由和定性的语言来描述公司的业务界限，提供统一的奋斗目标。为了使员工能够明确公司远景的内涵并努力为之奋斗，远景也会描述公司在从事业务活动时应该坚持的伦理价值观念。

（2）目标与目的公司远景描述的是具有前瞻性的计划或开创性的目标，期限一般比较久远。定性、自由的特性使企业的员工无法在短期内看到自己为公司远景时所做出的贡献。当目标遥不可及时，人们容易懈怠，灰心失意。因此必然需要设定一套短期的目标和目的，将公司远景划分为一道又一道可实现性高的里程碑。

其中，目标指的是具体的短期和中期的定量目标，与员工的工作牢牢挂钩的可衡量指标，比如"今年的目标是销售额增长20％。"而目的是短期和中期的定性意图，比如"提高盈利能力"或"增加股东分红"。短、中期的目标和目的对员工提出比较直接的挑战，而且目标和目的的实现与否很好衡量，能够成为支持正式报酬的依据。而且短期的目标和目的能够将企业的长期远景通过分解逐年达到，这样的年度挑战可以让公司将精力主要集中在特定的活动上。

（3）资源公司远景、目标和目的决定了公司想做什么，而公司所拥有的资源决定公司能够做什么。

这里所讲的资源是指公司的资产、技能和能力。它们是构建业务单位层面的竞争优势的持久材料，也是有效的公司战略的基础所在。能够产生竞争优势的资源是企业拥有和控制的异质性资源和不可流动性资源，具备价值性、稀缺性、不可模仿性、不可替代性等。而这些资源对企业来说是最关键的资源，只有获取这些资源，才能为企业赢得和维持企业竞争优势。

所以，识别、构建并有效利用有价值的资源是公司战略的一个十分重要的方面。

（4）业务公司即使拥有了很好的资源，如果不能很好地利用这些资源，然后灵活运用于市场，加强与客户之间的业务往来的话，就会降低资源的使用效率。优质资源为公司开拓市场铺路，当只有建立可持续性、放量增长的业务规模，才能使公司获得较稳定的市场占有率。这里的业务指的是公司经营于其中的产业及其在每个产业中所采取的竞争战略。公司经营范围的选择以及所选择的市场结构、竞争状态决定了公司战略能够获得长期成功。无论是开展单一业务的公司还是多元业务经营的公司，开展的业务的获利能力是公司绩效的最好预报器。

对于经营多元业务的公司，各业务所使用的资源有些处于竞争关系，而有些处于协同作用关系。哇哈哈集团在AD钙奶产品上的成功，建立起完善的联销体网络，为其推出的其他饮料销售节约了很多资源。其他饮料在渠道拓展上节约的成本可以用于广告营销，或者降低产品售价，为其他产品的成本提供了更大的优势。

所以，在对公司的各项业务进行分析时，应该对公司在每个业务领域实施的竞争战略以及存在的相互促进的机会等方面记性分析。

（5）结构、体制与过程公司结构和体制决定了公司的有限资源如何在各个业务单元和职能部门之间分配。其中结构是指把公司分为具体业务单元的方式，描绘了在公司内部分配权力的组织结构；体制是指一套控制公司行为的正式政策与程序，包括详细说明如何完成从战略计划到人事评价等各项任务的一系列规则；过程描述的是组织中的非正式活动。

在创业初期，企业规模很小，团队结构简单，企业结构更可能趋向于扁平化结构，这时创业团队对整个企业的控制权相对集中。但公司结构仍然决定合适的人是否能够被安排在合适的岗位上，员工是否能发挥其专长。经理人员必须遵守公司制定的有关规则并对有关鼓励措施作出反应，所以这些政策又会对各个业务单元所作出的决策产生影响。

在建设公司的基础设施方面，公司经理人员可以利用的大量组织机构的微量元素，结合公司文化和风格等要素设计公司组织结构。阿尔弗莱德·钱德勒（AlfredChandler）曾指出公司结构取决于公司战略。换言之，公司的内部设计应该随着公司战略的变化而改变，而且要单独设计以适合于个别公司的资源和业务领域。

（6）公司优势公司优势也可以理解为公司的核心竞争力，是公司区别于其他竞争者能够脱颖而出的优势。企业将拥有的资源、业务能力以及所采取的组织结构、体制进行合理的配置组合，形成高效有价值的运转体系。在长期市场竞争中，不断提高整个体系的契合程度，形成自己的竞争优势，在激烈的市场竞争中存活下来。

（三）企业战略的特征及类型

1. 企业战略的特征

企业战略具有全局性、竞争性、稳定性、系统性、长远性和可执行性六大主要特征。

（1）全局性企业战略是对企业未来的发展所做出的方向性的谋划，结合其经营目标，在综合考虑内部条件和外部环境后，站在全局管理高度，对企业的长远发展轨迹进行全面的规划。

（2）竞争性企业战略管理与企业核心竞争力的保持息息相关。在激烈的市场竞争环境中，优秀的战略管理能使企业及时了解客户需求的变化，促使企业整合现有资源，生产符合客户需求的产品或服务。

（3）稳定性企业战略是企业日常运营的方向性规划，战略规划贯穿企业发展的各个阶段，而且每个环节紧密相关。企业战略一经确定，不能轻易变更。因为前期依据战略规划做出的决策、投入的资源、发展的业务可能会因战略的变更而全部或部分废弃，造成企业的重大损失。如果战略实施的环境没有发生重大变化，或者发生的变化在制定战略时已经被充分考虑，那么战略管理长期的稳定性能够促使公司稳定的运作，发展具有连贯性，资源的使用效率也更高。同时，战略管理的稳定性并不意味这在企业运营过程中战略的一成不变，在处理具体问题、不影响全局的情况下，也应该有一定的灵活性。

（4）系统性企业战略是对企业长远发展轨迹的全面规划，为了战略远景的实现，需要围绕远景目标设立一个个环环相扣的短期目标和目的，形成一个关系紧密的战略目标体系。同时，企业战略管理由企业层面战略管理和业务层面战略管理共同构成，既包含了企业总体战略规划，也涵盖了各个业务的发展方向。

（5）长远性战略是立足于企业长远发展轨迹的全面规划，一般没有很具体的时间限定，时间跨度比较长。

（6）可执行性企业战略往往是很定性、自由的概念，如果没有可执行性，员工无法将自身的努力与公司的成长联系在一起，容易丧失工作热情。只有将企业战略进行一步步分解，有一个个可实现性高的目标组成，实际运用到现实中，发挥其作用才是最终目标。

2. 企业战略的类型

（1）按实施战略的主体划分按实施战略的主体划分，企业战略包括三个层次：第一层次为公司级/集团战略，是拥有多个子公司的母公司所制定的战略，公司级战略的为实现企业总体目标，为企业未来发展方向作出的长期性和总体性战略。集团战略是企业战略的总纲，是母公司最高管理层指导和控制企业的一切行为的、统筹各个子公司战略的全局性指导纲领。公司级战略的主要目标是通过建立和经营行业组合实现投资收益的最大化。第二层次为经营级/竞争级战略，是指业务由单一行业/产品/市场组成的企业，或者是集团公司下属的子公司所采用的战略。竞争级战略的目标是通过将企业资源集中在公司擅长或者有竞争优势的一个行业/市场/产品中，通过成本领先战略或差异领先战略，增加市场占有率，实现利润最大化。第三层次为职能级战略，是企业内部各个职能部门所制定旨在于提高工作的有效性和效率的战略。

（2）按战略实施的时间长度划分按战略实施的时间长度划分，企业战略分为以下三种：第一种为短期战略，也成为战略计划，一般是指从战略实施到目标达成的时间跨度不超过1年。第二种为中期战略，一般是指从战略实施到目标达成的时间跨度超过1年，但少于5年。第三种为长期战略，一般是指从战略实施到目标达成的时间跨度在5年以上，10年之内。一般来说，如果企业规模较大，且所面临的市场环境预计不会发生特别大的变动，企业的前景比较清晰，那么所制定的战略时间跨度越长。

（3）按企业成长向量划分

战略管理的奠基人 H. 伊戈尔·安索夫教授认为企业发展战略由四个要素构成，包括产品市场范畴、成长向量、竞争优势和协力效果。产品市场范畴用来界定企业产品与市场的范围以及寻求新领域的范围；成长向量用来指明企业在该范围内的企业发展与行动方向选择；竞争优势用来说明各项可能新领域的具有比竞争对手优势的个别特性；协力效果用来证明企业在新领域具有成功的能力，是企业生产、销售、管理、研发等诸多因素的组合效果。

根据安索夫矩阵（Ansoff Matrix），以产品和市场作为两大基本维度，区别出四种产品/市场组合和相对应的营销策略。安索夫矩阵是以 2X2 的矩阵代表企业企图使收入或获利成长的四种选择，其主要的逻辑是企业可以选择四种不同的成长性策略来达成增加收入的目标。如图 7-32 所示：

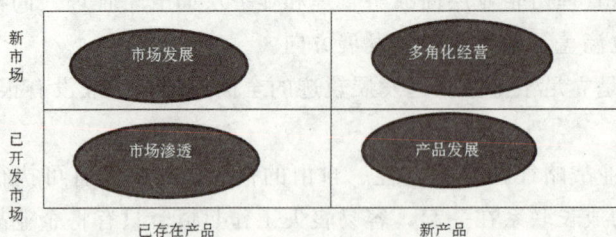

图 7-32

安索夫教授以成长向量为标准划分了四种企业发展战略：市场渗透、市场发展、产品发展、多角化经营。

● 市场渗透战略

市场渗透是指在当前的已开发市场中通过扩大现有产品的生产规模、提高生产能力、增加产品功能、改进产品用途、扩大销售渠道、降低生产成本等策略力求增加市场占有率。因为市场渗透战略重在于利用现有产品抢占市场，因此，在新产品的研发投入上不及产品发展和多角化经营，未来产品和现有产品市场组合差异较小。市场渗透战略适合于企业现有产品市场组合的发展潜力尚未得到完全开发，相比于其他战略，企业只需再投入少量资源，风险相对较小，失败的成本较低。市场渗透战略是企业经营最基本的发展战略（武永红，2002）。现有产品市场组合是企业经营的资金来源。因此，旨在充分开发现有产品市场组合盈利潜力的市场渗透战略是企业生存的基本保障，为企业争取到了进一步发展的权力。市场渗透是比较典型的经营战略，主要包括成本领先战略、差异化战略和集中化战略。

● 市场发展战略

市场发展是指企业在现有市场上已经无法以较低成本提高占有率，需要通过开拓具有相同产品需求的新消费群体，利用现有产品开辟新市场。市场发展战略所需要投入的资源较多，由于对新市场不熟悉，开发风险高。但是如果市场发展顺利，企业现有产品在新市场的销售量会快速提高企业的利润水平，而且提升的空间较大。

● 产品发展战略

产品发展是指市场中出现企业现有产品的竞争性产品，或者是企业现有产品已经无法满足消费者的需求，企业只有通过不断研发新产品，维持或提高现有市场占有率。产品发展战略相比于市场渗透战略，所需投入的资源较多，新产品的研发支出在企业的成本费用中占比较高。产品发展战略的主要风险是产品研发资金投入的回收预期和市场销售的不确定性。但是如果研发成功，且深受消费者热捧，那么企业新产品在现有市场的销售量会快速提高企业的利润水平，而且提升的空间较大。

● 多角化经营战略

多角化经营是指企业通过开发新产品和新市场提高市场占有率。多角化经营又可以分为同心多角化、水平多角化、垂直多角化和综合多角化。同心多角化是指企业利用现有技术及优势资源，制造与原产品用途不同的新产品，面对新市场、新顾客增加新业务的多角化经营。水平多角化是指企业针对现有市场和顾客，采用新技术增加新业务实现的多角化经营。垂直多角化又分为前向一体化经营(生产企业和销售商、经销商联合)和后向一体化经营(生产企业和原料供应商联合)。一般而言，后向一体化多角经营可保证原材料、零配件供应，风险较小；前向一体化多角经营往往在新的市场遇到激烈竞争，但原料或商品货源有保障。综合多角化是指直接利用新产品进行新市场的多角化经营。多角化经营需要投入大量的资源，只适合大型企业选择，该战略能够充分利用企业现有闲置资源，通过扩大经营范围，分散经营风险，缓解单一产品或行业竞争压力，增加企业的综合竞争实力。

(4)按企业战略功能划分按企业战略功能划分，企业战略可以分为四种：增长型战略、稳定型战略和防御型战略。

● 增长型战略

增长型战略是指采用积极进攻态度的战略形态，主要适用于行业龙头企业、高速发展阶段的企业和新兴行业中的企业。任何一家成功的企业都曾经经历过时间长度不一的增长型战略实施阶段，增长型战略有助于实现企业的快速发展，不断扩大企业规模，不仅实现现有市场绝对市场份额的增加，也包括在市场扩张的基础上相对份额的增加。生产规模的扩大，降低单位产品生产成本，获得超额利润率。与其他类型的战略态势相比，增长型战略具有以下特征：

第一，实施增长型战略的企业不一定比整个经济增长速度快，但他们往往比其产品所在的市场增长得快。市场占有率的增长可以说是衡量增长的一个重要指标，增长型战略的体现不仅应当有绝对市场份额的增加，更应有在市场总容量增长的基础上相对份额的增加。

第二，实施增长型战略的企业往往取得大大超过社会平均利润率的利润水平。由于发展速度较快，这些企业更容易获得较好的规模经济效益，从而降低生产成本，获得超额的利润率。

第三，采用增长型战略态势的企业倾向于采用非价格的手段同竞争对手抗衡。由于采用了增长型战略的企业不仅仅在开发市场上下功夫，而且在新产品开发、管理模式上都力求具有竞争优势，因而其赖以作为竞争优势的并不会是损伤自己的价格战，而一般来说总是以相对更为创新的产品和劳务以及管理上的高效率作为竞争手段。

第四，增长型战略鼓励企业的发展立足于创新。这些企业常常开发新产品，新市场，新工艺和就产品的新用途，以把握更多的发展机会，谋求更大的风险回报。

第五，与简单的适应外部条件不同，采用增长型战略的企业倾向欲通过创造以前本身并不存在的某物或对某物的需求来改变外部环境并使之适合自身。这种去引导或创造合适的环境是由其发展的特性决定的：要真正实现既定的发展目标，势必要有特定的合适的外部环境，被动适应环境显然不一定有帮助。

增长型战略主要包括了 4 种可以帮助实现企业高速增长的战略，分别是市场渗透战略、市场发展战略、产品发展战略、多角化经营战略。

快速增长的企业必然也会面临很多问题。首先，企业的快速发展可能会掩盖掉公司内部决策的失误和低效率，不能及时纠正，在增长速度放缓时爆发。其次，企业利润水平的提高和规模的扩大与高层管理人员的薪酬和晋升紧密相关，增长型战略带来的快速增长对公司高层管理人员的诱惑太大，可能会导致盲目扩张或者为发展而发展，从而导致企业偏离最佳市场状态，破坏企业资源你的内外部均衡。最后，增长型战略可能使企业管理层将关注点放在投资结构、市场占有率和利润增长率上，而忽略了最基本原则——产品或服务的质量。产品或服务不断创新，能够满足消费者的需求，才能使企业在竞争中始终保持优势。

● 稳定型战略

稳定型战略是指在内外环境的约束下，企业准备在战略规划期使企业的资源分配和经营

状况基本保持在目前状态和水平上的战略。按照稳定型战略，企业目前所遵循的经营方向及其正在从事经营的产品和面向的市场领域，企业在其经营领域内所达到的产销规模和市场地位都大致不变或以较小的幅度增长或减少。

与其他类型的战略态势相比，稳定型战略具有以下特征：第一，企业认可当前的经营成果并希望能够保持，当前的经营成果能够使企业保持行业龙头地位，因此，稳定型战略可以使企业在保持竞争优势时面临较低的风险。第二，目前企业所处的行业发展规模趋于稳定，不存在较大的增长空间，企业战略规划期内只需按照总体市场容量的增加而增加本企业产销规模，从而保持市场占有率变化总体保持不变。

第三，企业在战略规划期内产品创新较少，主要是保持现有产品在现有市场上的销售业绩。

从以上特征可以看出，稳定型战略主要依据于前期战略。它坚持前期战略对产品和市场领域的选择，它以前期战略所达到的目标作为本期希望达到的目标。因而，实行稳定型战略的前提条件是企业过去的战略是成功的。稳定型战略主要包括两种类型：无增长型战略（维持产量、品牌、地位等不变）、微增长型战略（竞争水平在原市场基础上略有增长）两种形式。

稳定型战略也会面临很多问题：一方面，稳定型战略实施的前提条件是市场环境和公司内部环境均稳定。如果企业对内外部环境的把握不准，就会打破战略目标、外部环境、企业实力之间的平衡，使企业陷入困境。另一方面，稳定型战略也会使企业的风险意识减弱，甚至形成害怕风险，回避风险的文化，这就会大大降低企业对风险的敏感性。

● 防御型战略

防御型战略是指企业削减当前产销规模，在目前的经营领域中实行收缩、调整和撤退战略。一般的，企业实施防御型战略只是短期的，其根本目的是使企业度过危机后转向其它的战略选择。这种战略适用的情形是经济衰退，产业进入衰退期，对企业的产品或服务的需求减小；或企业由于管理层决策失误，战略目标与内外部环境不符合，竞争地位下降且经济资源不足；或市场中出现新的机会，现有发展战略不适合新机会的开发，短期的调

整是为了长期的发展目标。在这些情况下，企业可以采取适应性紧缩战略来度过危机，以求发展。

与其他类型的战略态势相比，防御型战略具有以下特征：第一，防御型战略实施的期限一般较短，是一种过渡性战略选择。第二，对企业现有产销规模进行收缩、调整，导致利润率和市场占有率下降。第三．防御型战略因为收入的减少，会削减各项成本费用，使企业资源投入维持在最低水平。

可以说，紧缩型战略是一种以退为进的战略。主要包括三种类型：转移战略、撤退战略(也称放弃战略)和清算战略。转移战略是指企业在现有的经营领域不能维持原有的产销规模和市场占有率，不得不对原有的业务领域进行压缩投资，控制成本以改善现金流为其他业务领域提供资金的战略方案。撤退战略是指企业为了节省开支，减少损失，退出或放弃部分地域或市场渠道的战略。清算战略是指企业由于无力偿还债务，通过出售或转让企业的全部资产，以偿还债务或停止全部经营业务，从而结束企业生命的一种战略。

防御型战略应该在企业遇到巨大的危机时采用，一般来说实施防御型战略会使内外部相关人员不满，引起员工的消极心理，也会或多或少受到股东的质疑。一旦被竞争对手抓住机会，企业可能面临灭顶之灾。

二、企业战略管理

企业战略管理主要遵循战略环境分析、战略制定、战略分解实施、战略监控和战略评价五个步骤。

(一)战略环境分析

战略环境分析主要包括确定企业的使命和目标、外部环境分析和内部环境分析。

(1)企业的使命和目标是公司战略的核心，是企业基于当前现状，对未来的美好憧憬和公司定位。

(2)外部环境分析包括宏观环境分析和行业环境分析。收集、整理、分析宏观经济动态、国家最近的发展规划以及本企业所处的产业发展规划，关注行业发展动态、行业政策变化，撰写宏观环境分析报告。

(3)内部环境分析主要是了解企业在行业中所处的竞争地位，判断业务发展的环境是否发生了变化，企业所拥有的资源和能力是否匹配，是否需要调整战略。对于初创型企业而言，战略的重点应放在尽早形成可持续经营业务，及时把握市场需求变化，增强技术创新，不断提供符合市场需求的产品。

(二)战略制定

根据战略环境分析结论，确定战略定位、战略目标、战略发展路径、业务策略。战略方案应该有多个备选方案，以便在内外部环境发生变化时，企业能够从备选方案中快速选择替代方案。制定备选方案的方法有三种：一是自上而下，由企业高层制定企业总体发展规划，而下属部门按照企业总体方案，根据自身情况制定部门层面的战略方案；二是由下而上，企业高层根据下属部门按要求提交的战略方案，制定企业总体战略方案；三是上下结合，由各层级管理人员共同探讨，根据企业整体发展目标和各层级部门业务目标，制定出适宜的战略。不同的企业适用于不同战略方案制定方式，对于初创型企业，因为规模小，公司结构简单、业务单一，创业者对企业的控制较为集中，所以可以采用自上而下或上下结合的方式进行。一般企业都会制定多套备选战略方案，根据当前环境选择最佳方案。备选方案的选择标准有两个：一是考虑选择的战略是否发挥了企业的优势，克服了劣势，是否充分利用了现用市场机会；二是所选择的方案是否被内外部相关人员所接受，能否使企业员工认可公司的远景和目标。

（三）战略分解实施

企业战略分为公司级战略、经营级战略和职能级战略，公司级战略是对企业未来发展的总体性规划，具有全局性和长期性。为了能够评估战略实施效果，需要将公司战略进行逐层分解到各子公司、分公司、各部门，形成子公司、分公司的年度经营计划和各部门的年度工作计划。

战略实施涉及的主要问题有：公司现有资源如何更加有效地在公司内各部门、各层次间分配；为了实现既定的战略目标，企业应该如何获取外部资源并高效利用；当前的组织架构是否有利于公司目标的实现；如何处理企业的利润再分配与企业文化的适应问题。

企业战略制定成功后，关键的一步是如何将庞大的思维性的计划落实到企业的微观活动中，促使企业整体向战略目标发力，这就需要建立合理有效的战略实施体系。

"业务管理系统"是一个以一年为一个循环、以每季度每月度为一个小单元的管理体系。业务管理系统是企业运行最基础但最重要的执行系统，可以作为战略、计划、预算、绩效，乃至更多内容的管理平台。这一系统有两大功能：它构造了一个严密而有效的实施系统，保证总部制定的任何战略举措都可以转化为实际行动；它是一个开放的制度化平台，来自总部和各个业务单元的高层领导、执行经理和员工，都会在这样一个制度化平台上针对业务实施情况，对比差距、交流和分享成功的经验和措施。企业战略目标通过层层分解，形成各子公司、分公司、各部门，形成子公司、分公司的年度经营计划和各部门的年度工作计划。而子公司、分公司以及各部门的年度工作计划是通过业务管理系统进行指导、控制并反馈的。

（四）战略监控

战略监控分为内部环境监控和外部环境监控。外部环境是企业赖以生存发展的基础，如果外部环境发生较大的变化，意味着战略制定所依据的前提条件发生了变动，需要重新审视外部环境，修正战略目标。内部环境是指企业内部人力、物力、财力以及信息系统的具体条件。战略控制主要是指在企业经营战略的实施过程中，检查企业为达到目标所进行的各项活动的进展情况，评价实施企业战略后的企业绩效，把它与既定的战略目标与绩效标准相比较，发现战略差距，分析产生偏差的原因，纠正偏差，使企业战略的实施更好的与企业当前所处的内外环境、企业目标协调一致，使企业战略得以实现。为了更好地监控内外部环境，企业需要建立一套及时高效灵敏的竞争情报系统。

Goonie企业竞争情报系统是以人的智能为主导、以信息网络为手段、以增强企业竞争力为目标的人机结合的企业竞争战略决策支持与咨询系统，是企业原有机制的基础上构建的一个专门的组织体系和工作体系，使整个企业利用竞争情报部门、各职能部门以及全体员工进行长期的信息搜集与积累并将其汇总至竞争情报专职部门或专职人员进行整理、分析、研究而形成竞争情报研究成果（产品）后提供给企业决策层及有关部门使用，这一系统的完整形成和顺利运作是企业竞争情报工作得以有效开展的根本保证，企业竞争情报系统的有无及其运行效果好坏、效率高低、持续与否是现代企业市场竞争力强弱的重要标志之一。战略管理部门人员根据企业竞争情报系统分析整理出来的内外部环境，监控企业战略实施是否偏离原有目标。

（五）战略评估

导致战略实施失败的原因主要有两个方面，一是战略规划的不合理性，二是战略实施过程中的组织制度、实施途径与方法缺失及缺陷，如企业员工无法真正理解企业的战略意图，或者是执行者即使理解却不愿意遵照执行等。对于由战略规划目标不当或所导致的战略实施失败，应从完善战略规划的层面进行修正，引导战略实施沿着正确的轨道进行。为了确保企业战略能够被更加有效地执行，就需要加强战略评价作为战略实施的指引与约束。要对战略实施效果做出正确的评价，需要建立与企业战略目标一致的绩效管理体系，其中绩效管理在企业管理中具有核心控制作用，是组织实现战略目标的有效控制手段，其重要性引起越来越多管理者的关注。

企业的绩效管理系统分为三个层次：公司绩效、部门绩效以及个人绩效。公司绩效和部门绩效属于组织绩效。根据英国学者布雷德拉普（Bredrup）认为组织绩效应当包括三个方面，即有效性、效率和可变性。有效性是指组织满足客户需求的程度，效率是指组织使用资源的节约程度，可变性是指组织适应未来变化的能力。组织绩效最初单纯地从财务指标这一方面进行评估，但从上世纪 90 年代，在企业集团战略管理中逐渐开始使用 Robert-Kaplan 与 DavidNorton 建立起来的衡量未来组织绩效的评价体系——科莱斯平衡记分卡（Careers mart Balanced Score Card），即从财务、顾客、企业内部业务流程、学习与成长能力四个方面，全面地评价企业的经营业绩。组织绩效是员工个人绩效的综合产出，但员工个人绩效的最优值并不一定代表组织绩效的最优值。这就解释了为什么近几年某些企业的员工个人绩效不错，然而企业整体效益不行。在企业绩效管理系统中，既要强调员工个人绩效的提高，也要避免员工间的恶性竞争，提高企业组织绩效。

三、《创业之星》比赛的战略规划

在《创业之星》创业运营模拟系统中，参与者在整个模拟经营过程中都要明确创业企业的战略目标，并根据制定的战略目标，分季度逐步布局实现。

在创业之星比赛之前，选手需要确定自己所选择的战略类型。按企业成长向量划分，选手可以选择的战略包括市场渗透战略、市场发展战略、产品发展战略和多角化经营战略。

因为创业之星比赛前期是需要不断开发新市场的，所以不考虑市场渗透战略和产品发展战略。如果选择市场发展，需要通过开拓具有相同产品需求的新消费群体，利用现有产品开辟新市场、扩大生产规模、提高生产能力、扩大销售渠道、降低生产成本实现战略目标。那么在比赛的第一季度就需要设计并投入生产六种产品，前三季度不断开发新市场。在其他竞争企业产品配置相当的情况下，以六个产品开局，每个产品能够获得市场平均订单量，从而比采用别的策略开局的竞争企业在第一季度赢得较大的市场占有率。但是这一战略意味着产品的配置是最基础的，不具有竞争优势的，那么为了扩大市场占有率，就需要大量的销售费用，提高市场知名度和销售力度，弥补成长系数不高。

如果选择多角化经营战略，可以通过开发新产品和新市场提高市场占有率，实现战略目标。那么在比赛的第一季度就需要投入生产四到五种产品，研发一种高端产品，并在前三季度不断开发新市场。仍然第一季度的销售额和市场占有率比采取市场发展战略的企业差，但是后期高端产品的价值和成长性较好，对品质型客户的吸引力更大。

在创业之星比赛之前，选手对于比赛中能够采取的战略以及所采取的战略应搭配的产品设计、生产规模、广告投放量、销售力度以及市场开发程度都应该做到心中有数。在第一季度的比赛中，大多数选手都会在最后 10 到 15 分钟完成全部操作，而前面的 35—40 分钟中，主要进行的都是市场情报搜集和部分团队的伪策略操作期。

选手可以进入销售部点击"销售报告"，在下拉选项中点击"人均收入"，这组数据给出了第一季度市场上已经完成的产品设计数量，可以实时刷新（见图 7-33）。

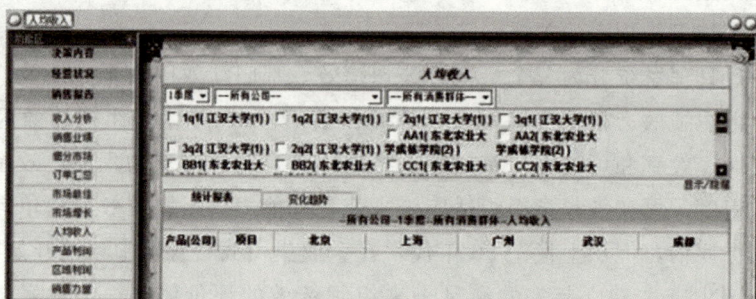

图 7-33　销售部查看销售报告

一般我们关注的重点依次是针对品质型客户的产品设计、针对经济型客户的产品设计、针对实惠型客户的产品设计。我们可以在"人均收入"的顶栏中通过下拉选项选择各类型客户，进行单独分析（见图 7-34）。

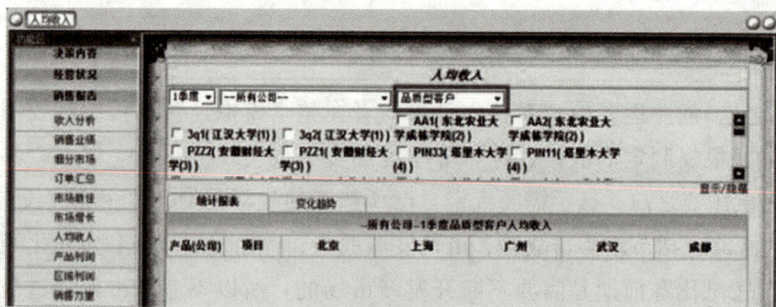

图 7-34

"人均收入"的顶栏中通过下拉选项选择各类型客户另一种方法是选手可以进入研发部，点击"分析报告"中的"参与市场"，查看第一季度当前各组产品报价数量，实时刷新（见图7-35）。

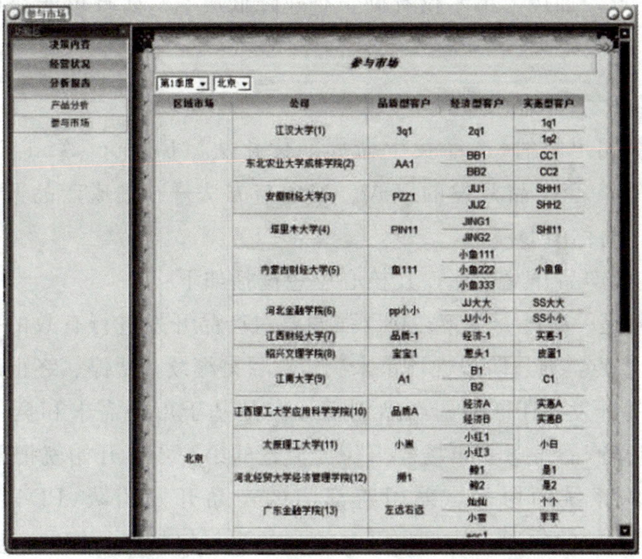

图7-35　研发部查看各公司参与市场情况

❖ 注 意 要 点

● 根据市场上设计和报价产品数量进行策略选择。如果选择市场上选择以2柔5手1研发不开成都市场和2柔4手1研发市场全开的策略居多的话，选手可以考虑选择2柔6手0研发市场全开策略。

● 通常来说，产品设计数减去产品报价数等于产品研发数。这两组数据在第一季度是实时刷新，选手需实时关注。

● 注意竞争对手采取的是否是伪策略操作，可以从其产品的设计中仔细观察，根据新数据实时调整自己的判断。

接着，第二季度，通过观察市场上 ISO 认证团队数量、这个市场开发的团队数量以及结合市场上竞争对手开发的产品数来确定二、三、四季度公司的战略。

第三节　产品研发管理

一、产品研发管理

产品是企业生产活动的核心，而产品研发促使企业焕发新活力。随着产品生命周期的日益缩短和客户需求的日益个性化，传统的以质量和成本为核心的竞争优势不再独占鳌头，越来越多的企业将持续开发并推出新产品作为保持竞争力的重要手段。新产品往往是企业利润的新增长点，加快上市不仅有助于企业降低成本，而且也能获得较高的市场占有率和利润水平。

（一）集成产品开发（简称 IPD）

美国 PRTM 公司出版的《产品及生命周期优化法》（Product And Cycle－time Excellence）一书中提出了一套产品开发的模式、理念与方法——集成产品开发（IntegratedProductDevelopment，简称 IPD）。

IPD 作为先进的产品开发理念，其核心思想概括如下：

（1）新产品开发是一项投资决策。IPD 强调要对产品开发进行有效的投资组合分析，并在开发过程设置检查点，通过阶段性评审来决定项目是继续、暂停、终止还是改变方向。

（2）基于市场的开发。IPD 强调产品创新一定是基于市场需求和竞争分析的创新。为此，IPD 把正确定义产品概念、市场需求作为流程的第一步，开始就把事情做正确。

（3）跨部门、跨系统的协同。采用跨部门的产品开发团队（PDT：ProductDevelopmentTeam），通过有效的沟通、协调以及决策，达到尽快将产品推向市场的目的。

（4）异步开发模式，也称并行工程。就是通过严密的计划、准确的接口设计，把原来的许多后续活动提前进行，这样可以缩短产品上市时间。

（5）重用性。采用公用构建模块（CBB：CommonBuildingBlock）提高产品开发的效率。

（6）结构化的流程。产品开发项目的相对不确定性，要求开发流程在非结构化与过于结构化之间找到平衡。

IBM 公司率先应用了集成产品开发（IPD）的方法，IBM 公司实施 IPD 的效果不管在财务指标还是质量指标上得到验证。在 IBM 成功经验的影响下，国内外许多高科技公司采用了集成产品开发（IPD）模式，如美国波音公司和深圳华为公司等，都取得了较大的成功。

IPD 框架是 IPD 的精髓，它集成了代表业界最佳实践的诸多要素。具体包括异步开发与共用基础模块、跨部门团队、项目和管道管理、结构化流程、客户需求分析（＄APPEALS）、优化投资组合和衡量标准共七个方面，IPD 框架如下图 7-36 所示：

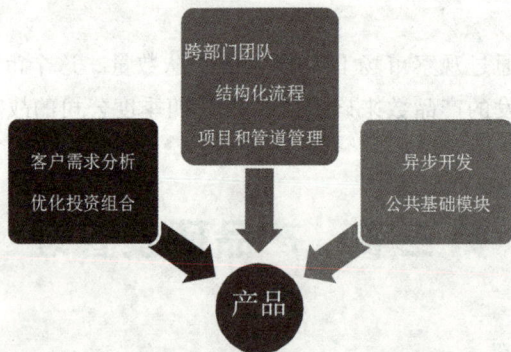

图 7-36　IPD 框架的组成要素

国内比较专业的 IPD 知识学习网站由国内著名研发管理咨询公司－上海益思研发管理咨询有限公司投资的一个非赢利性网站——IPD（集成产品开发）百科网，网站专注于 ipd 领域的知识的介绍与宣传，旨在为中国研发从业人员建立一个学习 IPD 了解 IPD 的一个服务平台。选择这个服务平台的相关内容直接并入了上海益思研发管理咨询有限公司官网的研究成果中。读者若想要深入研究 IPD 相关知识，可以登录他们官网查找。

IPD 的流程重组主要是是引入项目管理体系，提高产品研发效率，缩短研发周期，加快产品上市速度。

产品研发项目管理全过程主要包括：制定技术目标、组建产品开发项目组、制定产品计划、处理产品研发计划变化、控制实际进度、整理、完整技术档案、形成产品生产工艺、市场推广知识体系。项目管理过程中具体工作细节如下图 7-37 所示

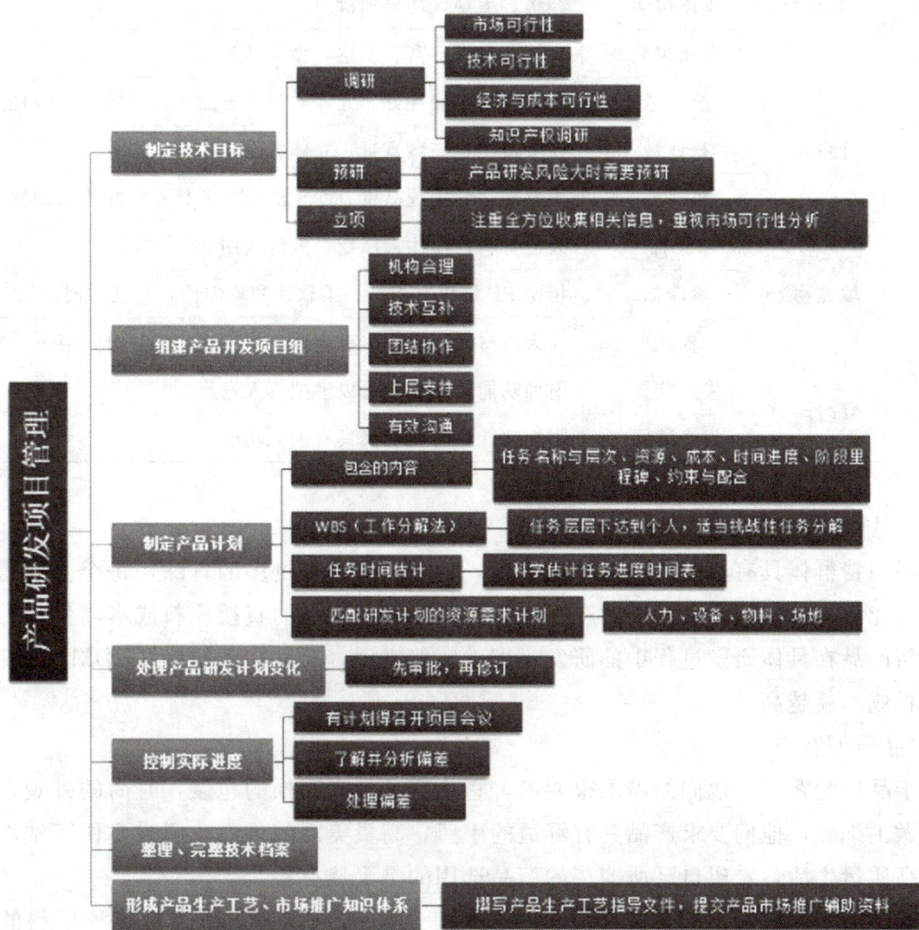

图 7-37　产品研发项目管理

二、《创业之星》研发部

本书结合创业之星的玩具模板模拟企业经营管理全过程。在玩具模板的基础数据规则中，根据系统设置的目标消费群体的各项特征，了解消费群体的需求，结合产品原材料的原价和性能，进行产品设计。

构成玩具产品的物料组合清单（BOM）如下表 7-2 所示：

表 7-2 玩具产品的物料组合清单（BOM）

产品类别	物料名称	原料名称	原料特性
玩具	包装材料	玻璃包装纸	简单，实用，容易起皱，易破损
		纸质包装	经济，美观，略显档次
		金属包装	高档，时尚，富有质感，做工细腻
	面料	短平绒	手感柔软且弹性好、光泽柔和，表面不易起皱，保暖性好
		松针绒	经济适用，高雅富贵，立体感强
		玫瑰绒	手感舒适、美观高贵、便于洗涤，还具有很好的保暖性
	填充物	PP 棉	人造材料，使用最广泛，经济实用
		珍珠棉	相比 PP 棉更有弹性、柔软性和均匀性，并且方便洗涤
		棉花	纯天然材质，柔软富有弹性，均匀性，无静电，但不可水洗
	辅件	发声装置	附加功能，使玩具可以模拟真人发声
		发光装置	附加功能，可使玩具具有闪光功能

1. 目标客户群体需求

不同消费群体具有不同的产品功能诉求，为了产品获得更多的青睐，每个公司需要根据这些功能诉求设计新产品。同时产品设计也将决定新产品的直接原料成本高低，另外也将决定新产品在具体研发过程中的研发难度。一般来说，产品功能越多，BOM 表越复杂，直接原料成本就越高。

（1）品质型客户

对于品质型客户，他们的需求很明确，喜欢商品具有高档的包装，时尚的外观，富有质感，做工细腻，他们要求产品具有舒适的手感，高贵美观的外观，同时要便于洗涤，他们追求高质量生活，希望自己所购买的商品选用的是天然材料。

根据品质型客户的不同需求结合原料特性，可以得到该客户群体对各种原料的评分（见表 7-3）。

表 7-3 品质型客户群体对各种原料的评分

原料	原料名称	评分	该群体对该原料的需求
包装材料	玻璃包装纸	1	
	纸质包装	1	
	金属包装	10	他们喜欢商品具有高档的包装，时尚的外观，富有质感，做工细腻
原料	短平绒	1	
	松针绒	1	
	玫瑰绒	10	他们要求产品具有舒适的手感，高贵美观的外观，同时要便于洗涤
填充物	PP棉	1	
	珍珠棉	1	
	棉花	10	他们追求高质量生活，希望自己所购买的商品选用的是天然材料
辅件	发声装置	10	
	发光装置	10	

（2）经济型客户

对于经济型客户，他们追求经济、实用的外观包装，但又不希望毫无档次，但过于昂贵精美的外包装又容易让他们感觉太奢华。他们不喜欢过于低端的面料，愿意选用面料讲究的产品，并且还希望是便于洗涤的。他们对填充物的要求并不是想象的那么高，方便易洗即可。根据经济型客户的不同需求结合原料特性，可以得到该客户群体对各种原料的评分（见表 7-4）。

表 7-4 经济型客户群体对各种原料的评分

原料	原料名称	评分	该群体对该原料的需求
包装材料	玻璃包装纸	1	
	纸质包装	10	他们追求经济、实用的外观包装，但又不希望毫无档次，但过于昂贵精美的外包装又容易让他们感觉太奢华
	金属包装	1	
原料	短平绒	1	
	松针绒	1	
	玫瑰绒	10	他们不喜欢过于低端的面料，愿意选用面料讲究的产品，并且还希望是便于洗涤的。
填充物	PP棉	1	
	珍珠棉	10	他们对填充物的要求并不是想象的那么高，方便易洗即可
	棉花	1	
辅件	发声装置	10	
	发光装置	10	

（3）实惠型客户

对于实惠型客户，他们希望能够用最少的钱买到自己心爱的商品。他们钟意经济适用的面料，并不希望让物品看起来毫无档次，对产品的内部填充物并不讲究，追求实用大众原则。根据实惠型客户的不同需求结合原料特性，可以得到该客户群体对各种原料的评分（见表 7-5）。

表 7-5　实惠型客户群体对各种原料的评分

原料	原料名称	评分	该群体对该原料的需求
包装材料	玻璃包装纸	10	他们希望能够用最少的钱买到自己心爱的商品
	纸质包装	1	
	金属包装	1	
原料	短平绒	1	
	松针绒	10	他们钟意经济适用的面料，并不希望让物品看起来毫无档次
	玫瑰绒	1	
填充物	PP 棉	10	对产品的内部填充物并不讲究，追求实用大众原则
	珍珠棉	1	
	棉花	1	
辅件	发声装置	10	
	发光装置	10	

2. 产品设计

对于已经开始研发或研发完成的产品，其设计是不可更改的，每完成一个新产品设计需立即支付 30,000.00 元设计费用，每个公司在经营期间最多可以累计设计 6 个产品。我们可以在公司的研发部完成新产品的设计。点进研发部，点击决策内容，可以看到"产品设计"和"产品研发"两个选项。点击"产品设计"按钮，我们可以在这里进行不同配件的不同原料选择组合。在产品设计界面的上方需要填写新产品名称，勾选新产品所面向的目标消费群体。选手可以下拉产品设计界面，查看设计完的产品是否在下列产品列表中，如果没有，则代表名字与其他组的产品名称重新，需要更换名称，重新设计（见图 7-38）。

选手可以自行选择原料种类，其中，包装材料、面料和填充物必须但只能选择一种，辅件可选一种或两种，也能不选（见图 7-39）。各种原料加总的得分数越高，产品越受消费者喜爱。每个产品的设计费用为 30000 元。这里需要说明的是，设计产品时需要注意产品是否需要一个季度的研发周期。在产品设计界面的右下方，可以查看预计研发时间，如果预计研发时间为 1 的话，意味着设计的该产品需要经过一个季度的研发，在下个季度才能投入生产。产品研发是在决策内容里的"产品研发"中进行，在待研发产品的右边点击"投入"，则系统会自动扣除 20000 元的研发费用。如果产品的预计研发时间为 0 的话，意味着设计的该产品无需投入研发，当季度可以直接投入生产。

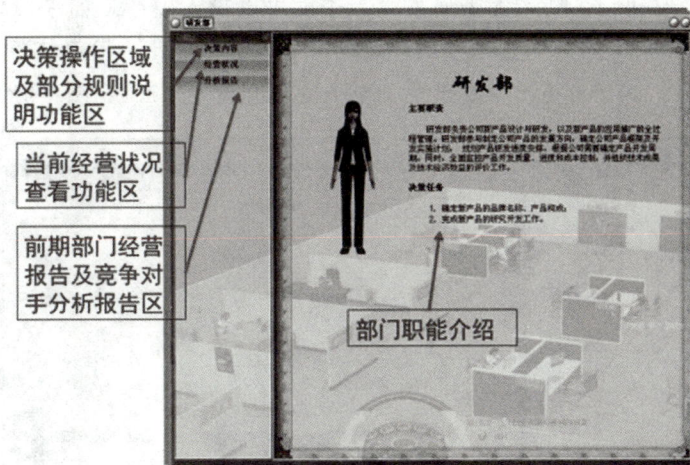

决策操作区域及部分规则说明功能区

当前经营状况查看功能区

前期部门经营报告及竞争对手分析报告区

部门职能介绍

图 7-38 研发部职能介绍

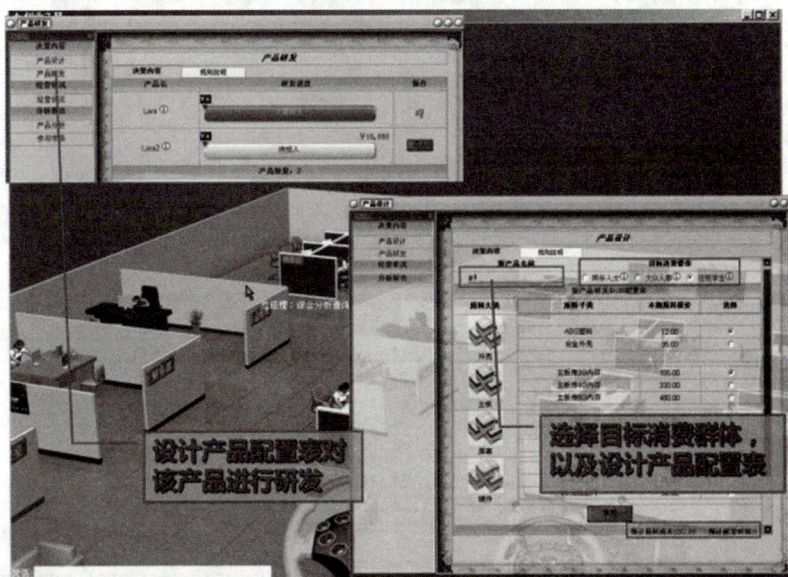

设计产品配置表对该产品进行研发

选择目标消费群体以及设计产品配置表

图 7-39 研发部——产品研发

　　一家企业最多能够设计六个产品，当六个产品都设计完成后，产品设计界面就会变成灰白，无法再次设计。如果设计过程中，发生产品设计不符合你的要求，可以在"已完成设计的产品"栏中的撤销按钮撤销（见图7-40）。

3. 产品研发

　　如何判断自己设计的产品是否需要研发呢？答案来自「教师端」—「生产制造系数」—「明细原料设置」。在教师端中截取出来的明细原料设置中可以查看每种原材料的研发系数，当一个产品的累计系数不低于0.5时，就需要进行研发（见图7-41）。例如，目标消费群体为实惠型客户的产品A采用的是配置是玻璃包装纸＋短平绒＋PP棉，则产品A的累积研发系数为 0.3，小于 0.5，无需研发，当季度可以投入生产。如果目标消费群体为品质型客户的产品 B 采用的是配置是金属包装盒＋玫瑰绒＋棉花＋发声装备，则产品 B 的累积研发系数为 1.0，大于 0.5，需要研发，当季度不能投入生产（见图 7-42）。

图 7-40　研发部——已完成设计的产品情况

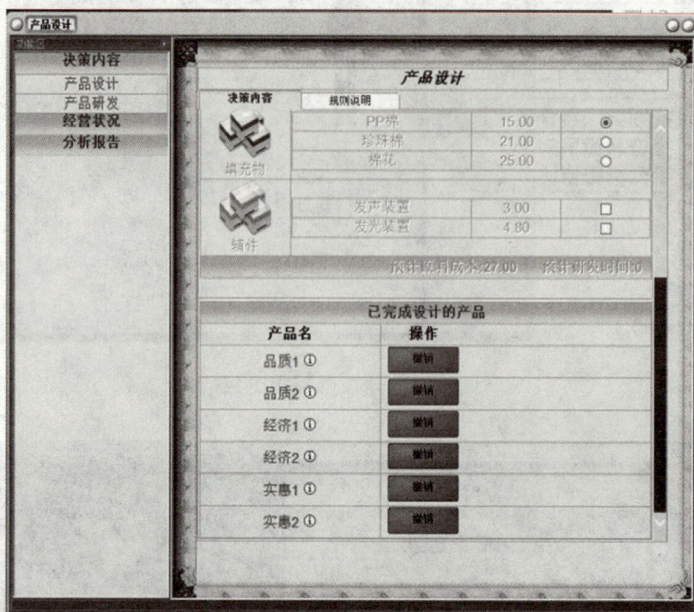

图 7-41　教师端—明细原料设置

大类	必选	名称	1期单价	2期单价	3期单价	4期单价	5期单价	6期单价	7期单价	8期单价	到货周期	应付账期	研发系数
包装材料	是	玻璃包装纸	2.00	1.80	2.00	2.10	2.10	2.10	2.00	1.80	0	0	0.10
	否	纸质包装盒	4.00	4.20	4.50	4.30	4.00	3.70	3.60	3.50	0	1	0.20
	可不选	金属包装盒	6.00	6.20	6.50	5.60	6.90	7.10	7.20	7.20	1	1	0.30
面料	是	短平绒	10.00	11.00	11.00	12.00	13.00	12.00	12.00	12.00	0	0	0.10
	否	松针绒	15.00	17.00	16.00	18.00	19.00	19.00	19.00	18.00	0	1	0.20
	可不选	玫瑰绒	20.00	21.00	22.00	21.00	20.00	18.00	16.00	15.00	0	1	0.30
填充物	是	PP棉	15.00	16.00	16.00	16.00	15.00	17.00	17.00	16.00	0	0	0.10
	否	珍珠棉	21.00	23.00	24.00	26.00	26.00	25.00	27.00	28.00	0	1	0.20
	可不选	棉花	25.00	26.00	28.00	29.00	30.00	30.00	31.00	32.00	1	1	0.30
辅件	是	发声装置	3.00	3.10	3.00	3.40	3.20	3.00	2.90	3.30	0	1	0.10
	可不选	发光装置	4.80	4.80	5.00	5.10	5.30	5.00	5.20	5.40	1	1	0.20

图 7-41　教师端—明细原料设置

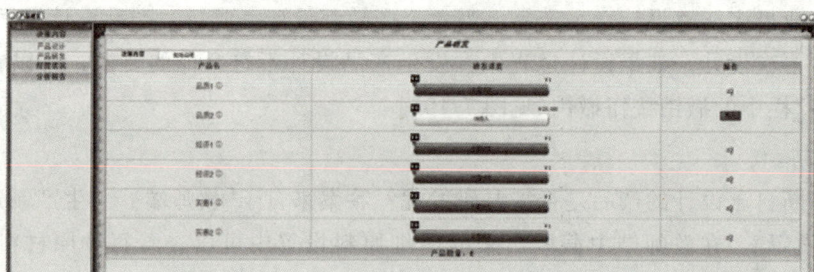

图 7-42

研发部——产品研发选手设计产品时，需要综合考虑产品的原料成本、研发时间、市场竞争力以及战略目标。

目前来说，针对不同客户群较为经典的产品设计方案如下表7-7所示（仅供参考）：

表7-7 针对不同客户群较为经典的产品设计方案

目标消费群体	产品名	产品配置	研发系数	累计评分	当期是否可投入使用
品质型客户	品质1	玻璃包装纸＋短平绒＋PP棉＋发声装置（用1＋1＋1＋1代替）	0.4	13	是
	品质2	金属包装盒＋玫瑰绒＋棉花＋发声装置＋发光装置（用3＋3＋3＋1＋1代替）	1.2	50	否，需研发
经济型客户	经济1	玻璃包装纸＋短平绒＋PP棉＋发声装置（用1＋1＋1＋1代替）	0.4	13	是
	经济2	纸质包装盒＋短平绒＋PP棉（用2＋1＋1代替）	0.4	12	是
	经济3	玻璃包装纸＋短平绒＋珍珠棉（用1＋1＋2代替）	0.4	12	是
实惠型客户	实惠1	玻璃包装纸＋短平绒＋PP棉＋发声装置（用1＋1＋1＋1代替）	0.4	31	是
	实惠2	玻璃包装纸＋松针绒＋PP棉（用1＋2＋1代替）	0.2	30	是

备注：为了阐述更加简洁明了，上表及下文中产品配置用数字代替文字阐述，其中，每种配件的第一种原料的代码为1，第二种代码为2，第三种代码为3。

第四节 企业营销管理

一、企业营销管理

（一）企业营销管理的相关概念市场营销管理是指为创造达到个人和机构目标的交换，而规划和实施理念、产品和服务的构思、定价、分销和促销的过程。市场营销管理是一个过程，包括分析、规划、执行和控制。其管理的对象包含理念、产品和服务。市场营销管理的基础是交换，目的是满足各方需要。

市场营销管理的主要任务是刺激消费者对产品的需求，但不能局限于此。它还帮助公司在实现其营销目标的过程中，影响需求水平、需求时间和需求构成。因此，市场营销管理的任务是刺激、创造、适应及影响消费者的需求。从此意义上说，市场营销管理的本质是需求管理。任何市场均可能存在不同的需求状况，市场营销管理的任务是通过不同的市场营销策略来解决不同的需求状况。

营销管理的基本过程如下图7-43所示：

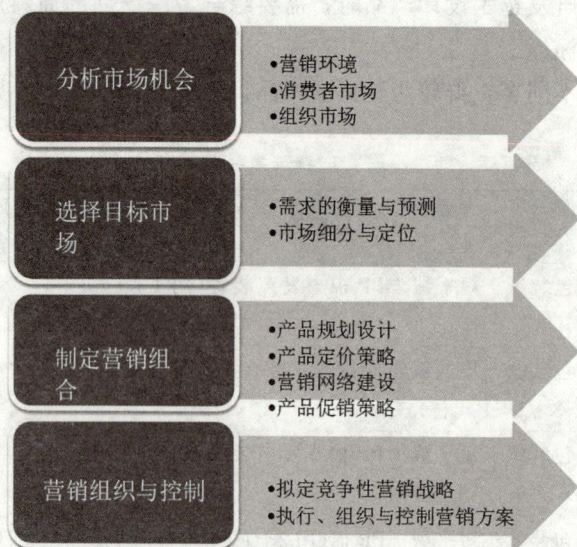

图 7-43　营销管理的基本过程

（二）市场定位

对于初创企业而言，刚进入所属的行业，还没有建立产品或服务的销售渠道，生存成为企业发展的首要任务。此时，企业的目标就是开发全新的细分市场，了解客户需求，而且能够生产出更符合消费者需求的产品或服务。初创期的企业不能盲目地扩张销售渠道，最好是先集中资源在某一细分市场中取得竞争优势，获得较稳定的市场份额后，再考虑有计划性地发展壮大。

在竞争日益激烈的微利时代，技术的快速进步和知识的高速传播打破了大多数行业的行业壁垒，企业的更迭速度越来越快。企业日益感到生存和发展的危机，逐渐意识到一味地追求成本最小化策略和低价策略并不能立足于市场。随着大众生活质量的提高，他们在购买商品时对价格的关注已经下降，更加注重商品的质量和品牌。一个能够在市场上屹立不倒的企业，一定是一个已经树立了良好的品牌形象的企业。企业的品牌建设需要从初创期就开始着手，企业家从一开始就要有强烈的品牌意识，企业的品牌战略一定要在企业建立最初就融入到整体发展战略中。初创期的企业，品牌影响力基本上没有，这时候的营销活动以品牌宣传与树立为主要目的。当产品的细分市场和区域市场确定后，创业者应着手提高企业产品或服务的影响力。提高产品或服务的影响力离不开广告宣传。创业者可以根据公司所在行业及销售产品或服务的特点，选择行业杂志、报纸、广播、电视等传统媒体，或结合互联网等新兴媒体进行组合宣传推广，以引起消费者对产品或服务的关注。

市场定位是指企业根据竞争者现有产品在市场上所处的位置，针对顾客对该类产品某些特征或属性的重视程度，为本企业产品塑造与众不同的，给人印象鲜明的形象，并将这种形象生动地传递给顾客，从而使该产品在市场上确定适当的位置。根据这个定义，市场定位的第一步是了解目标客户群体需求，也成为消费者定位；第二步是了解市场上竞争对手的产品定位，也成为竞争对手定位；第三步挖掘目标消费群体还未被满足的需求，塑造与众不同的产品特性，也成为产品定位；最后一步是树立企业整体品牌形象，也成为品牌定位。

市场定位可分为对现有产品的再定位和对潜在产品的预定位。

（1）对现有产品的再定位对现有产品的再定位可能导致产品名称、价格和包装的改变，但是这些外表变化的目的是为了保证产品在潜在消费者的心目中留下值得购买的形象。对潜在产品的预定位，要求营销者必须从零开始，使产品特色确实符合所选择的目标市场。

（2）消费者定位和竞争定位消费者定位和竞争定位的工作既可以由企业亲自调研，也可以通过外包专业调研团队调研，或者直接付费购买所在市场的咨询报告。消费者需求调研和竞争对手的产品定位调研一般需要花费众多的劳力物力，但是这是企业了解市场环境、进行更好的自身定位必不可少的前提。

产品定位是企业在目标市场拥有竞争优势的关键，需要仔细比较企业与竞争者的经营管理、技术开发、采购、生产、市场营销、财务和产品这七个方面。借此选出最适合本企业的优势项目，以初步确定企业在目标市场上所处的位置。品牌定位的建设为一朝一夕之功，是企业在长期的市场竞争中不断摸索总结出来的自我认识，并在企业内部不断强化其信念，也通过实际行动不断向客户传递的积极信号。

在确定产品定位后，主要任务转变为通过市场营销策略让消费者了解本企业的产品特性、熟悉、认同、喜欢和偏爱本企业的市场定位，在顾客心目中建立与该定位相一致的形象。

（三）市场营销策略

本文主要介绍以 4Ps 理论为核心的营销组合方法，即：4Ps 分别代表的是产品（Product）、价格（Price）、渠道（Place）、促销（Promotion）。

1. 产品策略

产品（Product）是企业生产活动的中心，也是企业与市场的联系的纽带。产品策略是企业市场营销活动的基石和支柱，在产品设计过程中应该注重开发的功能，要求产品有独特的卖点，把产品的功能诉求放在第一位。

2. 价格策略

在多数情况下，价格是目标客户作出消费选择的主要决定因素。即使近几年来，随着消费者加强对生活质量的提高的诉求，非价格因素越来越重要，但是价格仍然是决定企业产品销售和盈利能力的最重要因素之一。在 4Ps 策略中，除价格策略与企业收入相关外，其他三个策略均是与成本相关的策略。企业的价格策略主要是解决对第一次销售的产品如何定价，怎样随时间和空间的转移来改变一个产品的价格以适应各种环境的需要以及怎样调整价格参与竞争和对竞争者的价格调整作出反应等问题。

（1）产品定价的影响因素

企业对产品进行定价时应该关注以下几个因素：目标市场消费群体的经济实力、竞争对手的定价策略、本企业产品的成本及利润目标、市场行情因素以及客户心理预期。

（2）产品的定价方法

产品的定价方法主要可以分为成本导向定价法、竞争导向定价法和需求导向定价法这三种类型。

成本导向定价法又可以分为完全成本加成法、边际成本定价法和盈亏平衡定价法。完全成本加成法是指企业在平均成本的基础上按目标成本利润率确定产品的单价。这种定价方法的好处是计算简单易行且公平合理。当然，这里的成本应该是考虑了税收和机会成本的完全成本，即：产品的出厂价格＝产品平均成本＊（1＋目标成本利润率）。边际成本定价法是由企业追求利润最大化的目标决定的，即对利润函数求一阶导数，令其为零，必然是边际收益要等于边际成本，并且在完全竞争的市场上每个厂商都是既定价格的接受者，产品的价格仅由市场唯一决定，所以价格为常数，厂商的边际收益和平均收益都等于产品价格，因此，利润最大化的条件即：价格＝边际成本。盈亏平衡定价法是指在销量既定的条件下，企业产品的价格必须达到一定的水平才能做到盈亏平衡、收支相抵。科学地猜测销量和已知固定成本、变动成本是盈亏平衡定价的前提。定价公式为：保本定价＝固定成本/损益平衡销售量＋单位变动成本，其中的损益平衡销售量＝固定成本/边际贡献。

竞争导向定价法是企业参照竞争者的同类产品价格定价，并根据竞争状况的变化进行价格调整。

需求导向定价法是一种伴随市场营销观念更新而产生的一种新型定价方法，以消费者的需求状况为依据，最大限度地占用消费者剩余。

（3）产品的价格策略

①新产品价格策略

"撇脂"价格策略：企业在新产品刚进入市场阶段时采用此策略，一开始便以高价投放在短期内获取较多收益，然后再降价进入弹性大的市场，这就很像从牛奶的表层撇取奶油，因此得名。使用这种策略有利于利用消费者求新的心理，尽快取得新产品利益的精华从而快速收回投资。

渗透价格策略：与"撇脂"价格策略相反，企业在新产品上市之初，尽量将价格定得低一些，使新产品迅速占领市场，等到新产品站稳市场后，通过提高质量及改进造型，再逐步提高价格。这种价格策略强调先以低价打开销路，需求价格弹性系数大的服装商品应采用该策略。

中间价格策略：这是介于"撇脂"与"渗透"之间的价格策略，即按照本行业的平均定价水平或者按当时的市场行情来制定价格。

②折扣价格策略

数量折扣：即根据消费者购买数量多少分别给予大小不等的折扣。现金折扣：买方在卖方规定的付款到期日以前将款项付清，卖方则对买方现金支付给予一定的折扣。

业务折扣：生产商为了扩大销路和稳定销售渠道，根据各类中间商所发挥的流通职能的不同，进而给予不同的折扣。

3．渠道策略

（1）分销渠道的理论依据

分销渠道是指商品由生产者向最终消费者转移所经过的途径和各类相关组织机构的集合。一般而言，企业并不直接面对消费者，而是注重经销商的培育和销售网络的建立，企业与消费者的联系是通过分销商来进行的。企业为什么要建设分销渠道呢？只要是基于以下三个理论的运用得出的结论。

专业化分工理论：由于生产和销售之间出现的矛盾，将其中一部分工作交由中间商、广告商、物流商等等，能提高分销效率。

交易消费理论：著名经济学家杨小凯将斯密的劳动分工理论和科斯的交易费用理论结合为一体。在新兴古典经济学的分析框架中，存在着由分工带来的好处和分工产生的交易费用的两难冲突，交易效率的高低决定着分工水平。生产商在构筑分销渠道时，需评价交易费用，并以此决策交易活动的"内部化"和"外部化"。

协作竞争理论：分销渠道成员只有结成一个整体，才能使自身或最大利益。

（2）分销渠道的数量形态

按分销渠道的数量形态可以分为通路长度、通路宽度和通路广度。通路长度：是指未完成企业的目标而需要的渠道层次数目。通路长度分为长通道和短通道。长通道表示在产品销售过程中垂直利用两个或两个以上的中间商分销商品的分销渠道，短通道则是利用单一中间商或自己直销产品。

通路宽度：是指企业在某一市场上并列地使用多少个中间商。通道宽度分为独家分销、选择性分销和密集型分销。独家分销是指在目标市场上只选择一家中间商来分销产品，一般要求这家中间商不能同时经销竞争对手的商品。选择性经销是指在目标市场上，依据一定的标准选择少数中间商分销商品。而密集性分销则是尽可能通过较多的中间商分销商品，采用"广撒网多捞鱼"策略，重视数量。

企业需要结合以下因素作出分销渠道长度和宽度的决策：产品因素：如价值大小，体积与重量、变异性、标准化程度、技术性等。企业因素：如企业自身规模、营销能力和经验、对分校区大奥的控制能力等。市场因素：如市场规模、客户集中度、用户购买数量、竞争者的分销模式。分销商因素：分销商的营销能力、经济条件等。

（3）企业选择分销商的标准

根据伯特·罗森布罗姆博士（Bert Rosenbloom）撰写的《营销渠道管理》一书中关于英美生产商所使用选择分销商标准研究结果，企业选择分销商时最应该关注分销商的市场知识、市场占有率、以往分销成功的经验、销售人员的数量及质量以及对产品是否感兴趣（见表7-8）。

表 7-8 Shipley 关于英美生产商所使用选择分销商标准研究结果

英国公司			美国公司		
样本数量 N＝59 公司	比率	排名	样本数量 N＝70 公司	比率	排名
市场知识	83％	1	市场知识	79％	1
市场占有率	75％	2	市场占有率	79％	2
对产品的兴趣	61％	3	以往成功的经验	67％	3
销售人员数量及素质	49％	4	销售人员数量及素质	64％	4
产品知识	47％	5	对产品的兴趣	61％	5
业务电话频率	36％	6	产品知识	30％	6
以往成功的经验	25％	7	工作人员素质	27％	7
成本	25％	8	成本	23％	8
对家竞争对手周旋的能力	22％	9	服务及仓储设备	23％	9
服务及仓储设备	20％	10	业务电话频率	17％	10
工作人员素质	11％	11	对家竞争对手周旋的能力	16％	11
管理者的职业背景	10％	12	管理者的职业背景	11％	12
其它	5％	13	其它	9％	13

（4）分销渠道冲突与协调

由于分销渠道成员之间因目标差异、领域差异、信息差异等原因而产生争执、敌对、报复和决裂等行为的现象。协调方法：建设分销渠道之初就权衡好分销商的权责利、构建渠道成员之间良好的交流沟通机制、建立合适的激励机制。

（5）以返利作为经销商的主要激励措施

不同产品生命周期的返利重点不同，本文主要关注创业初期，即导入期的返利重点。创业初期，企业的目标是打开市场，加深消费者对产品的印象，因此，应该通过提高返利额度鼓励分销商进货，提高铺货率[①]。

（6）通过培训提高经销商经销实力，同时加强对企业产品的认同感培训分为三个阶段：基础培训（认同公司的文化，增强凝聚力）；技能培训（提升经销技能，提升日常效率）；战略培训（认清战略方向，打造区域竞争优势）。培训的方式包括专家讲座、参观学习、交流会、免费深造、集中培训、在校培训、学院培训等。

培训的讲师既可以是内部较为有经验、营销业绩好的工作人员，也可以是外聘行业专家或专门培训师。选择内部培训师的优点是了解公司经销业务模式、产品的市场定位，培训的针对性更强。选择外部培训师的优点是能够提供更加广阔的思路。

---

① 铺货率指在所在区域的适合产品销售的目标零售商总数中，已经铺入产品的零售商所占的比例。

4. 促销策略

促销是指企业通过人员推销或非人员推销的方式，向目标客户传递产品或服务的性能、特征等信息，加深消费者对本企业的产品或服务所能带来的利益的认识从而吸引消费者的兴趣，激发消费者购买欲望及购买行为的活动。实际在市场促销中，比较常见的促销方式如下：

（1）折价促销

折价促销，是在产品促销中采取的最常见、也是最有效的。所谓折价，就是指厂商通过降低产品的售价，以优待的方式进行销售。这种一般是适用于刚刚上市，急需打开市场销路或者博取眼球和注意力的产品。折价策略不仅仅包括直接折价，也包括附加赠送和套餐式折扣。后两者能够在达到前者的促销目标上，增加消费额，但可能对一些消费者的吸引力度没有那么大。折价策略的优势是生效快、在短期内可以快速拉动销售，增加的购买量，最具有冲击力和诱惑力。同时，采取折价策略可以快速反应，令竞争对手措手不及，可以使自己处于比较主动的竞争地位。但是折价策略的劣势也很明显，会打击对品牌的忠诚度；引发竞争对手的反击，容易导致价格竞争，造成两败俱伤的结局，不利于企业和行业的长远发展。

（2）退费促销

退费策略，退费策略是指在购买一定数量的商品后给予一定金额的退款。这种适用于新入市的品牌或者已有一定品牌的产品。退费策略与折价策略相似，只是折价策略优惠金额直接在出售商品时的售价扣除，而退费策略是在商品正价销售后，企业给予客户的优惠退费，即先收后退。相比于这家策略，采用退费策略的优点表现在对品牌形象影响较小，不会引发同行之间的恶性竞争，可以刺激再次购买和重复购买，培养对品牌的忠诚度，实现商品的快速销售。但退费策略会降低企业的销售利润，且对消费者的刺激力度不大。

（3）集点促销

集点换物策略是指收集产品的购买凭证，达到商家活动规定的数量，到商家指定的地点换取不同的奖励的。该种适用于品牌知名度高的成熟产品，且是消费频繁，消耗量大的产品。

（4）新产品免费试用策略

新产品免费试用策略是指将产品（一般都是新产品或者试用装）赠送给潜在，供其使用或者尝试，并诱导购买的一种促销方式。采取这种促销方式的比较多的厂家有快速消费品行业、化妆品行业以及高消耗性行业。试用策略有利于提高产品入市速度，能够有针对性地选择目标消费群体，吸引购买，而且可以在中形成传播效应，提高品牌知名度和品牌亲和力。但采取这种促销方式的费用成本相对较高，活动操作的难度较大，而且，对于同质性强或者个性色彩较弱的产品效果较差。

（5）抽奖促销

抽奖促销是我们在日常生活中最常见的促销方式。采取抽奖促销的不分是大品牌，还是新进入市场的品牌，都是常用促销方式。采用抽奖促销的优点就是能够覆盖大范围的目标消费群体，对销售具有直接的拉动作用，可以吸引新顾客尝试购买，促使老顾客再次购买或者多次重复购买。但现在消费者都比较理智，对抽奖活动的兴趣逐渐下降。

（6）人员推广促销

人员推广策略是最原始但有时是最有效的产品。采用人员推广策略可以进一步弥补广告与促销信息之间的信息沟通不足的弊病，提高产品在市场中的竞争力，促进消费者的购买行为。但人员推广策略的单位成本比较高，也比较困难，对目标的覆盖面不广，而且随着消费者辨识能力增强，越来越抵制人员推广。

（7）公关赞助

公关赞助是指通过赞助某种社会活动，借助良好的社会效应，提高品牌知名度和品牌形象，最终达到促进产品销售的目的，并力争实现产品销售与品牌形象提升的双赢。采用公关赞助可以快速提升品牌知名度，建立品牌形象，创造有利于企业的公众环境，而且也可以直接促进产品销售，实现产品销售和品牌知名度的大幅度提升。但公关赞助活动需要适当的时机，适当的策略才能达到最佳的产品传播和品牌传播的目的。而且，公关赞助对企业的组织能力要求较高，成本较大。

企业在促销活动中既可以使用单个促销策略，也可以混合使用多个促销策略，具体需要结合企业促销的成本预算、促销效果而定。

二、《创业之星》营销管理

市场营销分为渠道开发、产品推广宣传、销售人员招聘、培训、订单报价等多项工作。在创业之星系统中，这些工作由市场部和销售部共同完成。市场部负责进行市场开发、产品广告宣传。销售部负责销售人员调整、产品报价。

（一）创业之星市场部

1. 市场开发

整个市场根据地区划分为多个市场区域，每个市场区域下有一个或多个销售渠道，可供每个公司开拓，开发销售渠道除了需要花费一定的开发周期外，每期还需要一笔开发费用。每个公司可以通过不同的市场区域下已经开发完成的销售渠道，把各自的产品销售到消费者手中。

从下图7-43可以看出，北京市场无需开发便能进行产品销售。除北京市场外，其余四个市场都需要花费不同的开发周期和开发费用。其中，上海市场需要一个季度的开发，开发费用为20000元，广州和武汉两个市场需要两个季度才能开发完成，开发费用各为40000元，成都市场开发周期最长，需要三个季度，花费60000元。点击开发按钮，即可立即投入开发，开发费用也立即从账上划走。

市场部—市场开发市场开发需要根据公司整体的发展战略，同时结合产品设计策略和资质认证情况进行综合决策。

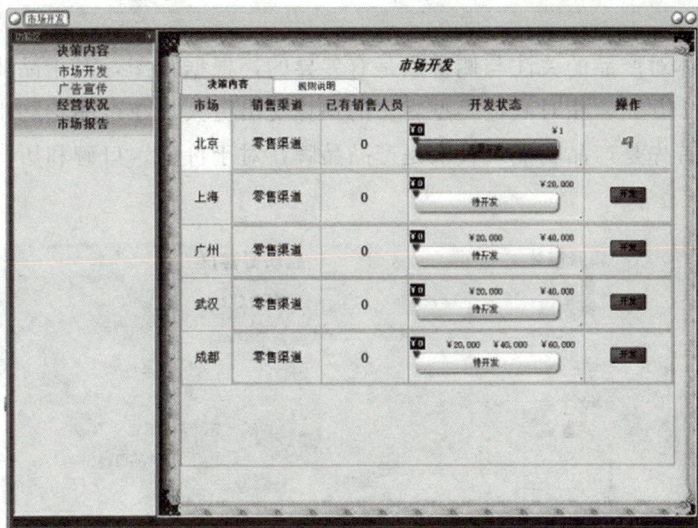

图 7-43

2. 广告投入市场部的另一个主要功能是进行产品的广告投入。广告宣传是指每个产品每期均可以投入一笔广告宣传费用，某一期投入的广告对未来若干季度是有累积效应的，投入当季效应最大，随着时间推移，距离目前季度越久，效应逐渐降低。产品品牌由公司市场部门在产品上所投入的累计宣传广告多少决定，与竞争对手相比，累计投入广告越多，产品品牌知名度就越高，越能获得消费者认可。产品的广告投入是在市场部决策内容的"广告宣传"中操作。在"本期投入金额"栏输入本季度需要投放的广告金额，点击"保存"（见图 7-44）。如果本期改变了原有的广告计划，可以直接在"本期投入金额"栏处修改，重新点击"保存"即可。

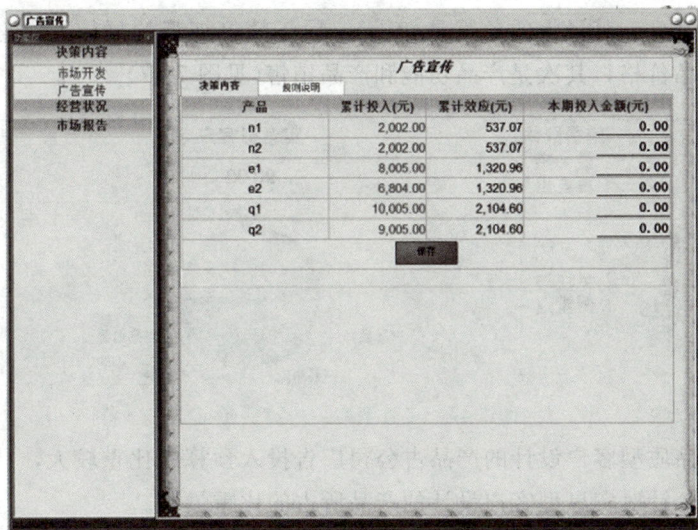

图 7-44　市场部——广告宣传

3. 不同消费群体的消费特征

不同消费群体对产品的关注与侧重点是有差异的，根据下图，对于品质型客户，其最大的预算支出为150元，相对其他类型客户的预算支出更大。在产品选购中，品质型客户的关注与侧重点首先是产品功能，其次是产品品牌，对于价格、口碑和历史销售数据的关注较少（见图7-45）。

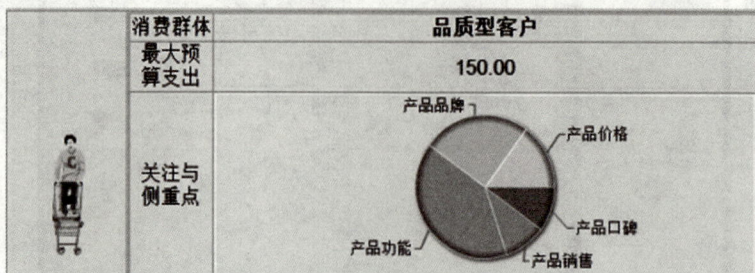

图 7-45　品质型客户的消费特征

对于经济型客户，其最大的预算是120元，具有中等消费能力。在产品选购中，经济型客户的关注和侧重点首先是产品价格，其次是产品功能和产品销售（见图7-46）。

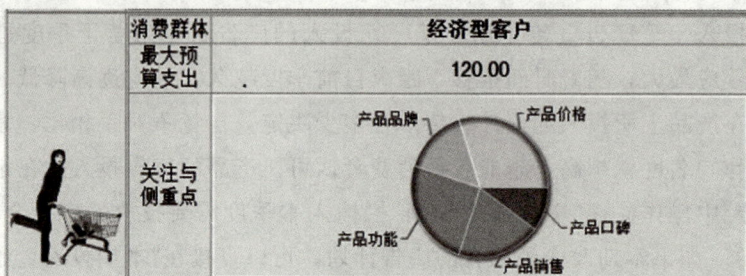

图 7-46　经济型客户的消费特征

对于实惠型客户，其最大的预算是90元，属于精打细算的群体。实惠型客户关注与侧重点首先是产品价格，其次是产品功能和产品销售（见图7-47）。

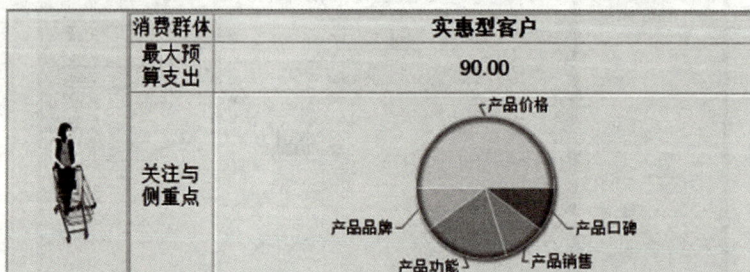

图 7-47　实惠型客户的消费特征

因此，针对品质型客户设计的产品占公司广告投入预算的比重较大，针对经济型客户设计的产品次之，针对实惠型客户设计的产品所占的比重最小。

(二)创业之星销售部

1. 产品销售预测

根据每个消费群体的市场需求分析制定各阶段公司的产品销售预测(见图 7-48)。按照销售部产品定价界面中的数据,每组可获得每个消费群体的平均市场需求量如下表 7-9 所示。

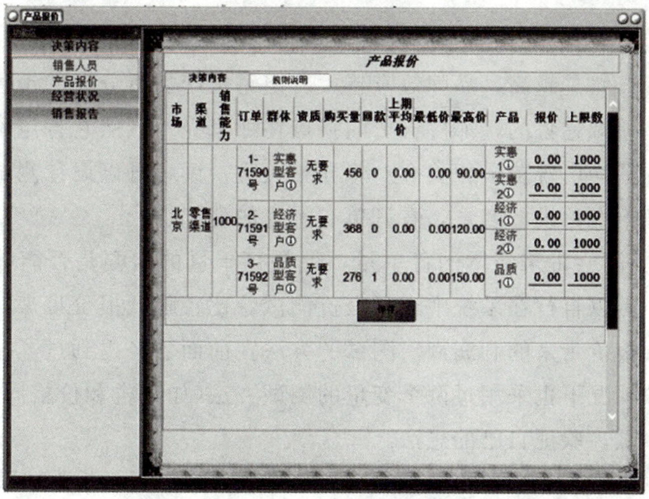

图 7-48 销售部——产品销售预测

表 7-9 每组可获得每个消费群体的平均市场需求量

市场	目标消费群体	1 季度	2 季度	3 季度	4 季度
北京	实惠型	456	488	521	555
	经济型	368	368	422	456
	品质型	276	276	321	356
上海	实惠型	—	410	439	456
	经济型	—	520	556	588
	品质型	—	535	536	551
广州	实惠型	—	—	399	410
	经济型	—	—	455	465
	品质型	—	—	485	498
武汉	实惠型	—	—	431	455
	经济型	—	—	386	391
	品质型	—	—	331	356
成都	实惠型	—	—	—	336
	经济型	—	—	—	435
	品质型	—	—	—	311

这是一个市场平均值，订单量实际上与市场上针对同一客户群体的产品数、产品的配置、产品的历史销量、产品的广告销售费用等相关，因此选手小组最后得到的产品订单量无法确定。

其实销售量的好坏归根结底是靠已交付订单数来决定的，而产品的订单数受以下因素影响。

（1）产品品牌让人想到的自然是广告费，然而广告费到底多少才能发挥最大的效应呢？一般说来，广告费自然是越高，品牌效应越大，但每个产品所分摊的销售费用越高，且广告的边际效应是呈递减趋势的，那广告费的拐点在那里呢？既然它肯定不是一个定值，那么它跟整个市场的平均广告费最相关么？怎样相关呢？读者可以设计测试方案解决这些问题，保持其他条件不变，设置变量，看订单有怎样的变化。

（2）产品价格下降会带来新增的订单量，但是订单量的增幅是否能够弥补价格下降的幅度，读者有兴趣可以自行在系统中进行报价测试，比较降低报价带来的新增订单量的利润额与采用最高价报价带来的利润额。测试的方法在前面已经提到过了，基本上都是采用一个变量，在少数情况下也采用过两个变量的测试方法（如广告和价格同时变化）；大家可以根据需要进行测试，验证自己的想法。

（3）产品口碑是由企业以前的销量决定的，那是针对不同消费群体全部销量影响了全部

产品？每一种产品的销量只影响该种产品？读者可以设计测试方案解决这些问题。

（4）产品销售指的是销售能力，也就是销售人员的多少，在这个市场我不需要这么多销售人员时，

雇佣多一些销售人员是否会带动在全国的销量呢？读者可以设计测试方案解决这些问题。

（5）产品功能其实就是产品设计，产品设计涉及到产品成本高低以及产品是否需要研发支出。产品配置提升导致的订单量的增幅是否能够弥补成本上升幅度。同时较高的产品配置一般都需要一个季度的研发周期和20000元的研发费用。研发期间错过的销售额、产品口碑的建设以及增加的研发费用是否能够由后期的新增利润水平弥补。读者可以设计测试方案解决这些问题。

2. 订单分析

虽然产品订单量无法确定，但是我们仍然能够在认真观察市场上其他竞争对手的交易后，结合市场平均订单量测算出本公司的产品销售预测。做好销售预测的关键主要在与三个方面：确定市场容量、确定生产能力以及预测销售量。每季度后整理各组的订单信息，能够及时对自身处在市场中的状态进行了解，通过比对相关的数据甚至能够分析出竞争对手的具体决策。这点需要大家在实践中进行试验总结，能够了解竞争对手的各项指标，从而进行相应的对策。

为了更好地观察竞争对手的策略，可以进入销售部和市场部，点击销售报告和市场报告，查看市场内每个小组的每个产品在每个季度的订单量。下图7-49为销售部的订单汇

总界面，下图 7-50 为市场部的产品评价界面，注意不同公司在不同市场中产品功能、产品销售、产品口碑、产品品牌及产品价格在其中反应出来的比率关系，每个公司每个市场每个产品相应分数的差异看出他们的决策有所不同，可以从他们的订单数反映出来。

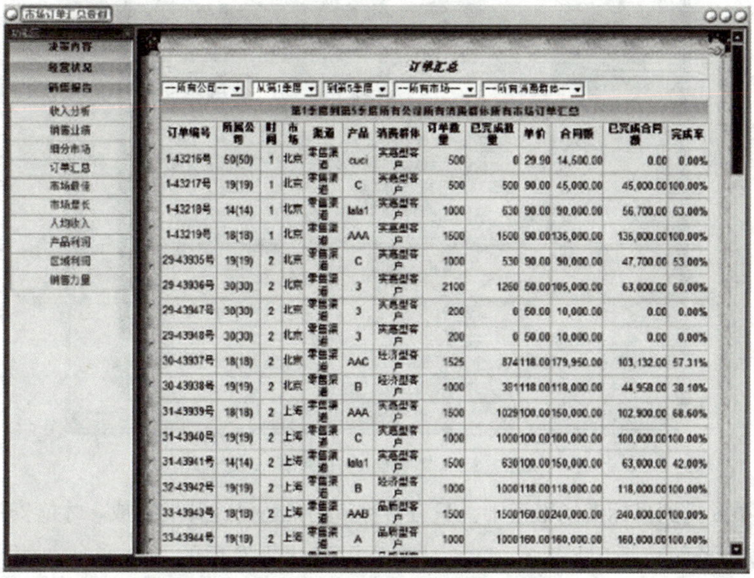

图 7-49　销售部——订单汇总

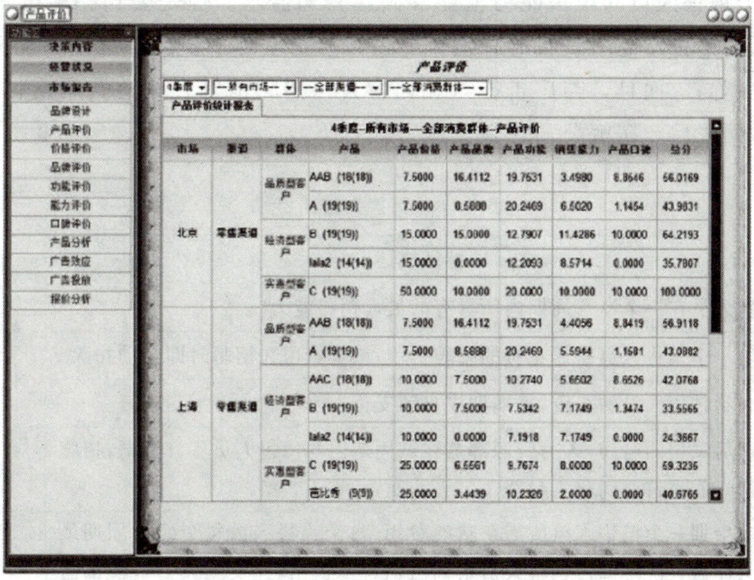

图 7-50　市场部——产品评价

3. 销售人员调整

主场景中点击"交易市场"，进入后，点击"人才市场－招聘销售人员"（见图 7-51）。

图 7-51　销售部——销售人员

　　将销售人员安排到目标市场渠道中。只有目标市场渠道已经开发完成，才能安排销售人员。

　　按照销售人员的特征（见表 7-10），对于公司设计研发后的每个产品，每个销售人员可以销售 500 个以下。根据上表 7-9 的销售预测，第一季度每个产品的平均销售量不超过 500，因此一个销售人员的销售能力就能够满足公司需求。但是公司招聘的销售人员个数决定了公司当前销售产品所具备的总销售能力，与竞争对手相比，总销售能力越高，获得消费者认可也越高。而且，与广告投入相比，公司招聘销售人员的费用支付是在季度末，当期订单付款回账后，缓解公司现金流压力。

表 7-10　销售人员的特征

特征	特征描述	数据
销售能力	销售人员在一个经营周期内所具有的最大销售能力	500 个/每产品
招聘费用	招聘一个销售人员所需花费的招聘费用，该笔费用在招聘时即自动扣除	500.00 元
季度工资	支付给销售人员的工资，每期期末自动支付	3,600.00 元
试用期	招聘后试用的时间，人力资源部需在试用期内与销售人员签订合同，招聘之后没有签订合同将支付罚金每人 2,000.00 元	1 个月
培训费用	每次培训一个销售人员所需花费的费用，每个销售人员每个经营周期最多只能做一次培训。销售人员培训由销售部提出，递交到人力资源部后进行实施，培训费用在实施时支付	500.00 元
培训提升	销售人员完成一次培训后，销售能力将在原有能力的基础上提升的百分比。培训后销售能力＝培训前销售能力 x（1＋培训提升）	5.00%
辞退补偿	试用期内辞退销售人员无需支付辞退补偿金，试用期满并正式签订合同后需支付辞退补偿金，一般在每期期末实际辞退销售人员时实时支付。	3,600.00 元

　　销售部的一个主要功能是进行销售人员管理，包括业务员在不同渠道间的调整、计划培训提升、计划辞退。销售部提交销售人员的培训计划和辞退计划后，由人力资源部同一进行培训和辞退（见图7-52）。

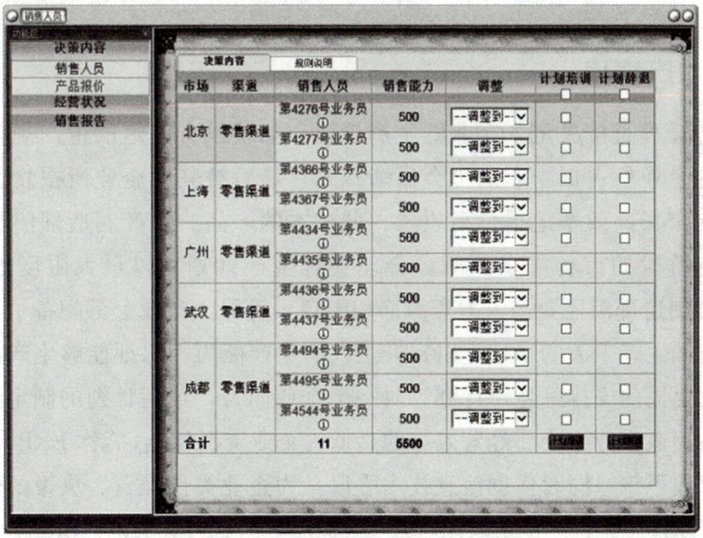

图 7-52　销售部——销售人员管理

4. 产品报价

　　销售部的另一个主要功能是进行产品报价（见图7-53）。产品报价主要依据各类型客户所能接受的最高价。上限数决定系统最多能够给你分配的订单数，如果订单量高于你的产成品，就会面临违约，需要支付违约金。因此上限数的设定也很重要，一般设为产成品数量。

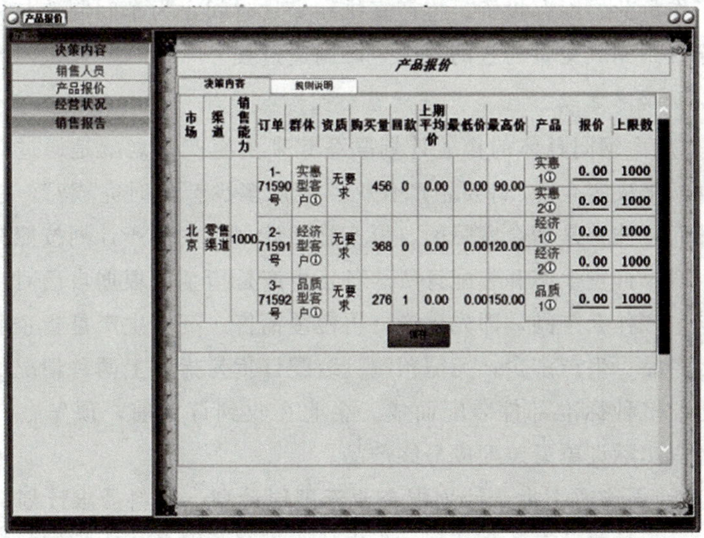

图 7-53　销售部——产品报价

第五节　企业生产管理

一、企业生产管理

企业的生产管理直接决定了企业的生产规模，如果没有一定的生产规模，该企业的市场份额将被其他企业所占据，利润也会逐渐减少，最后被其他企业所蚕食。企业生产管理的目的是为了向市场高效率地提供高质量、低成本的产品。生产制造部门要与营销部门紧密配合，根据各阶段的市场需求预测，合理安排生产计划，以最大限度地满足市场的需要。同时，生产制造部门还要与人力资源部相配合，确保生产线上都配备了足够的工人，并按照需要合理安排生产工人的培训，以提升工人的生产能力。保证能够生产出营销部门需要的产品数量，就要提前安排好生产计划。对一个企业而言，经营计划的制定与否、效率高低通常会直接关系到该企业生产、经营效率的高低。企业资源计划（简称 ERP）作为一个利用现代企业的先进管理思想，同时借助信息技术手段，为企业提供经营、决策的全方位、系统化的管理平台，其设计思想自然也是以计划为主线而展开的。一般来说，ERP 计划管理体系大致可以分为主生产计划、物料需求计划、能力需求计划、销售计划和生产加工计划等几个层次。

（一）主生产计划

主生产计划（Master Production Schedule，MPS），在 ERP 系统中是一个重要的计划层次，它根据生产计划、客户合同和预测，把销售与运作规划中的产品系列具体化，将生产计划转换为产品计划．它是物料需求计划、能力需求计划和成本运作的主要模块，决定着企业未来的工作负荷、库存投资、生产安排和交货时间，为车间制造与采购等工作提供计划方向，贯穿直到完成交货为止的整个生产制造过程。

1. 主生产计划的基本功能主生产计划在企业经营管理中主要行使以下几项基本功能：

（1）把企业生产大纲同具体的作业计划联系起来主生产计划就是通过对被制造的产品进行详细的计划，来决定企业"将要生产什么？生产多少？何时完成？"。它比生产大纲或生产规划更加细而具体，是切合实际的、可实施的计划。主生产计划按照销售去向是否确定分为：备货生产、订货生产和装配订货。备货生产是指企业根据自己对市场需求的预测和库存量来决定生产什么产品，即先生产，再慢慢销售。订货生产是指企业根据收到的订单需要生产什么产品、生产多少，无需预测。装配订货是指以上两种情况的混合，最终产品需要由一组需要多种标准部件装配而成。企业在收到订单前，预先生产出这些标准部件，然后按照客户实际订单量装配成最终产品。

（2）与各层次计划连通主生产计划把企业管理层计划、物料需求计划、能力需求计划与日程计划连在一起，并且在整个计划过程中始终贯穿了财务成本控制的概念，对企业资源进行一体化的、全过程的计划。

（3）提供控制、评价依据为生产计划管理者提供了一个"控制工具"。主生产计划是企业管理者控制之下最重要的一组计划数据，基于此，企业管理者对整个生产经营过程就有了控制、评价的依据。

2. 主生产计划的制定程序

一般来说，制定主生产计划遵照如下程序（见图7-54）：首先，企业通过客户订单、预测、备品备件、厂际间需求、客户选择件及附加件、计划维修件等多种信息途径，准备产品需求信息，确定产品总需求。然后，企业根据总需求、现有库存量、企业计划等要素条件对需求产品进行搭配组合，确定每一个具体产品在每一个具体时间段的生产计划，提出初步的 MPS。接着，企业要对初步的 MPS 进行可行性论证，对关键资源进行平衡。一般采取的是粗能力计划核算的方法，即以关键资源为计划对象，评价主生产计划对关键资源的总影响如何，从而决定所需能力并测定出主生产计划是可行还是不可行的方法。如果某个部门或某个关键工作中心的负荷超出可用能力过大，就要对主生产计划采取必要的调整或改变生产时间，重新进行模拟直到基本满意为止。这个过程一般要反复多次，调整后的主生产计划由主生产计划员确认后，才能作为提交批准或运行物料需求计划的根据。最后，企业负责部门对主生产计划进行相应的审核、批准，以保证主生产计划符合企业的经营规划。

MPS 的基本原理和基本流程：MPS 是闭环计划系统的一个部份。MPS 的实质是保证销售规划和生产规划对规定的需求（需求什么，需求多少和什么时候需求）与所使用的资源取得一致。MPS 考虑了经营规划和销售规划，使生产规划同它们相协调。它着眼于销售什么和能够制造什么，这就能为车间制定一个合适的"主生产进度计划"，并且以粗能力数据调整这个计划，直到负荷平衡。然后，主生产进度计划作为物料需求计划 MRP 的输入，MRP 用来制定所需零件和组件的生产作业计划或物料采购计划，当生产或采购不能满足MPS 的要求时，采购系统和车间作业系统就要把信息返回给 MPS，形成一个闭环反馈系统。整个流程如下图所示：

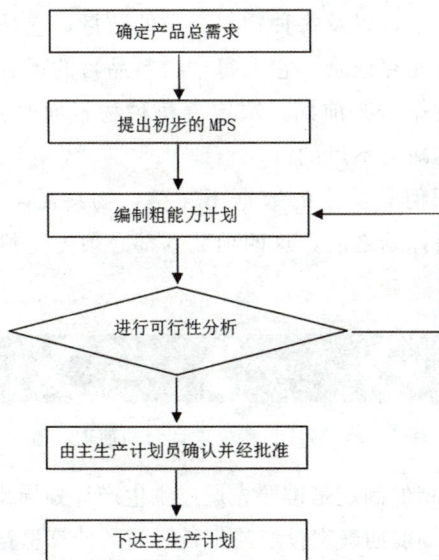

图 7-54 主生产计划流程图

值得一提的是，主生产计划编排后不是一成不变的，主生产计划应是一个随着市场变化不断增加或减少的持续式的滚动计划，但这并不意味着企业生产计划人员可以低估它的价值。总之，主生产计划在 ERP 系统中有着十分重要的作用，制定恰当合理、切合实际的主生产计划将能够帮助企业有效地减少库存、提高交货的及时率和生产效率。

(二)物料需求计划

1. 物料需求计划的含义

物料需求计划(简称为 MRP)与主生产计划一样属于 ERP 计划管理体系，是供养整个 ERP 体系运转的血脉。主生产计划只是最终产品计划，而一个产品可能由成千上万的原料构成，一种原料可能用于多种产品，也可能只用于单一产品。如果用于多种产品，每个产品所需的同一原料的量可能还不相同。另外，产品的加工周期不同，原料的周转周期也不同，因此，一个完整的经营期间需要量也不相同。

MRP 主要解决企业生产中的物料需求与供给之间的关系，即无论是对独立需求的物料，还是相关需求的物料，物料需求计划都要解决"需求什么？现有什么？还缺什么？什么时候需要？"等几个问题。它是一个时段优先计划系统，其主要对象是决定制造与采购的净需求计划。它是由主生产计划推动运行的，但反过来，它又是主生产计划的具体化和实现主生产计划的保证计划。

2. 物料需求计划的制定流程

由于物料需求计划 MRP 主要根据展开 MPS 来编制相关需求件计划，把主生产计划排产的产品分解为各个零部件的生产计划和采购件的采购计划。因此，制定物料需求计划前就必须具备以下的基本数据如下图 7-55 所示：

第一项数据是主生产计划，它指明在某一计划时间段内应生产出的各种产品和备件，它是物料需求计划制定的一个最重要的数据来源。第二项数据是物料清单(简称 BOM)，它指明了物料之间的结构关系，以及每种物料需求的数量，它是物料需求计划系统中最为基础的数据。第三项数据是库存记录，它把每个物料品目的现有库存量和计划接受量的实际状态反映出来。第四项数据是提前期，决定着每种物料何时开工、何时完工。应该说，这四项数据都是至关重要、缺一不可的。

缺少其中任何一项或任何一项中的数据不完整，物料需求计划的制定都将是不准确的。因此，在制定物料需求计划之前，这四项数据都必须先完整地建立好，而且保证是绝对可靠的、可执行的数据。

图 7-55　制订物料需求计划的前期准备

一般来说，物料需求计划的制定是遵照先通过主生产计划导出有关物料的需求量与需求时间，然后，再根据物料的提前期确定投产或订货时间的计算思路。其基本计算步骤如下：

(1)计算物料的毛需求量。即根据主生产计划、物料清单得到第一层级物料品目的毛需求量，再通过第一层级物料品目计算出下一层级物料品目的毛需求量，依次一直往下展开计算，直到最低层级原材料毛坯或采购件为止。

（2）净需求量计算。即根据毛需求量、可用库存量、已分配量等计算出每种物料的净需求量。本时段预计可用库存＝前段时间库存＋本时段计划接受量－毛需求净需求量＝毛需求量－前段时间预计可用量＋安全库存

（3）批量计算。即由相关计划人员对物料生产作出批量策略决定，不管采用何种批量规则或不采用批量规则，净需求量计算后都应该表明有否批量要求。

（4）安全库存量、废品率和损耗率等的计算。即由相关计划人员来规划是否要对每个物料的净需求量作这三项计算。

（5）下达计划订单。即指通过以上计算后，根据提前期生成计划订单。物料需求计划所生成的计划订单，要通过能力资源平衡确认后，才能开始正式下达计划订单。

（三）能力需求计划

1. 能力需求计划的含义

能力需求计划（CapacityRequirementPlanning，简称CRP）是帮助企业在分析物料需求计划后产生出一个切实可行的能力执行计划的功能模块。该模块根据各个工作中心的物料需求计划和各物料的工艺路线，对各生产工序和各工作中心所需的各种资源进行精确计算，得出人力负荷、设备负荷等资源负荷情况，然后根据工作中心各个时段的可用能力对各工作中心的能力与负荷进行平衡，以便实现企业的生产计划。

通常，编制能力需求计划的方式有无限能力负荷计划和有限能力负荷计划两种。无限能力负荷计算是指在不限制能力负荷情况下进行能力计算。即从订单交货期开始，采用倒排的方式根据各自的工艺路线中的工作中心安排及工时定额进行计算。不过，这种计算只是暂时不考虑生产能力的限制，在实际执行计划过程中不管由于什么原因，如果企业不能按时完成订单，就必须采用顺排生产计划、加班、外协加工、替代工序等方式来保证交货期。这时，有限能力负荷计算方式就派上了用场。有限能力负荷计算就是假定工作中心的能力是不变的，把拖期订单的当期日期剩下的工序作为首序，向前顺排，对后续工序在能力允许下采取连续顺排不断地实现计划，以挽回订单交货期。

2. 能力需求计划的制定流程下面我们主要介绍一下能力需求计划的制定流程，以便更好地掌握能力需求计划模块（见图7-56）。

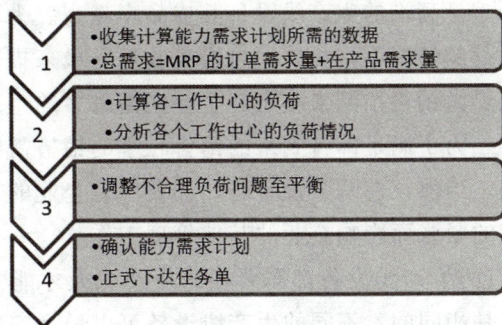

1 •收集计算能力需求计划所需的数据 •总需求＝MRP的订单需求量＋在产品需求量

2 •计算各工作中心的负荷 •分析各个工作中心的负荷情况

3 •调整不合理负荷问题至平衡

4 •确认能力需求计划 •正式下达任务单

图 7-56 能力需求计划的制定流程

（1）收集数据。能力需求计划计算的数据量相当大，通常，能力需求计划在具体计算时，可根据 MRP 下达的计划订单中的数量及需求时间段，乘上各自的工艺路线中的定额工时时间，转换为需求资源清单，加上车间中尚未完成的订单中的工作中心工时，成为总需求资源。再根据现有的实际能力建立起工作中心可用能力清单，有了这些数据，才能进行能力需求计划的计算与平衡。

（2）计算与分析负荷。将所有的任务单分派到有关的工作中心上，然后确定有关工作中心的负荷，并从任务单的工艺路线记录中计算出每个有关工作中心的负荷。然后，分析每个工作的负荷情况，确认导致各种具体问题的原因所在，以便正确地解决问题。

（3）能力/负荷调整。解决负荷过小或超负荷能力问题的方法有 3 种：调整能力，调整负荷，以及同时调整能力和负荷。

（4）确认能力需求计划。在经过分析和调整后，将已修改的数据重新输入到相关的文件记录中，通过多次调整，在能力和负荷达到平衡时，确认能力需求计划，正式下达任务单。

3. 能力需求计划工作的主要内容：

（1）厂房购置在创业之星模拟创业平台中，有多种厂房可供选择，厂房可以租用也可以购买。一般情况下，企业在初始阶段需要投资的地方较多，产品研发、市场开发、资质认证、营销推广等各项工作都需要大量现金支出。这时，厂房大都考虑以租用为主，以避免占有过多的现金。随着企业生产规模的扩大和市场销售业绩的增长，企业的资金积累也逐步增加，资金不再象初始阶段那么紧张。由于租用厂房的租金较贵，使产品分摊的生产成本较高，减少了企业的利润。企业可以对原来租用厂房进行调整，改为购买厂房的方式，以降低产品生产成本。

（2）生产线购置生产线设备有多种类型可供选择，不同的生产线的性价比不同，生产产品产生的制造费用也不同。一般情况下，越是高端的生产线其性价比越高，分摊的制造成本也越低。由于生产线设备价格较贵，具体使用何种生产线组合主要取决于企业的现金状况，同时要考虑市场销售预测的情况。如果企业最初制定了成本领先战略，企业的主要目标是使产品的生产成本尽可能的低，因此，在设备选择上应重点以高端设备为主。同时，为满足短期销售需要或临时性购买设备的需要，如当期增加产能满足销售需要，或者租用的厂房将来要退租，厂房内的设备需要搬迁到另一个厂房中，这种情况下高端的柔性线就缺乏必要的灵活性，可以辅以中低端生产线设备组合生产。所有的生产设备在生产过程中都会产生一些废品，越是高端的生产线设备其成品率越高。为了提升设备的性能与产能，在生产工人已经满负荷的情况下，可以通过设备改造升级来提升设备的成品率。生产线设备的总的生产能力主要由销售预测来决定，企业无需过多的生产设备，以免造成设备闲置，带来不必要的浪费。为了满足即将到来的销售旺季的销售需要，企业可以提前做好生产线设备的购置与安装。当然，在购买设备时，还要注意企业的现金流状况，避免出现资金缺口，以免因现金流的紧张而影响企业的其他管理工作。

（3）招聘生产工人所有的生产线设备都需要招聘生产工人才能开工生产。所有的生产工人的能力在初始状态时是相同的，不同的生产线设备可以最大安置的工人数量不同，生产线上工人总的能力就是每个工人最大生产能力的总和。一条生产线设备每个季度的最大产能，由生产线上工人总生产能力和设备的最大产能二者低者决定。因此，要计算生产线设备的实际产能，不仅要计算生产线额定最大产能（去掉加工中产生的废品），还要考虑到工人的最大加工生产能力。设备产能不足，则对设备进行改造升级；工人能力不足，可以对工人进行培训，提升工人的生产能力。

二、《创业之星》制造部

生产制造过程由以下几部分组成：

（一）厂房购置

厂房可以选择租用或购买，对于租用的厂房，每期期初将自动支付相应的租金，对于购买的厂房，购买当时即支付相应的现金。厂房可以选择退租或出售，厂房的退租或出售实际发生在每期期末，此时只有厂房内没有设备的情况下才能成功，退租后的厂房在下期将不再需要支付相应租金，出售厂房将以厂房净值回收现金。

下表 7-11 是不同类型的厂房具体参数：

表 7-11　不同类型的厂房具体参数

厂房大小	大	中	小
容纳设备	6	4	2
购买价格（元）	100,000.00	80,000.00	60,000.00
租用价格（元/季度）	7,000.00	5,000.00	3,000.00
折旧率	2.00%	2.00%	2.00%

在公司场景点击"制造部"，在弹出窗口出选择"决策内容－厂房购置"，根据公司生产规模的需要以及现金状况，通过购买或租用的方式获取相应的厂房（见图 7-57）。

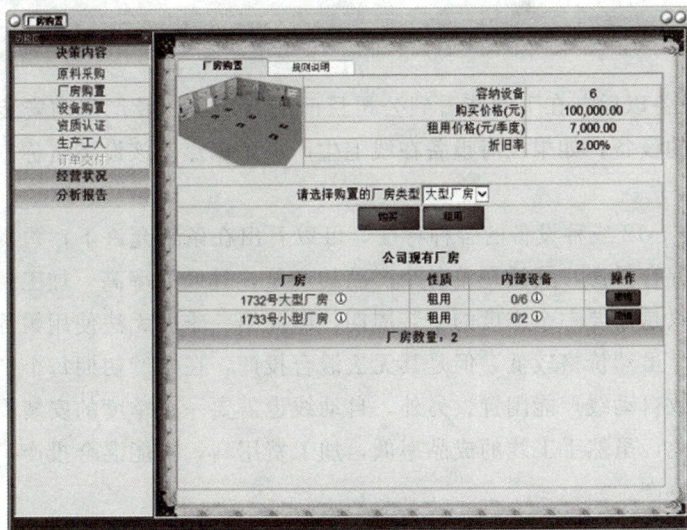

图 7-57　制造部——厂房购置

（1）在"厂房类型"下拉框内选择需要的厂房大小，再点击"购买"或"租用"按钮，完成对选择厂房的操作；

（2）购买或租用的厂房会在下面列表显示，鼠标移至厂房名称旁的"①"标志上，会显示出该厂房有关的详细信息；

（3）"内部设备"栏显示的是该厂房内的设备最大安装能力与已经安装的设备数量，鼠标移至该栏相关信息旁的"①"标志上，可以看到该厂房内安装的生产设备详情。

（二）设备购置

在公司场景点击"制造部"，在弹出窗口出选择"决策内容－设备购置"，根据公司生产规模的需要以及现金状况，购买所需要的生产设备（见图7-58）。

（1）设备只能购买而不能租用，因此要购买设备首先确保公司有足够的现金；

（2）在"设备类型"下拉框内选择需要购买的设备类型，上面会实时显示出该设备的主要参数资料；在"设备安装到厂房"选择该设备需要安装到哪个厂房里，点击"购买"按钮，完成对选择设备的购买；

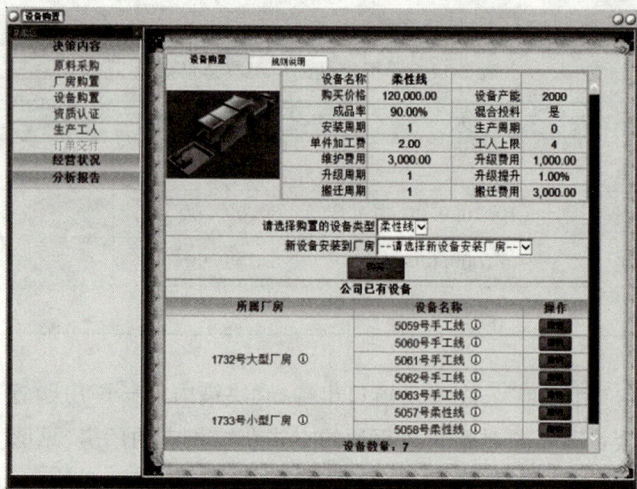

图 7-58　制造部——设备购置

（3）购买了设备以后，在下面能看到公司目前所有厂房以及厂房内安装的所有设备情况。对于刚采购的设备，如果没有设备在线上生产，可以点击该设备名称右边的"撤销"按钮取消购买决策。

（4）对比下表7-12三种设备的各种特征，可以看出在条件允许下，购买柔性线是最佳选择。柔性线是混合投产，灵活调整各个产品的产量，且成品率高，加工费用低，降低产品的生产成本。只是需要一个季度的安装周期，因此第一季度无法使用柔性线。自动线相对比柔性线而言，虽然价格较低，但是其无法混合投产，在生产初期每个产品的市场需求量都不高，会导致自动线产能闲置。另外，自动线也需要一个季度的安装周期，无法在第一季度使用。因此，虽然手工线的成品率低，加工费用高，不能混合投产，但是第一季度只能使用手工线生产。

表 7-12　三种设备对应的特征

特征	特征描述	柔性线	自动线	手工线
购买价格	设备只能购买,购买当时即支付购买价格所标识的现金	120,000.00 元	80,000.00 元	40,000.00 元
设备产能	设备的设备产能是指在同一个生产周期内最多能投入生产的产品数量	2,000 个	1,500 个	1,000 个
成品率	对于一批固定数量的原料投入到设备中后,在加工成产品的过程中会产生部分次品	90.00%	80.00%	70.00%
混合投料	设备在同一生产周期内是否允许同时生产多种产品	是	否	否
安装周期	设备自购买当期开始到设备安装完成可用所需的时间	1 个季度	1 个季度	0
生产周期	原料投入直到产品下线所需的时间	0	0	0
单件加工费	加工每一件成品所需的加工费用	2.00 元	3.00 元	4.00 元
工人上限	每条设备允许配置的最大工人数,设备产能、成品率、线上工人总生产能力 3 个因素决定了一条设备的实际产能。	4 人	3 人	2 人
维护费用	当设备不处于安装周期时,每季度需支付设备维护费用,该费用在每期期末自动扣除	3,000.00 元	2,500.00 元	2,000.00 元
升级费用	对设备进行一次设备升级所需花费的费用,该费用在升级当时即自动扣除,每条设备在同一个升级周期内只允许进行一次设备升级。	1,000.00 元	1,000.00 元	1,000.00 元
升级周期	完成一次设备升级所需的时间	一个季度	一个季度	一个季度
升级提升	设备完成一次升级后,设备成品率将在原有成品率基础上提升的百分比。升级后设备成品率=升级前设备成品率 + 每次升级可提升的成品率	1.00%	2.00%	3.00%
搬迁周期	设备从一个厂房搬迁到另一个厂房所需花费的时间	1 个季度	0	0
搬迁费用	设备从一个厂房搬迁到另一个厂房所需花费的费用,该费用在搬迁当时即自动扣除	3,000.00 元	2,000.00 元	1,000.00 元
设备出售	设备可以出售,当设备上无在制品时,设备可以立即出售,出售后设备上的工人将自动转为闲置状态。出售设备将以设备净值回收现金			

(三)生产工人

公司可以在《创业之星》界面正下方的导航仪中看到"交易市场"按钮,点击进去,在人才市场内可以招聘到生产工人(见图 7-59)。

图 7-59　交易市场

招聘生产工人生产工人对应的特征如下表 7-13：

表 7-13　生产工人的特征

生产工人的特征	描述	数据
生产能力	工人在一个生产周期内所具有的最大生产能力	450 件产品
招聘费用	招聘一个工人所需花费的招聘费用,该笔费用在招聘时即自动扣除	500.00 元
季度工资	支付给工人的工资,每期期末自动支付	3,000.00
元试用期	招聘后试用的时间,人力资源部需在试用期内与工人签订合同,否则将支付罚金	1 个季度
培训费用	每次培训一个工人所需花费的费用,每个工人每个经营周期最多只能做一次培训。工人培训由生产制造部提出,递交到人力资源部后进行实施,培训费用在实施时支付。	300.00 元
培训提升	工人完成一次培训后,生产能力将在原有能力的基础上提升的百分比。培训后生产能力＝培训前生产能力 x(1＋培训提升)	3.00%
辞退补偿	试用期内辞退工人无需支付辞退补偿金,试用期满并正式签订合同后需支付辞退补偿金,一般在每期期末实际辞退工人时实时支付。	3,000.00 元

这里需要注意的是每个工人的生产能力是 450 个产品,虽然一条手工线的产能为 1000 个产品,但一条手工线最多只能容纳两个工人,因此实际生产能力为 900 个产品。柔性线和自动线同理,生产工人的生产能力决定了每个设备实际产能。每种设备生产时都有残次品,成品率决定了实际的产成品数量。例如,在一条手工线上满产,投入生产 900 件产品 A,在成品率为 70% 的情况下,最终实际产出只有 630 件成品。

在公司场景点击"制造部",在弹出窗口中选择"决策内容—生产工人",对制造部门现有的所有生产工人进行管理(见图 7-60)。

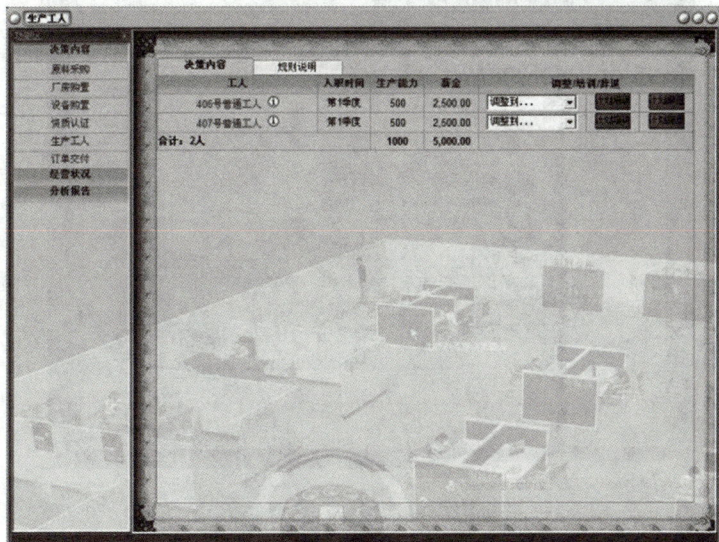

图 7-60　制造部——生产工人

（1）生产设备需要配备生产工人才能完成设备使用生产工作。生产工人的招聘由人力资源来完成，详见人力资源部相关操作；

（2）在这里可以看到生产制造部门的所有生产工人列表，鼠标移到工人名字旁的"①"标志上，可以看到该工人的简要介绍资料；

（3）在每一名工人的右边，可以针对该工人完成岗位调整（调整到其他生产设备上）、计划培训、计划辞退等操作；

（4）所有培训与辞退计划设置好后，会递交到人力资源部，由人力资源部来完成具体的培训或辞退工作。如果递交了计划但人力资源部还未确认，则可以撤销相应的申请。辞退工人需要支付辞退补偿，因此一定要慎重考虑公司所需工人数量。

（四）原料采购

在教师端中截取出来的明细原料设置中可以查看各个季度原材料的单价、到货周期①、应付账期②（见表 7-6）。原材料的购买操作是在制造部的"决策内容"中的"原料购买"选项中（见图 7-61）。有些产品所需的原材料的到货周期为一个季度，为了避免下季度紧急采购，本季度需要确定下季度的生产计划，提前购买。

需要注意的是，在计算出当季需要购买的各原材料数量后，如果与下一个折扣值较为接近，则按照下一个折扣值购买更为划算。例如需要购买 1800 份玻璃包装纸，为了能够享受到 25% 的折扣，实际可以购买 2001 份（见表 7-14）。享受更高的折扣，可以降低产品的生产成本，在相同售价下，单个产品的盈利表现会更好。

---

①　到货周期为 0，即为现货，可随买随到随用；到货周期为 1，即为需要提前预定，到下季度才能到货。如果当期就要使用该原材料，则需要紧急采购，价格加价 50%。

②　付款周期为 0，即为现金支付；付款周期为 1 的，即为产生应付账款，下季度初支付。

图 7-61　制造部——原料购买

表 7-14　各原材料的购买折扣表

	折扣表		
	从（件）	到（件）	折扣
价格折扣	0	200	0.00％
	201	500	5.00％
	501	1,000	10.00％
	1,001	1,500	15.00％
	1,501	2,000	20.00％
	2,001	—	25.00％

（五）资质认证

公司可以获得多种资格认证，不同市场的不同消费者对企业所获得何种认证将有不同的要求，对于不能符合消费者要求的企业，消费者将拒绝购买其产品。下图 7-62 是不同类型的资格认证：

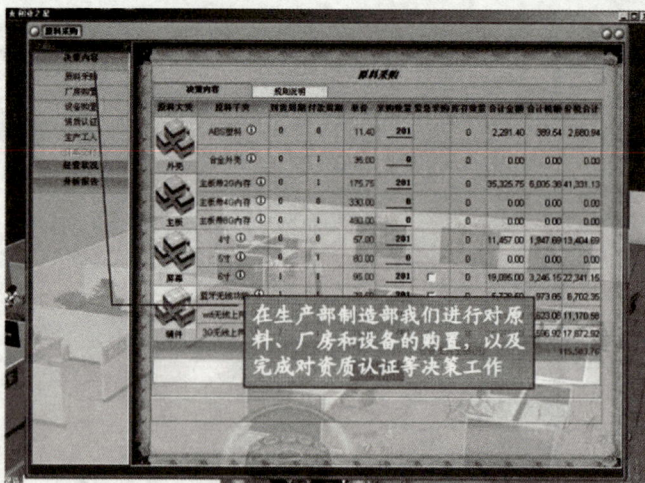

图 7-62　不同类型的资格认证

在公司场景点击"制造部"，在弹出窗口出选择"决策内容－资质认证"，对公司确认要投资的认证体系投入认证费用（见图 7-63）。

（1）认证是对整个公司的生产资质进行的认证，而不是针对某一个产品品牌。在市场要求具体相应资质而公司没有时，将不允许进入该市场销售产品。

因为一般比赛都是以四个季度为准，所以根据下图 7-64，只有在第四季度北京市场和上海市场的品质型客户对企业获得 ISO9001 有要求。因此，公司无需进行 ICTI 认证，但需要根据自身策略选择是否进行 ISO9001 认证。如果公司没有进行 ISO9001 的资质认证的话，在第四季度无法将品质型产品卖给北京市场和上海市场的客户。

图 7-63　制造部——资质认证

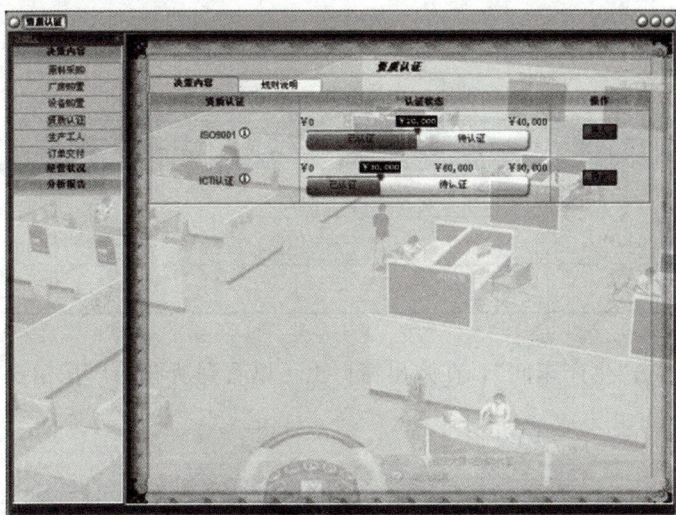

图 7-64　数据规则——模拟经营中的生产制造

（2）点击认证名称右边相关的"投入"按钮，完成本季度对该认证的费用投入。各类认证所需要花费的时间周期及总费用不同，需要多个季度的投入才能完成获取资质；

（3）对当季度投入的认证费用，可以点击"操作栏"的"撤销"按钮取消当季投入。

（六）主生产计划

公司的制造部负责制定本季度的主生产计划，并预测下季度的主生产计划。根据上表作出的销售预测，结合上期存货情况制定本期生产计划。因为手工线和自动线都无法混合投产，一台设备只能生产一个产品，在设备有限情况下，需要根据拥有的设备情况及生产能力，合理编排产品的生产计划。选手可以制定如下表 7-15 所示的表格进行计划安排，更加简洁明了。

表 7-15　产品的生产计划安排表

产品名	前期销售量	销售预测	上期存货量	本期生产量	设备使用
品质1	250	276	0	290	一条手工线
经济1	180	200	0	210	一条手工线
……	……	……	……	……	……

在公司场景点击"生产车间"，在弹出窗口出可以看到所有的厂房情况及生产设备情况（见图 7-65）。

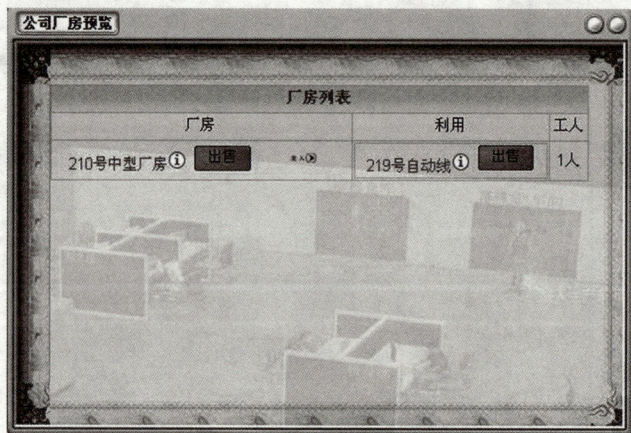

图 7-65　所有的厂房情况及生产设备情况

（1）"厂房"栏显示了公司目前所有的厂房情况，同时标志出该厂房是购买的还是租用的。点击厂房名称旁的"出售"或"退租"按钮，可以出售或退租厂房。

（2）"利用"栏显示了该厂房内装有几条生产设备，点击"出售"可以卖掉该设备。如果设备上还有产品在生产中，则设备不能马上出售，只是制定出售计划，到季度结束时产品下线后才能出售。

（3）在每一个厂房名称的右边有一个在闪动的"进入"标志，点击该标志可以进入到该厂房内部，能看到厂房内的所有生产设备情况，并对所有生产设备编排本季度的主生产计划（见图7-66）。

（4）如果要对某一条生产进行计划编排，则点击这个生产线，在弹出窗口中完成对该生产设备的生产计划编排（见图7-67）。

图7-66　生产车间——厂房内部

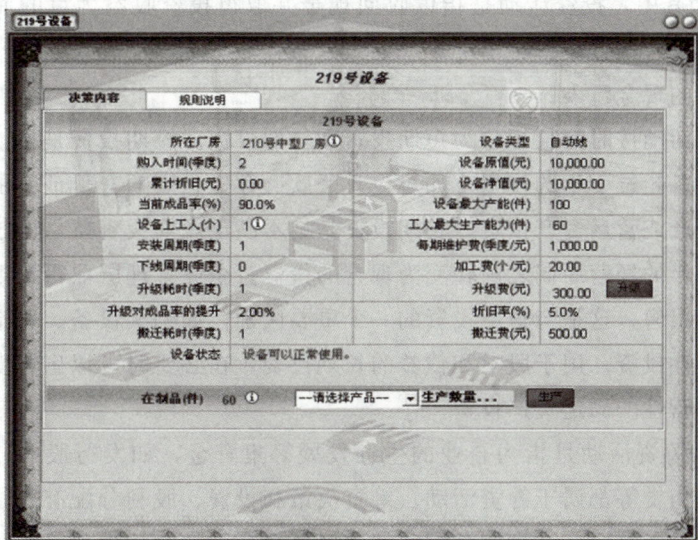

图7-67　生厂车间——设备投产

（5）点击产品选择下拉框，选择需要生产的产品；在"生产数量"位置输入本季度需要生产的产品数量，点击"生产"可以开始产品的生产计划。

（6）成功生产后，"在制品"旁会显示计划生产的产品数量。

（7）点击数量旁的""标志，可以看到该生产设备当前已经安排的全部生产计划情况，包括每批次的计划产量、上线时间、下线时间等，如果想取消某一项计划，只需点击右边的"撤销"即可。

第六节　企业财务管理

一、企业财务管理内容

企业财务管理是企业日常活动中至关重要的活动（见图 7-68），企业财务管理的基本活动分为投资活动、筹资活动和经营现金流管理。

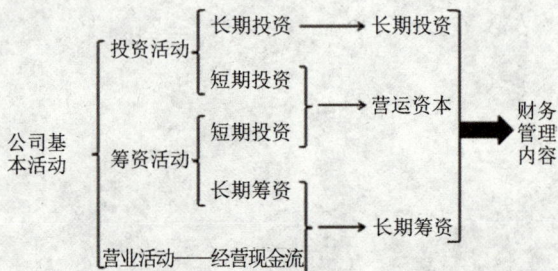

图 7-68　公司基本活动对应的财务管理内容

1. 投资活动其中，投资活动是指以收回现金并取得投资收益为目的而发生的现金流出。如，建造厂房、购置设备、增加产品、购买股本和债券等，企业都要发生现金流出，并期望取得更多的现金流入。

企业的投资活动按时间长短分为短期投资和长期投资。短期投资是指能够随时变现并且持有时间不准备超过 1 年的投资，如对应收账款、存货、短期有价证券的投资。短期投资又称为流动资产或营运资产投资。长期投资是指不满足短期投资条件的投资，即不准备在一年或长于一年的经营周期之内转变为现金的投资。企业管理层取得长期投资的目的在于持有而不在于出售，这是与短期投资的一个重要区别，如购买设备、建造厂房等。长期投资又称为资本性投资。用于股本和债券的长期投资，在必要时可以出售变现，而较难以改变的是生产经营性的固定资产投资。

2. 筹资活动筹资活动是指为企业的生存发展筹集资金，如发行股本、发行债券、取得借款、赊购、租赁等都属于筹资活动。筹资决策和投资、股利分配有密切关系，筹资的数量多少要考虑投资需要，在利润分配时加大保留盈余可减少从外部筹资。筹资活动的关键是决定各种资金来源在总资金中所占的比重，即确定资本结构，以使筹资风险和筹资成本相配合。

长期筹资是指企业筹集的资金可长期使用，包括权益筹资和长期负债。有时，习惯上把一年以上至五年以内的借款称为中期借款，而把五年以上的借款称为长期借款。短期筹资一般是指一年内要归还的短期借款。一般来说，短期资金的筹集应主要解决临时的资金需要。

3. 股利分配管理企业通过投资必然会取得收入，获得资金的增值。分配总是作为投资的结果而出现的，它是对投资成果的分配。投资成果表现为取得各种收入，并在扣除各种成本费用后获得利润，所以，广义地说，分配是指对投资收入（如销售收入），和利润进行分割和分派的过程，而狭义的分配仅指对利润的分配。股利，分配管理就是要解决，在所得税交纳后的企业获得的税后利润中，有多少分配给投资者有多少留在企业作为再投资之用。如果利润发放过多，会影响企业再投资能力，使未来收益减少，不利于企业长期发展，如果利润分配过少，可能引起投资者不满。因此，股利决策的关键是确定股利的支付率。影响企业股利决策的因素很多，企业必须根据情况制定出企业最佳的股利政策。

二、财务管理目标

财务管理目标是企业财务活动所希望实现的结果，是评价企业财务活动是否合理的基本标准。关于财务管理目标流行的说法有三种：即利润最大化、每股收益最大化和股东财富最大化。

（一）利润最大化

这种观点认为，利润代表了企业新创造的财富，利润越多则说明企业的财富增加的越多，越接近企业的目标。这个观点所指的利润不明确，1、利润的不同表述

（1）税前营业利润营业收入－营业成本－营业税金及附加－销售费用－管理费用－资产减值损失（经营）＋公允价值变动收益（经营）＋投资收益（经营）

（2）税前经营利润税前营业利润＋营业外收入－营业外支出

（3）税后经营净利润税前经营利润×（1－所得税率）

（4）税前利润营业收入－营业成本－营业税金及附加－销售费用－管理费用－财务费用－资产减值损失＋公允价值变动收益＋投资收益＋营业外收入－营业外支出

（5）税后净利润税前利润×（1－所得税率）

（6）息税前利润（EBIT）税前利润＋财务费用（利息费用）

（7）息前税后利润息税前利润×（1－所得税率）2、利润最大化的评价

（1）优点：有利于企业加强管理，改进技术，提高劳动生产率，降低成本，实现资源的合理配置。

（2）缺点：①没有考虑利润实现的时间；②没有考虑取得的利润与投入资本的关系；③没有考虑取得利润同其承担风险的关系；④难以协调企业同经营者之间利益关系；⑤没有

考虑企业的可持续发展问题。

（二）每股收益最大化

每股收益是净利润与发行在外普通股股数的比率。其计量公式为：

$$EPS=\frac{(EBIT-I)(1-I)-PD}{N}$$

该观点把企业实现的净利润同企业投入资本进行对比。克服了利润最大化"绝对数"不可比的缺点，但是对于利润最大化的其他不足仍然无法回避。

（三）股东财富最大化

1. 股东财富最大化的不同表述

在股份公司中，股东财富由其所拥有的股票数量和股票市场价格两个方面决定，两者相乘即是股东权益市场价值。

股东财富的增加可以用股东权益市场价值与股东投入资本的差额来衡量，即用权益的市场增加值来衡量。假设股东投资资本不变，股价最大化与增加股东财富具有同等意义。

因为：企业价值＝债务价值＋股东权益价值所以：企业价值增加＝债务价值增加＋股东权益价值增加假设股东投资资本和债务价值不变，企业价值最大化与股东财富最大化具有相同的意义。

2. 股东财富最大化的评价

（1）优点：①考虑未来时间价值和投资的风险价值；②反映了资本的保值和增值要求；③有利于克服管理上的片面性和短期行为；④有利于社会资源的合理配置。

（2）缺点：①股票价格受多种因素影响，并非公司所能控制；②对于非上市公司需要进行专门的评估确定其价值，不易做到客观准确。

三、财务报表

财务报表综合反映了一个企业在一定的经营期间的财务状况、经营成果以及现金流量情况。

财务报表至少应该包括资产负债表、利润表、现金流量表、所有者权益变动表以及附注。新会计准则下，所有行业的财务报表的科目设置都一致。为了更具有针对性地说明制造业行业的财务情况，在下文的三张财务报表中，结合创业之星的系统设置，详细讲解三表中制造业常涉及到的各项目。

（一）资产负债表

资产负债表是反映企业在某一特定日期财务状况的报表。它表明会计主体在某一特定日期所拥有或控制的经济资源、所承担的现有义务和所有者对净资产的要求权。通过资产负债表，可以了解企业拥有或控制的资产总额及其构成情况，企业负责和所有者权益状况；评价企业的偿债能力和筹资能力；考察企业资本的保全和增值情况；分析企业财务结构的优劣和负债经营的合理程度；预测企业未来的财务状况和财务安全程度等。

由于创业之星系统中，没有设置金融市场，因此没有金融产品的交易，企业除了初期系统自动分配的 60 万创业启动资金外，剩下的融资方式是银行的短期借款和商业信用中的付款延期。在下文的资产负债表中，制造业的资产端经常涉及的项目有：货币资产、应收账款、预付账款、存货、固定资产和无形资产。负债权益端经常涉及的项目有：短期借款、应付账款、应交税费、其他应收款、实收资本和未分配利润。具体说明如下表 7-16 所示：

表 7-16　创业之星——资产负债表

编制单位：＊＊＊＊有限公司　　　　　　年　　月　　　　日　　　　　　　　单位：元

项目	明细说明
流动资产：	
货币资金	现金
应收账款	应收销售款（价税合计）
预付账款	
存货	
其中：原材料	不含进项税的价格
半成品	
成品	见注解，原料＋厂房租金或折旧＋设备折旧和维修和升级和搬迁＋工人工资和五险＋加工费＋废品分摊
流动资产合计	
非流动资产：	
固定资产原值	厂房＋生产设备（如出售，则要减去相应的原值）
减：累计折旧	根据原值按季折旧率计算（如出售，则要减去相应的累计折旧）
固定资产净值	原值－累计折旧
无形资产	无
非流动资产合计	
资产总计	
流动负债：	
短期借款	银行借款＋紧急贷款
应付账款	应付原材料费
应交税费	应交增值税
	营业税
	城建税
	所得税
其他应交款	教育费附加
	地方教育附加
流动负债合计	
非流动负债：	
非流动负债合计	
负债合计	
股东权益：	
实收资本	
资本公积	
盈余公积	
未分配利润	累计的净利润

项目	明细说明
其中：当季利润	本季的净利润
股东权益合计	
负债和股东权益总计	

注解： 存货成本计算方法：

1. 按先进先出法将原料投放到生产线上加工，记录每一批原料的成本；生产加工完后，产品按原料不同分别记录成不同批次的半成品或产成品；

2. 如果考虑成品率，则在计算每一批原料加工成成品时，分别计算各批的最终成品数量，并重新分摊原料成本，例：

生产 300 件产品，其中 100 件为第一批原料，成本单价 100 元，第二批 200 件，成本单价 150 元。假设成品率为 90%，即最终生产出来的产品是：

第一批 $100 \times 90\% = 90$ 件，单位成本 $= 100 \times 100.00/90 = 111.11 = A$

第二批 $200 \times 90\% = 180$ 件，单位成本 $= 200 \times 150.00/180 = 166.67 = B$

2. 生产过程中发生的制造费用要分摊到半成品（期末未下线）或成品上（期末完成生产下线）。

这些制造费用包括：厂房租金或折旧、生产线折旧和维修、操作工人工资和五险、加工费等。

具体计算分摊方法：

第一批产品的单位成本 $= A +$ 分摊的单位厂房租金或折旧 $+$ 分摊的单位设备折旧和维修 $+$ 分摊的单位工人工资和五险 $+$ 加工费

第二批产品的单位成本 $= B + ...$（同上类似）

4. 如本季停工，则本季发生的厂房设备人工费用等均计入利润表中的"管理费用—停工损失"。

（二）利润表

利润表又称损益表，是反映会计主体一定期间生产经营成果（利润或亏损）的会计报表，是会计主体经营业绩的综合体现，又是进行利润分配的主要依据。利润表把一定期间的营业收入与同一会计期间相关的营业费用进行配比，以计算出企业一定时期的净利润（或净亏损）。

由于创业之星系统中，没有设置金融市场，因此无法判断企业资产的公允价值和是否发生减；没有相应的投资渠道，也就没有投资收益。因此，净利润的计算公式如下：

净利润 = 营业收入 - 营业成本 - 税金及附加 - 销售费用 - 管理费用 - 财务费用 + 营业外收入 - 营业外支出 - 所得税费用。各项目的明细说明如下表 7-17 所示：

表 7-17　创业之星——利润表

编制单位：＊＊＊＊有限公司　　　＿＿＿＿年＿＿月＿＿＿＿日　　　　　　　　单位：元

项目	明细	说明
一、营业收入	$\sum$（当季订单交货量 $*$ 相应产品单价）	不含税
	$\sum$（当季原材料数量 $*$ 相应产品单价）	不含税
减：营业成本	当季订单交货货物的库存成本（包括产品改造费）	见注解一
	当季出售原材料的库存成本	

项目	明细	说明
税金及附加	包括：营业税、城建税、教育费附加、地方教育附加 营业税＝营业外收入×5%	应交增值税＝销项税－进项税 如果应交增值税小于0，则左边各公式中此项取0
	城建税＝（应交增值税＋营业税）×7%	
	教育费附加＝（应交增值税＋营业税）×3%	
	地方教育附加＝（应交增值税＋营业税）×2%	
销售费用	广告宣传费用	见注解二
	渠道开发费用	
	销售人员工资	
	销售人员五险	
	购买订单费用	
	运输费	
管理费用	公司注册费	见注解三
	行政管理费用	
	人员招聘费用	
	管理人员工资	
	管理人员五险	
	员工培训费用	
	产品设计费用	
	产品研发费用	
	资格认证费用	
	办公室租金	
	停工损失	见注解四
财务费用	银行贷款利息	
	紧急借款利息	
	应收帐款贴现利息	
二、营业利润		
加：营业外收入	设备出售增值部分，订单转让收入、政府补贴、奖励	
减：营业外支出	未交货订单违约金	
	生产工人辞退补偿金	
	销售人员辞退补偿金	
	设备出售减值部分	
三、利润总额		
减：所得税费用	利润总额×税率	
四、净利润		

注解一：营业成本：

指与生产产品有关的费用，是以产品为成本对象归集的费用。这类费用用在企业生产过程中，有的直接为产品所消耗，有的与管理和组织生产直接相关。因此，需要进一步划分为直接材料、直接人工、制造费用等产品成本项目。

1. 直接材料，指直接用于产品生产、构成产品实体的原料及主要材料、外购半成品、修理用备件、包装物、有助于产品形成的辅助材料以及其他直接材料。

2. 直接人工，指直接从事产品生产的工人工资以及按生产工人工资总额和规定比例计算提取的职工福利费。

3. 制造费用，指企业各生产单位为组织和管理生产而发生的各项间接费用，包括工资和福利费、折旧费、修理费、办公费、水电费、机物料消耗、劳动保护费、季节性和修理期间的停工损失等。

注解二：销售费用：

指企业在销售商品过程中发生的各项费用，包括包装费、运输费、装卸费、保险费、展览费、广告费，以及为销售本企业商品而专设的销售机构的员工工资及福利费、类似工资性质的费用、业务费等经营费用。商品流通企业购入商品过程中发生的运输费、装卸费、包装费、保险费、运输途中的合理损耗和入库前的挑选整理费等，也属于销售费用。

注解三：管理费用：

指企业为组织和管理生产经营活动而发生的各种管理费用，包括企业的董事会和行政管理部门在企业的经营管理中发生的，或者应由企业统一负担的公司经费、工会经费、行业保险费、劳动保险费、董事会费、聘请中介机构费、咨询费、诉讼费、业务招待费、房产税、车船使用税、土地使用税、印花税、技术转让费、矿产资源补偿费、无形资产摊销、职工教育经费、研究与开发费、排污费、存货盘亏或盘盈（不包括应计入营业外支出的存货损失）、计提的坏账准备等。

注解四：停工损失：

1. 如果当季度某条生产线没有生产，则与该生产线有关的"生产线折旧费、生产线维修费、该生产线上的工人工资和五险"等计入"管理费用—停工损失"。

2. 如果企业某一厂房内的所有生产线都停工，则该厂房的租金或折旧、生产线折旧费、生产线维修费、该生产线上的工人工资和五险等计入"管理费用—停工损失"。

（三）现金流量表

现金流量表是以现金为基础编制的财务状况变动表。它反映了会计主体一定期间内现金的流入和流出，表明会计主体获得现金和现金等价物的能力。它有直接法和间接法两种编制方法。现金流量表一般分为三部分内容，即：经营活动产生的现金流量；投资活动产生的现金流量和筹资活动产生的现金流量。

在现金流量表中，应当分为经营活动、投资活动和筹资活动列报现金流量。

1. 经营活动

经营活动是指企业投资活动和筹资活动以外的所有交易和事项。在现金流量表中，经营活动的现金流量应当按照其经营活动的现金流入和流出的性质分项列示。

2. 投资活动

投资活动是指企业长期资产的购建和不包括在现金等价物范围内的投资及其处置活动。在现金流量表上，投资活动的现金流量应当按照其投资活动的现金流入和流出的性质分项列示。

3. 筹资活动

筹资活动是指导致企业资本及债务规模和构成发生变化的活动。在现金流量表上，筹资活动的现金流量应当按照其筹资活动的现金流入和流出的性质分项列示。

现金流量表各科目的详细说明如下表 7-18 所示：

表 7-18 创业之星——现金流量表

编制单位：＊＊＊＊有限公司　　　＿＿＿年＿＿月＿＿＿日　　　　　　　　单位：元

项目	说　明
一、经营活动产生的现金流量	
销售商品、提供劳务收到的现金	当期现金销售收入（含销项税额）
	当期出售原材料收回的现金（含销项税额）
	收回前期的应收账款
收到的税费返还	—
收到的其它与经营活动有关的现金	—
现金流入小计	
购买商品、接收劳务支付的现金	购买原料支付的现金（含进项税额）
	支付前期的应付账款
支付给职工以及为职工支付的现金	当季管理人员的工资，五险，辞退补偿金
	当季销售人员的工资，五险，辞退补偿金
	当季生产人员的工资，五险，辞退补偿金
支付的各项税费	支付上季的营业税
	支付上季的城建税
	支付上季的教育费附加
支付的各项税费	支付上季的地方教育附加
	支付上季的所得税
	支付上季的增值税
支付的其他与经营活动有关的现金	公司注册费
	广告宣传费
	渠道开发费
	行政管理费
	人员招聘费
	员工培训费
	品牌设计费
	产品研发费
	资质认证费
	办公室租金
	厂房租金
	生产线变更费
	生产线维修费
	加工费
现金流出小计	

项目	说　明
经营活动产生的现金流量净额	（流入－流出）
二、投资活动产生的现金流量	
收回投资所收到的现金	—
取得投资收益所收到的现金	—
处置固定资产、无形资产和 其它长期资产收回的现金	变卖厂房收到的现金 变卖生产线收到的现金
收到其他与投资活动有关的现金	—
现金流入小计	
购建固定资产、无形资产和 其它长期资产支付的现金	购买厂房支付的现金 购买生产线支付的现金
投资所支付的现金	—
支付的其他与投资活动有关的现金	—
现金流出小计	
投资活动产生的现金流量净额	（流入－流出）
三、筹资活动产生的现金流量	
吸收投资收到的现金	收到的 VC 投资（第五季初）
取得借款收到的现金	银行借款 紧急借款
收到的其他与筹资活动有关的现金	
现金流入小计	
偿还债务支付的现金	偿还到期的银行借款 偿还到期的紧急借款
分配股利、利润和偿付利息 所支付的现金	支付银行借款的利息 支付紧急借款的利息 支付应收账款贴现的利息
支付其他与筹资活动有关的现金	—
现金流出小计	
筹资活动产生的现金流量净额	（流入－流出）
四．汇率变动对现金的影响额	—
五．现金及现金等价物净增加额	
加：期初现金及现金等价物余额	期初现金
四．期末现金及现金等价物余额	

四、财务比率分析

(一)盈利能力分析

盈利能力是指企业获取利润的能力。利润是企业内外有关各方都关心的中心问题，利润是投资者取得投资收益、债权人收取本息的资金来源，是经营者经营业绩和管理效能的集中表现，也是职工集体福利设施不断完善的重要保障。因此，企业盈利能力分析十分重要。

评价企业盈利能力的指标主要有：销售毛利率、销售净利率、净资产收益率、总资产收益率、成本费用净利率等。

1. 销售毛利率

销售毛利率是毛利占销售收入的百分比，简称为毛利率。计算公式：销售毛利率＝销售毛利/销售收入×100％＝(销售收入－销售成本)/销售收入×100％销售毛利率，表示每一元销售收入扣除销售产品或商品成本后，有多少钱可以用于各项期间费用和形成盈利。

2. 销售净利率

销售净利率是净利润占销售收入的百分比，简称净利率。计算公式：销售净利率＝净利润/销售收入×100％该指标反映每一元销售收入带来的净利润的多少，表示销售收入的收益水平。

3. 净资产收益率

净资产收益率是指企业一定时期内的净利润同平均净资产的比率。计算公式：净资产收益率＝净利润/平均净资产×100％

净资产收益率充分体现了投资者投入企业的自有资本获取净收益的能力，突出反映了投资与报酬的关系，是评价企业资本经营效益的核心指标。净资产收益率越高，企业自有资本获取收益的能力越强，运营效益越好，对企业投资人、债权人的利益保证程度越高。

4. 总资产报酬率

总资产报酬率是指企业一定时期内获得的报酬总额与平均资产总额的比率。计算公式：总资产报酬率＝息税前利润总额/平均资产总额×100％总资产报酬率表示企业包括净资产和负债在内的全部资产的总体获利能力，是评价企业资产运营效益的重要指标。

5. 成本费用利润率

成本费用利润率是企业一定时期的利润总额同企业成本费用总额的比率。计算公式：成本费用利润率＝利润总额/成本费用总额×100％成本费用利润率指标表明每付出一元成本费用可获得多少利润，体现了经营耗费所带来的经营成果。该项指标越高，利润就越大，反映企业的经济效益越好。

(二)营运能力分析

营运能力是指通过企业生产经营资金周转速度的有关指标所反映出来的企业资金利用的效率。

评价企业营运能力的指标主要有：总资产周转率、固定资产周转率、存货周转率、应收账款周转率等。

1. 总资产周转率

总资产周转率是指企业一定时期主营业务收入净额同平均资产总额的比值。计算公式：总资产周转率（次）＝主营业务收入净额/平均资产总额总资产周转期（天）＝360/总资产周转率＝360×平均资产总额/主营业务收入净额总资产周转率是综合评价企业全部资产经营质量和利用效率的重要指标。周转率越大，说明总资产周转越快，反映销售能力越强。企业可以通过薄利多销的办法，加速资产的周转，带来利润绝对额的增加。

2. 存货周转率

存货周转率是企业一定时期主营业务成本与存货平均余额的比率。计算公式：存货周转率（次）＝主营业务成本/存货平均余额存货周转期（天）＝360/存货周转率＝360×存货平均余额/主营业务成本库存周转率对于企业的库存管理来说具有非常重要的意义。存货周转率在反映存货周转速度、存货占用水平的同时，也从一定程度上反映了企业的销售实现的快慢。

3. 应收账款周转率

应收账款周转率是企业一定时期内主营业务收入净额同应收账款平均余额的比率。计算公式：

应收账款周转率（次）＝主营业务收入净额/应收账款平均余额应收账款周转期（天）＝360/应收账款周转率＝360×应收账款平均余额/主营业务收入净额

一般来说，应收账款周转率越高，平均收账期越短，说明应收账款的收回越快。否则，企业的营运资金会过多地呆滞在应收账款上，影响正常的资金周转。

4. 固定资产周转率

固定资产周转率也称固定资产利用率，是企业一定时期主营业务收入净额与平均固定资产净值的比值。是衡量固定资产利用效率的一项指标。计算公式：

固定资产周转率（次）＝主营业务收入净额/平均固定资产净值固定资产周转期（天）＝360/固定资产周转率＝360×平均固定资产净值/主营业务收入净额

固定资产周转率主要用于分析对厂房、设备等固定资产的利用效率，比率越高，说明利用率越高，管理水平越好。如果固定资产周转率与同行业平均水平相比偏低，则说明企业对固定资产的利用率较低，可能会影响企业的获利能力。

（三）偿债能力分析

偿债能力是指企业偿还到期债务（包括本息）的能力。偿债能力分析包括短期偿债能力分析和长期偿债能力分析。企业有无支付现金的能力和偿还债务能力，是企业能否健康生存和发展的关键。短期偿债能力是指企业流动资产对流动负债及时足额偿还的保证程度，是衡量当前财务能力，特别是流动资产变现能力的重要标志。企业短期偿债能力的衡量指标主要有流动比率、速动比率和现金流动负债比率三项。长期偿债能力是指企业偿还长期负债的能力。企业长期偿债能力的衡量指标主要有资产负债率、已获利息倍数等。

1. 资产负债率

资产负债率又称负债比率，是指企业一定时期负债总额同资产总额的比率。计算公式：资产负债率＝负债总额/资产总额×100％

资产负债率是国际公认的衡量企业债务偿还能力和财务风险的重要指标，比较保守的经验判断一般为不高于50％，国际上一般认为60％比较好。

2. 已获利息倍数

已获利息倍数是企业一定时期息税前利润总额与利息支出的比值。计算公式：已获利息倍数＝息税前利润总额/利息支出

已获利息倍数充分反映了企业收益对偿付债务利息的保障程度和企业的债务偿还能力。该指标越高，表明企业的债务偿还越有保证；相反，则表明企业没有足够资金来源偿还债务利息，企业偿债能力低下。

3. 流动比率

流动比率是流动资产与流动负债的比率，它表明企业每一元流动负债有多少流动资产作为偿还保证，反映企业用可在短期内转变为现金的流动资产偿还到期流动负债的能力。计算公式：

流动比率＝流动资产/流动负债×100％

一般情况下，流动比率越高，反映企业短期偿债能力越强，债权人的权益越有保证。国际上通常认为，流动比率的下限为100％；而流动比率等于200％时较为适当，它表明企业财务状况稳定可靠，除了满足日常生产经营的流动资金需要外，还有足够的财力偿付到期债务。如果比例过低，则表示企业可能捉襟见肘，难以如期偿还债务。但是，流动比率也不可以过高，过高则表明企业流动资产占用较多，会影响资金的使用效率和企业的筹资成本，进而影响获利能力。究竟应保持多高水平的流动比率，主要视企业对待风险与收益的态度予以确定。

4. 速动比率

速动比率是企业一定时期的速动资产同流动负债的比率。速动资产是指流动资产减去变现能力较差且不稳定的存货、预付账款、待摊费用、待处理流动资产损失等之后的余额。计算公式：

速动比率＝速动资产/流动负债×100％

速动比率是对流动比率的补充，是在分子剔除了流动资产中变现力量差的存货后，计算企业实际的短期债务偿还能力，较为准确。该指标越高，表明企业偿还流动负债的能力越强，一般保持在100％的水平比较好，表明企业既有好的债务偿还能力，又有合理的流动资产结构。

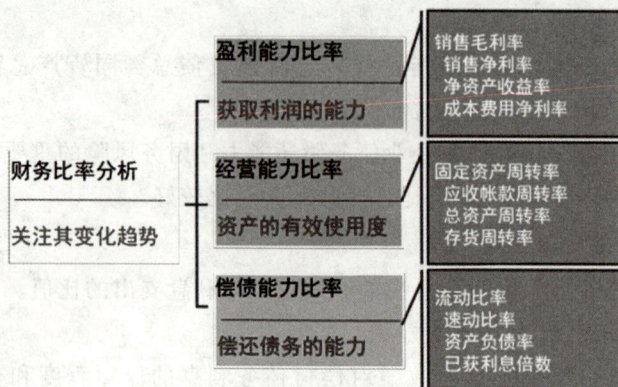

图 7-69　财务比率的构成

五、财务预算管理

财务预算是一系列专门反映企业未来一定预算期内预计财务状况和经营成果，以及现金收支等价值指标的各种预算总称。具体包括反映现金收支活动的现金预算、反映企业财务状况的预计资产负债表、反映企业财务成果的预计损益表和预计现金流量表等内容。

（一）现金预算的编制方法分类

财务预算按照不同的特征有众多编制方法．

1. 固定预算与弹性预算

（1）固定预算

固定预算又称静态预算，是把企业预算期的业务量固定在某一预计水平上，以此为基础来确定其它项目预计数的预算方法。预算期内编制财务预算所依据的成本费用和利润信息都只是在一个预定的业务量水平的基础上确定的。显然，以未来固定不变的业务水平所编制的预算赖以存在的前提条件，必须是预计业务量与实际业务量相一致，或相差很小，才比较适合。

（2）弹性预算

弹性预算是固定预算的对称，它关键在于把所有的成本按其性态划分为变动本与固定成本两大部分。在编制预算时，变动成本随业务量的变动而予以增减，固定成本则在相关的业务量范围内稳定不变。分别按一系列可能达到的预计业务量水平编制的能适应企业在预算期内任何生产经营水平的预算。由于这种预算是随着业务量的变动作机动调整，适用面广，具有弹性，故称为弹性预算或变动预算。从实用角度看，主要用于编制制造费用、销售及管理费用等半变动成本（费用）的预算和利润预算。制造费用与销售及管理费用的弹性预算，均可按下列弹性预算公式进行计算：

成本的弹性预算＝固定成本预算数＋$\sum$（单位变动成本预算数×预计业务量）

2. 增量预算和零基预算

（1）增量预算

增量预算是指在基期成本费用水平的基础上，结合预算期业务量水平及有关低成本的措施，通过调整有关原有成本费用项目而编制预算的方法。这种预算方法比较简单，但它是以过去的水平为基础，实际上就是承认过去是合理的，无需改进。

（2）零基预算

零基预算，或称零底预算，是指在编制预算时，对于所有的预算支出均以零为基础，不考虑奇艺网情况如何，从实际需求与未来的预测出发，研究分析各项预算费用开支是否必要合理，进行综合平衡，从而确定预算费用。

零基预算能够及时了解并修正各项预算支出，把有限的资金，用在最需要的地方，从而调动各部门人员的积极性和创造性，提高效益。其缺点是由于一切支出均以零为起点进行分析、研究，势必带来繁重的工作量，有时甚至得不偿失，难以突出重点。为了弥补零基预算这一缺点，企业不是每年都按零基预算来编制预算，而是每隔若干年进行一次零基预算，以后几年内采用增量预算进行略作适当调整，这样既减轻了预算编制的工作量，又能适当控制费用。

3. 定期预算与滚动预算

（1）定期预算

定期预算一般只是一个会计年度编制一次各类预算。这种编制方法虽然很省心，但是对市场的变化反应能力太差，而且只考虑一个会计年度的预算计划，前后年度没有链接上，具有间断性。

（2）滚动预算

滚动预算将预算期始终往前滚动，保持 12 个月，每过去 1 个月，就根据新的情况进行调整和修钉后几个月的预算，并在原预算基础上增补下一个月预算，从而逐期向后滚动，连续不断地以预算形式规划未来经营活动。这种预算要求一个会计年度中，前几个月预算详细完整，后几个月可以稍微粗略些。滚动预算可以保持预算的连续性和完整性。企业的生产经营活动是连续不断的，因此，企业的预算也应该全面地反映这一延续不断的过程，使预算方法与生产经营过程相适应。滚动预算能克服传统定期预算的盲目性、不变性和间断性。

（二）现金预算的编制

现金预算是指用于预测企业还有多少库存现金，以及在不同时点上对现金支出的需要量。

现金预算是企业最重要的一项控制，因为把可用的现金去偿付到期的债务乃是企业生存的首要条件。一旦出现库存、机器以及其他非现金资产的积压，那么，即便有了可观的利润也并不能给企业带来什么好处。现金预算还表明可用的超额现金量，并能为盈余制定营利性投资计划、为优化配置组织的现金资源提供帮助。现金预算的具体内容：

（1）销售预算

只要商品经济存在，任何企业都必须实行以销定产。因此，销售预算就成为编制全面预算的关键，是整个预算的起点，其他预算都以销售预算作为基础。

（2）生产预算

生产预算是在销售预算的基础上编制出来的，其主要内容有销售量、期初和期末存货、生产量。由于存在许多不确定性，企业的生产和销售时间上和数量上不能完全一致。

（3）直接材料预算

直接材料预算，是以生产预算为基础编制的，同时要考虑原材料存货水平。直接材料预算的主要内容有直接材料的单位产品用量、生产需用量、期初和期末存量等。

（4）直接人工预算

直接人工顶算也是以生产预算为基础编制的，其主要内容有预计产量、单位产品工时、人工总工时、每小时人工成本和人工总成本。

（5）制造费用预算

制造费用按其习性，可分为变动制造费用和固定制造费用。变动制造费用预算以生产预算为基础来编制，可根据预计生产量和预计的变动制造费用分配率来计算。

（6）产品成本预算

产品成本预算，是生产预算、直接材料预算、直接人工预算和制造费用预算的汇总。其主要内容是产品的单位成本和总成本。

（7）销售费用和管理费用预算

销售费用预算，是为了实现销售预算所需支付的费用预算。它以销售预算为基础，要分析销售收人、销售利润和销售费用的关系，力求实现销售费用的最有效使用。

（8）现金预算

现金预算是有关预算的汇总，由现金收入、现金支出、现金收支差额、资金的筹集和运用四个部分组成。"现金收入"部分包括期初现金余额和预算期现金收入，现金收人的主要来源是销货收入。年初的"现金余额"是在编制预算时预计的；"销货现金收入"的数据来自销售预算；"可供使用现金"是期初现金余额与本期现金收入之和。"现金支出"部分包括预算的各项现金支出。其中"直接材料"、"直接人工"、"制造费用"、"销售与管理费用"的数据，分别来自前述有关预算；"所得税"、"购置设备"、"股利分配"等现金支出的数据分别来自另行编制的专门预算（见图7-70）。"现金收支差额"是现金收入合计与现金支出合计的差额。差额为正，说明收入大于支出，现金有多余，可用于偿还借款或用于短期投资；差额为负，说明支出大于收入，现金不足，需要向银行取得新的借款。

预计的现金收入主要是销售收入，还有一少部分的其他收入，所以预计现金收入的数额主要来自于销售预算。预计的现金支出主要指营运资金支出和其他现金支出。具体包括采购原材料、支付工资、支付管理费、营业费、财务费等其他费用以及企业支付的税金等。现金预算通过对企业的现金收入、支出情况的预计推算出企业预算期的现金结余情况。如果现金不足，则提前安排筹资，避免企业在需要资金时"饥不择食"；如果现金多余，则可以采取归还贷款或对有价证券进行投资，以增加收益。

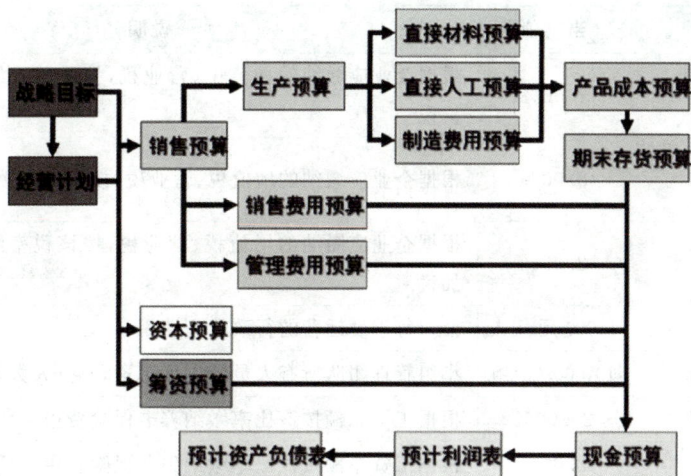

图 7-70　现金预算的编制过程

六、《创业之星》财务部

财务部实时记录着公司账户上的现金余额，选手在比赛中应该时时关注现金余额，做好现金预算工作，在季度末，既不留下很多闲置资金，也不致使出现现金流断裂，需要紧急借款的情况。

(一)现金预算

进入公司内部场景，点击"财务部"，在弹出窗口中选择"决策内容－财务预算"，根据公司本季度的整体规划及各部门的经营计划，制定公司本季度的财务现金预算表。

在制作公司的现金预算表之前，需要先了解整个创业之星运行的数据基础及决策的处理顺序。

1. 数据规则如下表 7-19 所示：

表 7-19　创业之星——数据规则

项目	当前值	说明
公司初始现金	600,000.00	正式经营开始之前每家公司获得的注册资金(实收资本)
公司注册设立费用	3,000.00	公司设立办过程中所发生的所有相关的费用。该笔费用在第一季度初自动扣除
办公室租金	10,000.00	公司租赁办公场地的费用,每季度初自动扣除当季的租金
所得税率	25.00%	企业经营当季如果有利润,按该税率在下季初缴纳所得税
营业税率	5.00%	根据企业营业外收入总额,按该税率缴纳营业税。
增值税率	17.00%	按该税率计算企业在采购商品时所支付的增值税款,即进项税,以及企业销售商品所收取的增值税款,即销项税额

项目	当前值	说明
城建税率	7.00%	根据企业应缴纳的增值税、营业税,按该税率缴纳城市建设维护税
教育附加税率	3.00%	根据企业应缴纳的增值税、营业税,按该税率缴纳教育附加税
地方教育附加税率	2.00%	根据企业应缴纳的增值税、营业税,按该税率缴纳地方教育附加税
行政管理费	1,000元/1人	公司每季度运营的行政管理费用
小组人员工资	10,000.00/组	小组管理团队所有人员的季度工资,不分人数多少
养老保险比率	20.00%	根据工资总额按该比率缴纳养老保险费用
失业保险比率	2.00%	根据工资总额按该比率缴纳失业保险费用
工伤保险比率	0.50%	根据工资总额按该比率缴纳工伤保险费用
生育保险比率	0.60%	根据工资总额按该比率缴纳生育保险费用
医疗保险比率	11.50%	根据工资总额按该比率缴纳医疗保险费用
未办理保险罚款	2,000.00/人	在入职后没有给员工办理保险的情况下按该金额缴纳罚款
普通借款利率	5.00%	正常向银行申请借款的利率
普通借款还款周期(季度)	3	普通借款还款周期
紧急借款利率	20.00%	公司资金链断裂时,系统会自动给公司申请紧急借款时的利率
紧急借款还款周期(季度)	3	紧急借款还款周期
同期最大借款授信额度	200,000.00	同一个周期内,普通借款允许的最大借款金额
一账期应收账款贴现率	3.00%	在一个季度内到期的应收账款贴现率
二账期应收账款贴现率	6.00%	在二个季度内到期的应收账款贴现率
三账期应收账款贴现率	8.00%	在三个季度内到期的应收账款贴现率
四账期应收账款贴现率	10.00%	在四个季度内到期的应收账款贴现率
公司产品上限	6个	每个公司最多能设计研发的产品类别数量
厂房折旧率	2.00%	每季度按该折旧率对购买的厂房原值计提折旧
设备折旧率	5.00%	每季度按该折旧率对购买的设备原值计提折旧
未交付订单的罚金比率	30.00%	未按订单额及时交付的订单,按该比率对未交付的部分缴纳处罚金,订单违约金＝(该订单最高限价＊未交付数量)＊该比例
产品设计费用	30,000.00	产品设计修改的费用
产品研发每期投入	20,000.00	产品研发每期投入的资金
广告累计影响时间	3季度	投入广告后能够对定单分配进行影响的时间
紧急贷款扣分	5.00分/次	出现紧急贷款时。综合分值扣除分数/次
每期广告最低投入	1,000.00元	每期广告最低投入,小于该数额将不允许投入。
订单报价,最低价比例	60.00%	最低价＝上季度同一市场同一渠道同一消费群体所有报价产品平均数＊该比例

2. 季度结算

以下是进入下一季度时系统所做的主要操作,结算分两步,一步是计算本季度末的数据,另一步计算下季度初的数据。

结算本季度末的相关数据,系统主要做以下操作(按先后顺序排列)(见表7-20):

表7-20 本季度末的计算数据

序号	项目	是否涉及资金收支	备注
1	支付产品制造费用	支出	厂房租金或折旧、生产线折旧和维修、操作工人工资和五险、加工费
2	支付管理人员工资和五险	支出	基本工资 10,000.00 * (1+20%+2%+0.5%+0.6%+11.5%),合计 13,460.00
3	更新设备搬迁	否	
4	更新设备升级	否	若申请设备升级,则柔性线成品率提升1%,自动线成品率提升2%,手工线成品率提升3%
5	支付销售人员工资+五险	支出	基本工资 3600(*1+20%+2%+0.5%+0.6%+11.5%) * 销售人员个数
6	更新生产工人培训	否	若有培训,技能提升3%
7	更新销售人员培训	否	若有培训,技能提升3%
8	支付行政管理费	支出	1,000.00 * (销售人员个数+生产工人个数)
9	厂房出售、设备出售	收入	收入扣除折旧后的净值
10	扣除生产工人未签订合同罚金	支出	支付罚金 2,000.00 * 未签订人数
11	扣除销售人员未签订合同罚金	支出	支付罚金 2,000.00 * 未签订人数
12	辞退生产工人	否	
13	辞退销售人员	否	
14	扣除未交货订单违约金	支出	该产品最高售价 * 30% * 违约数量
15	银行还贷	支出	
16	紧急贷款	否	

结算下季度初的相关数据,系统主要做以下操作(按先后顺序排列)(见表7-21):

表7-21 下季度初的结算数据

序号	项目	是否涉及资金收支	备注
1	收到到期的应收账款	是	可以在财务部查看
2	支付应付账款	支出	支付上期购买的付款周期为1且到货周期为0的原材料费
3	上缴上期增值税	支出	增值税+城建税+教育附加税+地方教育附加税
4	扣除办公室租金	支出	10,000.00
5	支付原材料费	支出	支付上期预先购买的付款周期为1且到货周期为1的原材料费

序号	项目	是否涉及资金收支	备注
6	更新原料到货状态	否	
7	更新预付账款状态	否	
8	紧急贷款	否	

根据上表期末和期初系统自动结算项目明细，可以在比赛中计算每季度末除了当期销售订单直接汇款的金额外，还需要预留多少资金在账上，才能保证不会被紧急贷款。否则，一旦被紧急贷款，则直接在总成绩中扣5分，在激烈的比赛中，被扣5分，意味着与奖杯无缘。

3. 银行借款

进入主场景，点击"创业银行"，进入创业银行后，点击"信贷业务"窗口，在弹出窗口中完成借款决策任务。当季借款的金额不能超过本期授信额度，累计借款的金额不能超过总的授信额度。

4. 查看财务报告

（1）财务报表在公司场景中点击"总经理"，在弹出窗口中选择"财务报告—财务报表"，可以查看任一季度的三张财务报表（见图7-71）。

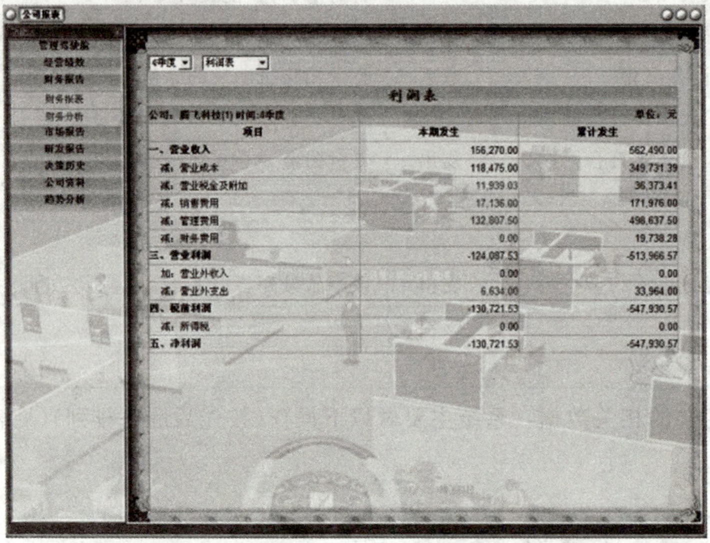

图7-71 总经理—财务报告—财务报表

（2）财务分析

在公司场景中点击"总经理"，在弹出窗口中选择"财务报告—财务分析"，可以查看到任一季度的财务分析指标数值，以及综合财务评价分数（见图7-72）。

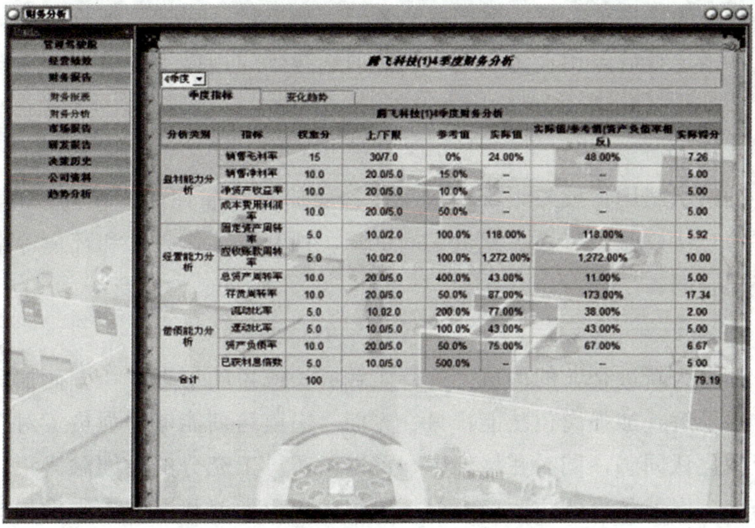

腾飞科技(1)4季度财务分析

分析类别	指标	权重分	上/下限	参考值	实际值	实际值/参考值(资产负债率相反)	实际得分
盈利能力分析	销售毛利率	15	30/7.0	0%	24.00%	48.00%	7.26
	销售净利率	10.0	20.0/5.0	15.0%	–	–	5.00
	净资产收益率	10.0	20.0/5.0	10.0%	–	–	5.00
	成本费用利润率	10.0	20.0/5.0	50.0%	–	–	5.00
经营能力分析	固定资产周转率	5.0	10.0/2.0	100.0%	118.00%	118.00%	5.92
	应收账款周转率	6.0	10.0/2.0	100.0%	1,272.00%	1,272.00%	10.00
	总资产周转率	10.0	20.0/5.0	400.0%	43.00%	11.00%	5.00
	存货周转率	10.0	20.0/5.0	50.0%	87.00%	173.00%	17.34
偿债能力分析	流动比率	5.0	10.0/2.0	200.0%	77.00%	38.00%	2.00
	速动比率	5.0	10.0/5.0	100.0%	43.00%	43.00%	5.00
	资产负债率	10.0	20.0/5.0	50.0%	75.00%	67.00%	6.67
	已获利息倍数	5.0	10.0/5.0	500.0%	–	–	5.00
合计		100					79.19

图 7-72 总经理—财务报告—财务分析

第七节 企业人力资源管理

一、企业人力资源管理

企业的人力资源管理是指为了完成管理工作中涉及人或人事方面的任务所进行的管理工作。人力资源管理一般包括六大模块：人力资源规划、招聘与配置、培训与开发、薪酬及福利管理、绩效评估、劳动管理管理等。通俗地说，人力资源管理主要包括规划、选才、用才、育才、激才、留才等工作。

1. 人力资源规划

根据组织的发展战略和经营计划，评估组织的人力资源现状及发展趋势，收集和分析人力资源供给与需求方面的信息和资料，预测人力资源供给和需求的发展趋势，制订人力资源招聘、调配、培训、开发及发展计划等政策和措施。

2. 岗位分析和工作设计

企业在进行市场招聘之前，需要确定自己的招聘需求，这就需要先进行空缺岗位分析和工作设计。对组织中的各个工作和岗位进行分析，确定每一个工作和岗位对员工的具体要求，包括技术及种类、范围和熟悉程度；学习、工作与生活经验；身体健康状况；工作的责任、权利与义务等方面的情况。这种具体要求必须形成书面材料，这就是工作岗位职责说明书。

3. 人力资源的招聘与选拔

根据组织内的岗位需要及工作岗位职责说明书，利用各种方法和手段，如接受推荐、刊登广告、举办人才交流会、到职业介绍所登记等从组织内部或外部吸引应聘人员。并且经过资格审查，如接受教育程度、工作经历、年龄、健康状况等方面的审查，从应聘人员中初选出一定数量的候选人，再经过严格的考试，如笔试、面试、评价中心、情景模拟等方法进行筛选，确定最后录用人选。人力资源的选拔，应遵循平等就业、双向选择、择优录用等原则。

4. 雇佣管理与劳资关系

员工一旦被组织聘用，就与组织形成了一种雇佣与被雇佣的、相互依存的劳资关系，为了保护双方的合法权益，有必要就员工的工资、福利、工作条件和环境等事宜达成一定协议，签定劳动合同。

5. 培训教育和发展

企业一般都会为新进企业的的员工进行实践或长或短的培训，一方面加深新员工对即将从事的岗位的了解，加强岗位技能；另一方面，岗前培训能够增强员工对企业文化的了解，加强企业文化认同感，同时在培训中，可以给予员工充分的时间融入集体，加深新同事们间的亲密度。岗前教育的主要内容包括组织的历史发展状况和未来发展规划、职业道德和组织纪律、岗位职责、员工权益及工资福利状况等。为了提高广大员工的工作能力和技能，有必要开展富有针对性的岗位技能培训。对于管理人员，尤其是对即将晋升者有必要开展提高性的培训和教育，目的是促使他们尽快具有在更高一级职位上工作的全面知识、熟练技能、管理技巧和应变能力。

6. 员工工资报酬与福利保障设计

合理、科学的工资报酬福利体系关系到组织中员工队伍的稳定与否。人力资源管理部门要从员工的资历、职级、岗位及实际表现和工作成绩等方面，来为员工制订相应的、具有吸引力的工资报酬福利标准和制度。工资报酬应随着员工的工作职务升降、工作岗位的变换、工作表现的好坏与工作成绩进行相应的调整。

7. 工作绩效考核

工作绩效考核，就是对照工作岗位职责说明书和工作任务，对员工的业务能力、工作表现及工作态度等进行评价，并给予量化处理的过程。这种评价可以是自我总结式，也可以是他评式的，或者是综合评价。考核结果是员工晋升、接受奖惩、发放工资、接受培训等的有效依据，它有利于调动员工的积极性和创造性，检查和改进人力资源管理工作。

8. 帮助员工的职业生涯发展

人力资源管理部门和管理人员有责任鼓励和关心员工的个人发展，帮助其制定个人发展计划，并及时进行监督和考察。这样做有利于促进组织的发展，使员工有归属感，进而激发其工作积极性和创造性，提高组织效益。人力资源管理部门在帮助员工制定其个人发展计划时，有必要考虑它与组织发展计划的协调性或一致性。也只有这样，人力资源管理部门才能对员工实施有效的帮助和指导，促使个人发展计划的顺利实施并取得成效。

9. 保管员工档案

人力资源管理部门有责任保管员工进入公司时的简历以及进入公司后关于工作主动性、工作表现、工作成绩、工资报酬、职务升降、奖惩、接受培训和教育等方面的书面记录材料。

二、《创业之星》人力资源管理

创业之星的人力资源部主要的工作包括生产工人和销售人员的招聘和解雇、员工培训。

生产工人和销售人员的招聘与解雇都是按照公司的战略计划和未来的工作需要进行人力的调整。人员的招聘在交易市场中进行，但是招聘之后的工作在公司的人力资源部完成。点开"人力资源部"蓝色按钮，在"决策内容"中包括"签订合同"、"解除合同"和"员工培训"三个选项（见图7-73）。招聘的新员工必须签订合同，否则期末企业将因为没有签合同需要缴纳罚金。

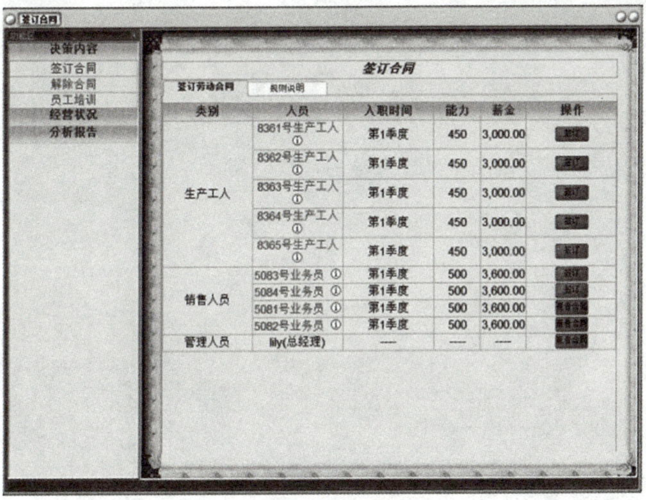

图7-73　人力资源部——签订合同

已签合同的销售人员和生产人员当期无法立即辞退，若预计下期不需要那么多员工，当期需要提交辞退计划，由人力资源部辞退，等本期结束后，系统会自动辞退（见图7-74）。

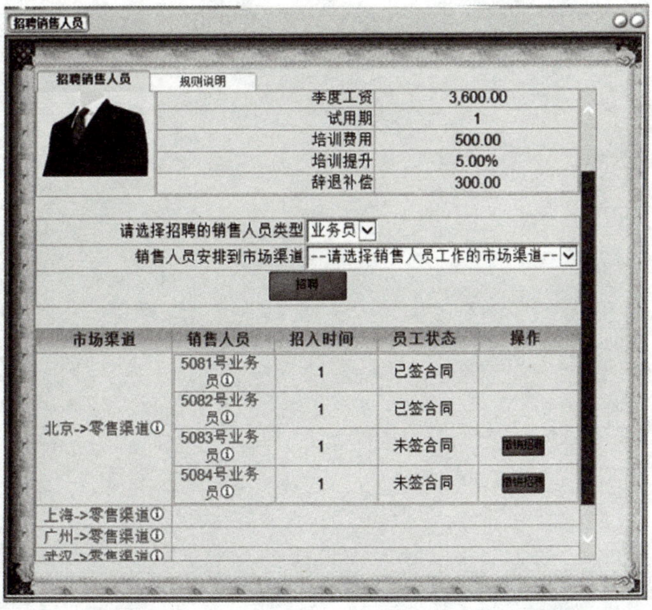

图7-74　交易市场——员工签订合同状况查询

为了提升销售人员的销售能力，可以在销售部的决策内容中"销售人员"选项中勾选需要培训的人员，提交培训计划到人力资源部，由人力资源部执行人员培训计划。生产工人的培训提升也是在制造部的"生产工人"选项中，勾选需要培训的人员，提交培训计划到人力资源部，由人力资源部执行人员培训计划。

附件1　武汉地方创业优惠政策

一、百万大学生留汉创业就业计划

近年来，武汉对大学生创业就业的吸引力逐渐增强，留汉大学生逐年提升，呈现稳步增长态势。为加快建设现代化、国际化、生态化大武汉，全面开启复兴大武汉新征程提供人才支撑和智力支持，2017年6月22日，武汉市委办公厅，市政府办公厅公布《关于支持百万大学生留汉创业就业的若干政策措施》。全面落实"百万大学生留汉创业就业计划"。

一是进一步放宽落户条件。毕业3年内的普通高校大学生，凭毕业证、创业就业证明可申请登记为我市常住户口。毕业超过3年的普通高校大学生，在武汉有合法稳定住所（含合法租赁），与就业单位签订劳动合同、在汉连续参加城镇社会保险1年以上，创业的（含合伙人、个体工商户）正常经营半年以上，可申请登记为武汉市常住户口。其中，专科学历须年龄不满30周岁，本科学历须年龄不满35周岁，博士研究生、硕士研究生不受年龄限制。租赁住房的大学毕业生，可在单位集体户或单位工作所在地的"社区公共户"申请落户。

二是提供人才安居保障。坚持政府主导、社区联动、社会参与、资源共享，多渠道、大力度推进人才公寓建设。设立人才公寓建设基金，制定优惠支持政策，加大人才公寓用地供应，采取政府新建、购买、租赁、以及商品房配建、支持用人单位筹建等方式，每年建设和筹建50万平方米以上的人才公寓，5年内达到满足20万人租住需求的人才公寓总规模。毕业3年内的普通高校大学生，在汉创业就业且家庭在本市无自有住房的，均可申请人才公寓，最长可租用至毕业3年期满。毕业3年内的普通高校大学生在新城区（含汉南区）创业就业，可不受购房限制在本区购买首套住房。建立"人才住房券"制度，根据吸纳大学生就业数量、缴纳税收等情况，由政府以奖励形式发放"人才住房券"，用于企业人才和大学生购、租住房。

三是打造大学生主题社区。在宜居、宜业、宜创的区域，规划布局和建设集聚居住、消费、文娱等生活要素，融合社交、分享、创业等服务功能的大学生主题社区。按照功能完善、拎包入住的标准，完善社区基础设施和配套体系，配备餐厅、超市、众创空间等必要的公共设施、共享空间。组建专业化管理服务机构，提供符合青年需求的特色优质物业服务。

四是增加实习（训）见习机会。5年内组织在汉企事业单位建设3000个以上大学生实习（训）见习基地。建立大学生实习（训）见习统一管理平台，实行网上申报、市区共管，为普通高校大学生提供便利的实习（训）见习机会。

五是鼓励到基层就业。采取政府购买服务为主的方式，每年在街道（乡镇）、社区（村）

提供 1 万个以上基层社会服务岗位，按照不低于本地新就业大学生平均薪酬水平，吸纳应届大学毕业生就业。每年从全市公务员、事业单位工作人员招录中，单列一定比例名额，定向招录在我市社区（村）委员会、公益岗位、"红色物业"管理岗位等服务达到规定年限的大学生。

六是开展创业教育培训。依托在汉高校，支持社会力量建成 50 所以上公益性创业学院，每年提供不少于 10 万人次的大学生创新创业培训机会。通过政策引导和激励，支持创业导师到创谷、创新街区、孵化器、大学生创业特区、大学生众创空间等开展创业辅导。组建创业服务团，通过政府购买服务方式为大学生创业团队提供商事、财税、法务、知识产权、人力资源等全流程专业化服务。

七是提供免费创业工位。在地理位置、商业环境、交通条件相对优越地带，建设创新街区、大学生创业特区、大学生众创空间，分别提供不少于 1000 个具备百兆宽带、共享会议室等配套办公条件的创业工位，供在校或毕业 5 年内的大学生免费使用，免费使用期最长可达到 1 年。

八是加大创业融资支持。设立大学生创业贷款担保基金，为在校或毕业 5 年内的大学生创业企业提供无抵押担保贷款，担保贷款额度最高可达 200 万元。扩大"青桐基金"等政府性创业基金规模，引导其他各类创业投资基金积极参与，加大向大学生创业企业投资力度，最高可给予 100 万元股权投资。各区（开发区）要设立天使投资基金或种子基金，专门用于扶持大学生创新创业。每年对在校和毕业 5 年内的大学生创业企业进行综合评价，选出 200 个左右优秀大学生创业团队，各给予 10 万元项目资助。在校或毕业 5 年内的大学生在武汉市初次创办小微企业，企业正常经营 3 年内，给予实缴社保费和税费等额资助扶持。

九是优化创业就业环境。通过政府宏观调控和政策引导，保持武汉房价、生活成本、基础教育、城市活力等比较优势，稳定大学生对留汉宜居、宜业、宜创的良好预期。深化政务服务改革，强化政策落实，大力推进办事流程简化优化和服务方式创新，建设武汉市大学生创业就业服务中心、服务专窗，建立统一的信息化服务平台，方便大学生办事和留汉创业就业。

本次出台 9 项政策注重坚持问题导向、坚持痛点思维、坚持精准理念，聚焦大学生安居落户、促进就业、支持创业、高效服务等四个痛点，实现变给钱为主为到以优化环境为重、变事前补贴到事后奖励、变分期零星补贴为验收后一次性奖励、变补贴个人为主到奖励用人单位为主，努力做到"落户敞开门、就业领进门、创业送一程、服务送上门"，充分体现出武汉市留住百万大学生的决心和诚意。

二、武汉创新型人才发展前景

回眸历史，武汉人才群英荟萃；立足当下，武汉科教实力雄厚；展望未来，武汉创造活力竞相迸发。到 2049 年，武汉将成为：

——高端人才聚集之城。武汉人才资源总量将达到 800 万人，高端人才占人才资源总量的比例达到30％以上。国际间、城际间人才在此流动交汇，武汉将成为一大批文化、艺术、科技、教育、创新、创造等领域世界级大师的聚集高地。

——创造活力迸发之城。武汉人才发展的政策创新全面突进，体制机制壁垒和身份障碍完全破除，人才的禀赋和个性得到充分尊重和释放，一切劳动、知识、技术、管理和资本的活力竞相迸发，一切创造社会财富的源泉充分涌流，开创"人人皆可成才、人人尽展其才"的生动局面，武汉将成为全球知识创新、技术创新和产业创新的重要引领者和策源地。

——创新创业首选之城。武汉将拓展人才聚集和辐射的全球化空间，全方位打造人才成长和发挥作用的平台载体，各类人才的潜能和价值充分发挥，产生一批革命性的创新成果，形成一批全球影响力的创新型企业，打造一批世界级产品品牌，武汉将成为全球最具创造活力、最富创新精神、最优创业平台的城市之一。

——宜居宜业幸福之城。武汉将建成完备的人才服务体系，通过"长江主轴"、"长江新城"的建设，构建起绿色、低碳、高效的城市生态空间，形成开放包容的人文氛围，营造海内外人才宜居宜业、和谐共处、幸福生活的良好环境，武汉将成为全球各类人才向往的高端品牌城市、幸福生态家园和追梦圆梦乐土。

为实现这一愿景，我们提出"三步走"的路线图：

第一步，2020年建成辐射全国的国际性人才高地。2020年前是武汉建设国家中心城市的成长阶段，我们将抓住国际产业转移的重要机会，快速集聚各类人才，使人才资源总量快速增长。到2020年，力争人才资源总量达到400万人，比2010年翻一番，人才贡献率升至39％，彻底改变"孔雀雀东南飞"的局面，建成辐射全国的人才立交桥和国际性人才高地。

第二步，2030年建成亚太地区的国际性人才高地。2020年后的10年是武汉建设国家中心城市的成熟阶段，发展重心向科技创新中心、区域金融中心、亚太总部集聚区、亚太交通门户等转变，人才资源的结构和素质将加速优化。到2030年，力争人才资源总量达到500万人，人才贡献率达到50％，初步实现人才结构高端化、人才素质国际化，基本建成辐射亚太地区、面向世界的高端人才集散地和国际性人才高地。

第三步，2049年建成具有全球影响力的国际性人才高地。2030年后，武汉的影响范围将扩展到更广泛区域，可持续发展的软实力逐步成为核心竞争力，更加突出对全球知名顶尖人才和团队的培养、引进和使用。到2049年，武汉人才资源总量将突破800万人，比2010年翻两番，人才贡献率达到60％，形成富有全球竞争力的人才环境，建成具有全球影响力的国际人才自由港和国际性人才高地。

三、武汉人才发展"五大战略"

围绕武汉国家中心城市建设，实施人才发展"五大战略"，充分发挥人才的引领和支撑作用。

（一）人才优先发展战略

确立人才在经济社会发展中的优先战略地位，统筹规划经济社会发展和人才发展，充分发挥人才基础性、战略性作用。实施人才"全过程"投资，建立人才引进初期的"启动"投资机制、人才创新创业中期的"跟进"投资机制和成果产业化后期的"保障"投资机制。形成"机制活、人才活——人才强、企业强——产业兴、武汉兴"的同频共振，以人才优势赢得竞争优势，以人才高地造就产业高地，以人才结构优化引领产业转型升级。

（二）高端人才引领战略

充分发挥各类高层次人才在经济社会发展和人才队伍建设中的引领作用。健全优化国际性人才高地政策体系，大力引进和培育科学家、企业家、文化名家、教育大师等，进一步提升武汉人才创新竞争力；搭建国际化的高端合作交流与知识创新平台，创造一切有利条件让海内外人才在武汉创业兴业。

（三）人才产业集聚战略

积极推动人才集群和产业集群互动发展、互相促进、互为支撑，推进人才与产业良性互动。围绕建设国家中心城市；争取和实施国家重大项目，布局国家重大科技基础设施，搭建产业创新平台，打造企业技术创新中心，突破一批关键技术，转化一批重点成果，加快培育具有国际竞争力的产业集群，形成充足的高端人才集群，进一步推动武汉集群经济高速增长。

（四）人才价值实现战略。

全面激发人才的创新热情，充分实现人才的经济价值、知识价值和社会价值。围绕实现"人尽其才、才尽其用"，建立合理高效的价值回报机制，健全完善创新创业政策支撑体系，为人才提供融资、信用、法律等全面服务，满足不同层次人才不同需求；建立培训增值机制，用好现有人才、盘活存量人才、优化人才结构；构建流动升值机制，大力发展高端人才中介服务机构和社会组织，加快培育和引进一批国际知名猎头公司和社会机构，为人才实现价值最大化提供广阔舞台。

（五）人才生态环境战略。

实施人才生态环境战略，重点是解放思想、解放人才、解放生产力，大力推进武汉人才管理职能向创造良好环境、提供优质公共服务转变，人才管理方式向规范有序、公开透明、便捷高效转变，变"管理人才"为"服务人才"。营造鼓励创新创业、宽容失败的人文氛围，不断发展和丰富"敢为人先、追求卓越"武汉精神的内涵与外延，把武汉变成一个创新创造高度活跃，各类优秀人才高度聚集的示范区域，为国家中心城市建设提供持续强劲的内生动力。

附件2　留汉大学毕业生落户、住房、收入新政解读

　　2017年10月11日，武汉正式发布留汉大学生毕业落户、住房、收入新政。《关于加强大学毕业生安居保障的实施意见》、《关于进一步放宽留汉大学毕业生落户试行政策》、《武汉市大学毕业生在汉工作指导性最低年薪标准》3份文件出台，旨在实现大学生留汉落户零门槛；实现"让更多留汉就业创业的大学毕业生以低于市场价20%买到安居房、以低于市场价20%租到租赁房"；实现大学毕业生留汉工作收入不低于全国主要中心城市平均水平。

　　新政重点解决好落户、住房、收入三大问题，确保5年留下100万大学毕业生。

　　问1：为什么出台大学毕业生落户、住房、收入专项新政策？

　　答：为深入实施"百万大学生留汉创业就业工程"，今年6月，市委市政府出台了《关于支持百万大学生留汉创业就业的若干政策措施》。该《若干政策措施》得到了社会各方面的普遍好评。截至今年9月底，大学毕业生在汉落户比去年同期增长311%。

　　同时，有关部门按照市委市政府提出的让留汉大学毕业生能就业、易创业、快落户、好安居，把武汉打造成"大学生最友好城市"的要求，及时评估政策实施效果，并围绕大学毕业生"落户""住房""收入"等方面研究提出了一系列深化的具体措施建议，形成了印发的三个专项政策。出台这三个专项政策，目的是进一步敞开大学毕业生落户大门、完善大学毕业生住房保障体系、提升大学毕业生留汉工作收入水平，把武汉打造成更具吸引力和竞争力的"青年之城、梦想之城、创新之城、活力之城"，为全国探索"人才引领创新、创新驱动发展"提供可复制可推广的经验。

　　问2：此次推出的《关于进一步放宽留汉大学毕业生落户试行政策的通知》有何新突破？

　　答：今年来，我市一直在积极探索"门槛最低、手续最简、机制最活"的系统化户籍改革新模式。此次新突破主要体现在以下方面：

　　一是放宽年龄限制条件。博士、硕士研究生毕业不受年龄限制，普通高校本科学历毕业生由年龄不满35周岁放宽至不满40周岁；普通高校专科学历、非普通高校本科学历毕业生由年龄不满30周岁放宽至年龄不满40周岁。

　　二是取消择业期限制条件。不再按毕业3年内和超过3年、普通高校和非普通高校设置不同的限制条件。

　　三是取消就业创业限制条件。落户与就业创业政策"全脱钩"，就业的取消劳动合同和社保证明，创业的取消营业执照和半年以上缴税证明等材料。

　　问3：出台大学毕业生保障性住房实施意见的现实意义有哪些？

　　答：推进大学毕业生保障性住房建设，是贯彻落实习近平总书记关于住房制度改革重要论述的实际行动，是实现"5年留下100万大学生"这一战略目标的重要支撑。建设大学

毕业生保障性住房，是实现大学毕业生安居乐业的实事，是推进房地产供给侧结构性改革的大事，是培育城市未来重要竞争力的要事。

建设大学毕业生保障性住房，让大学毕业生以低于市场价 20％ 买到安居房、以低于市场价 20％ 租到租赁房（如属于合租的可低于市场价的 30％），不是要政府买单，更不是简单的补助补贴，而是通过创新推进房地产供给侧结构性改革，综合运用金融、土地、投资、减费等举措，向改革和市场要效益，积极探索房地产市场宏观调控的"武汉样本"，将有利于武汉房地产市场平稳健康发展。出台大学毕业生保障性住房实施意见，是在制度层面上建立"租购并举"的大学毕业生住房保障体系，将会让大学毕业生在武汉能就业、易创业、快落户、好安居。

问 4：有什么措施确保大学毕业生以低于市场价 20％ 买到安居房、以低于市场价 20％ 租到租赁房（如属于合租的可低于市场价的 30％）？

答：让大学毕业生以低于市场价 20％ 买到安居房、以低于市场价 20％ 租到租赁房（如属于合租的可低于市场价的 30％），不是要政府买单，更不是简单的补助补贴，而是通过创新推进房地产供给侧结构性改革，降低企业开发建设和制度性交易成本，降低大学毕业生租赁和购置成本。

一是综合运用金融、土地、投资、减费等多种举措，向改革和市场要效益，降低大学生保障性住房建设成本；

二是鼓励有实力、有社会责任感的市属国有企业、民营企业作为大学毕业生保障性住房供给主体，鼓励引导从"做产业"变为"做事业"，从要经济效益变为要社会效益；

三是运用互联网思维创新开发和销售模式，推行共享厨房、共享洗衣房、共享客厅等共享模式，鼓励企业拓展市场运营增值空间；

四是坚持新建、配建、改建并重，通过建设"长江青年城"、开展住房租赁市场试点、试行共有产权房等举措，加大大学毕业生保障性住房供应力度。

问 5：申请租购大学毕业生保障性住房应具备什么条件？

答：申请安居房的条件是，毕业 5 年内的大学生，拥有武汉市户籍，在我市创业就业满 1 年，家庭（未婚大学毕业生的家庭指本人及父母；已婚大学毕业生的家庭是指大学毕业生本人、配偶及子女，不含父母）在我市无自有住房，且 3 年内无住房交易记录的，可申请购买 1 套大学毕业生安居房。

申请租赁房的条件是，毕业 3 年内的大学生，拥有武汉市户籍，家庭在我市无自有住房的，可申请大学毕业生租赁房。

问 6：大学毕业生保障性住房退出机制是如何规定的？

答：大学毕业生租赁房租赁期为 3 年，最多可延长 2 年。购买商品房或大学毕业生安居房后，应退出大学毕业生租赁房。

安居房不能上市交易。确需出售的，完全产权大学毕业生安居房由原出售人按届时市场价 80％ 回购；共有产权大学毕业生安居房，由共有权人按产权比例以届时市场价 80％ 回购。

对弄虚作假、转租转借、违规经营等行为，给予严肃处理，取消其租住、购买大学毕业生保障性住房资格，并将违规行为记入个人信用管理系统。

问 7：大学毕业生在汉工作的指导性最低年薪标准是如何确定的？

答：制定我市大学毕业生指导性最低年薪标准，总体上把握了依法依规、合理引导、适度可行、竞争优势四个原则。综合考虑了我市经济发展水平、最低工资标准、大学毕业生薪酬水平、城市生活成本、企业承受能力等因素，经过科学测算并广泛征求用人单位意见后，确定指导性最低年薪标准为：大学专科生 4 万元、大学本科生 5 万元、硕士研究生 6 万元、博士研究生 8 万元。

调查显示，实际薪酬水平与受教育程度成正相关关系，这是我们制定最低年薪标准的重要依据。同时，大学毕业生最低年薪标准是指导性标准，用人单位可根据大学毕业生的实际工作能力给予合理的薪酬。

此次出台的指导性最低年薪标准，总体水平在同类城市中位居前列，同时远高于全市最低月薪工资标准 1750 元。指导性最低年薪标准中，大学专科生年薪是武汉市社会最低工资标准的近 2 倍，博士研究生达到近 4 倍。

指导性最低年薪标准由市人社局、市国资委、市工商联联合向社会公开发布，实行动态调整，原则上随社会最低工资标准同步调整发布。

问 8：大学毕业生在汉工作指导性最低年薪标准的适用范围是什么？

答：大学毕业生在汉工作指导性最低年薪标准适用于在武汉地区初次就业，与用人单位签订劳动合同的大学专科生、大学本科生、硕士研究生和博士研究生。用人单位主要包括企业和民办非企业单位。

大学毕业生在试用期满后的最低年薪项目包括每月的基本工资、绩效工资、各种补贴和奖金等货币化收入。上述收入包括社会保险和住房公积金个人缴费部分，不包括用人单位缴纳的部分。

问 9：如何推动落实大学毕业生在汉工作指导性最低年薪标准？

答：一是加强宣传形成良好氛围。全面广泛准确进行政策宣传和解读，倡议推动用人单位积极执行最低年薪标准，促进大学毕业生留汉就业。

二是支持市属企业作出表率。市属国有企业在积极吸纳大学毕业生就业的同时，将会率先执行最低年薪标准，发挥引领和示范作用。据市工商联、市总工会了解，一批骨干民营企业和知名外资企业也会积极为大学毕业生提供高水平薪酬。

三是进一步加大劳动合同与集体合同工作力度。在劳动合同与集体合同中突出有关薪酬水平的条款，增加用人单位对员工给付薪酬的约束力。

问 10：仅凭毕业证，能成为武汉人吗？

答：凭毕业证你就是"武汉人"

留汉大学毕业生年龄不满 40 周岁的，可凭毕业证申请登记为武汉市常住户口，硕士研究生、博士研究生不受年龄限制。

参 考 文 献

[1] 谢继炯主编．激活你的创新思维[M]．北京：中国劳动社会保障出版社，2015.10

[2] 吴晓主编．创新思维[M]．北京：清华大学出版社，2017.1

[3] 周苏主编．创新思维与方法[M]．北京：机械工业出版社，2017.1

[4] 温兆麟主编．创新思维的培养[M]．北京：清华大学出版社，2016.8

[5] 景宏磊主编．创新引领创业[M]．东营：中国石油大学出版社，2016.1

[6] 张志胜主编．创新思维的培养与实践[M]．南京：东南大学出版社，2012.8

[7] 贾虹主编．创新思维与创业[M]．北京：北京大学出版社，2011.9

[8] 吕丽主编．创新思维[M]．北京：北京理工大学出版社，2014.8

[9] 周长茂主编．大学生就业指导与创新创业教育[M]．北京：化学工业出版社，2016.7

[10] 左仁淑主编．创业学教程：理论与实务[M]．北京：电子工业出版社，2014

[11] 杨娟．高等教育电子信息大类专业分析[J]．科技视界，2016(25)：119－119.

[12] 陈浩明，孙晓虹，吕京宝．大学生职业生涯规划[M]．上海：复旦大学出版社，2012.7

[13] 程宏伟，周斌．大学生职业素养开发与职业生涯规划[M]．成都：西南财经大学出版社，2008，11

[14] 杨强，李忠．基于CDIO理念的数字媒体技术专业实训类课程教学改革与实践[J]．中国教育技术装备，2015(6)：131－132.

[15] 姜大志，孙浩军．基于CDIO的主动式项目驱动学习方法研究：以Java类课程教学改革为例[J]．高等工程教育研究，2012(4)：159－163.

[16]《高等职业教育创新发展行动计划》.

[17] 党的十九大报告精神.